JN138170

ドイツ革命

帝国の崩壊からヒトラーの登場まで

池田浩士

現代書館

ドイツ革命＊目次

III　革命の現場——129

Ⅳ　革命の文化

V　革命の逆転――271

I 革命の勃発

略年表 I

1914. 6.28	オーストリア皇太子夫婦，サライェヴォで暗殺される
7.28	オーストリア，セルビアに宣戦　→「欧洲大戦」勃発
8. 1	ドイツ参戦，国内での反戦集会禁止
8. 4	ドイツ社会民主党（SPD），帝国議会で戦時公債に賛成投票 →「城内平和」，挙国一致の戦争態勢へ
8.20 ～31	ドイツ軍（司令官ヒンデンブルク），タンネンベルクの会戦でロシア軍に圧勝
12.2	カール・リープクネヒト，第2次戦時公債に単独で反対投票
1915. 4.14	ローザ・ルクセンブルク，リープクネヒトらSPD反対派，月刊誌『インターナツィオナーレ』を創刊
11.30	ベルリンで女性たちの反戦デモ
1916. 5.	飢餓抗議・平和要求のデモ，ドイツ全国で続発
6.28	ベルリンで最初の反戦ストライキ（「オプロイテ」が指導）
1917. 3.12	ロシア「2月革命」　→3.15 皇帝退位
4. 6	アメリカ合州国，ドイツ帝国に宣戦布告
4.11	SPD分裂，「ドイツ独立社会民主党」（USPD）結成
11. 7	ロシア「10月革命」，ソヴィエト政権樹立
1918. 1. 8	米大統領ウィルソン，和平のための「14カ条」提起
1.28	ドイツ全土で「1月闘争」（～2.4）　→大戦中最大の平和要求闘争，ベルリンで「労働者評議会」結成
3. 3	独・ソ「ブレスト・リトフスク条約」締結
8. 8	連合軍，西部戦線のドイツ軍前線を突破　→戦争の趨勢決定
8.14	ヒンデンブルク元帥，ルーデンドルフ大将，敗北を認める
9.21	ルーデンドルフ，帝国政府に和平交渉開始を要求
10. 3	マックス・フォン・バーデン，敗戦処理の帝国宰相に →SPDのシャイデマン，バウアーが入閣
10.17	ハンガリー議会，オーストリア帝国からの分離独立を宣言 →11.1「ハンガリー共和国」宣言
10.27	ドイツ艦隊で出撃命令に抗して水兵の叛乱はじまる
11. 3	軍港都市キールで水兵・労働者・兵士の蜂起　→全国に波及
11. 9	ベルリンでゼネストと武装デモ，民衆が全市を制圧　→SPD党首エーベルト，帝国宰相に　→シャイデマン（SPD），リープクネヒト（USPD）がそれぞれ「共和国」を宣言
11.10	ベルリン労兵評議会の全体会議，「人民代理委員評議会」（臨時革命政府）と「労兵評議会執行評議会」を任命

1　一九一八年一一月九日

（1）首都ベルリンでの三つの動き

一九一八年一一月九日は土曜日だった。この日、ドイツの首都ベルリンでは、午前中から緊迫した動きが始まっていた。

動きの中心は三つあった。

ひとつは、市の北部と東部の工場地帯や市内各所から都心に向かって押し寄せる、おびただしい数の群衆だった。労働時間の短縮を求める長い闘争のすえ、二〇世紀初頭になってようやく、大企業や公的企業で一日一〇時間労働制が実現されていた。週六日の就業、計六〇時間の労働を限度とするというこの制度は、しかし、世界大戦によって有名無実となっていたのである。開戦からすでに四年以上が過ぎたいまも、なお戦争は続いていた。もちろんこの土曜日も、早朝から夕方遅くまで、一〇時間を超える労働に人びとは従事しなければならないはずだった。

暗鬱な晩秋のこの日も、いつもの週日《ウイークデー》と同じように一日が始まった。市内の交通機関も平常どおり動いていた。労働者たちが職場に行ってしまったあとのベルリンは、きのうまでと同じように平穏だった。だが、働き始めてから数時間後、市北部のシュヴァルツコプフ機械製造工場で、異変が起こった。鉄道の蒸気機関車を製造していたベルリンのシュヴァルツコプフは、大戦中に新兵器として開発された魚雷の製造工場でもあった。その工場で、早朝からの労働のあと、朝食のための休み時間が終わってまもなく、ある部署の誰かが不意に叫び声を上げたのだ、「みんな外へ出よう！　戦争反対！軍国主義打倒！」――するとその叫びは、たちまち職場から職場へ、建物から建物へと飛び火した。そして、またたくまに全部門の労働者が持ち場を離れて、工場の外へ出たのである。「パンをよこせ！平和を返せ！」という声が、「王宮へ行こう！　政府を倒せ！」というシュプレヒコールと交わり、長いデモの隊列となった。近隣のボルジヒ、ジーメンスなど巨大な軍需工場からも、つぎつぎと職場を放棄した数万の男女労働者たちがそれに合流した。隊列は幅広い帯となり、道路を埋め尽くす流れとなった。すでに拳銃や小銃などの武器を携えているものもいた。王宮や官庁や帝国議会議事堂がある市の中心部に近づくにつれて、それはますます大きく膨《ふく》れ上がっていった。あらゆる方角から、群衆は押し寄せた。ゼネストが全市を麻痺させ、人びとに活力を与えたのだ。

もうひとつの動きの中心は、軍隊だった。

すでにそれより六日前の一一月三日、帝国北端に近い軍港都市キールで、帝国の根幹を揺るがす動乱が始まっていた。出航命令を拒否して逮捕された水兵たちの釈放を要求するデモが、その発端だった。海軍の水兵たちと町の労働者に陸軍兵士たちも加わったそのデモの群衆に向かって、鎮圧部隊が発砲し、民衆側も応戦した。キール市内は騒乱状態となり、八人の死者と二九人の負傷者が残された。翌四日の朝にはさらに二万人の水兵が叛乱側に加わり、その日の夕方にはついに、反戦と現状打破を叫ぶ民衆が全市を制圧したのである。この叛乱は、日を追って全国の諸都市に飛び火し、各地で労働者や兵士たちの戦争反対と帝政打倒の行動が広がりつつあった。軍部は、これが首都ベルリンに及ぶのを何としても阻止しなければならなかった。

ドイツ帝国とプロイセン王国の首都、ベルリンには、その当時、近衛《このえ》師団の聯隊《れんたい》兵営が二三カ所あった。「近衛師団」とは、皇帝・国王の居城がある首都と君主政体を護ることを基本的な任務とする軍隊組織である。ドイツ帝国の盟主であるプロイセン王国の軍隊は、五個の近衛歩兵師団と一個の近衛騎兵師団を持っていた。各近衛歩兵師団の規模は約一万八〇〇〇名で、陸軍の一師団は一般に四ないし六聯隊から成っていた。世界大戦の開始以来、近衛師団も主力は国外の戦線で戦っていたが、帝都を防衛する精鋭部隊がベルリンに残存していた。しかも、王宮のある首都を防衛するためにベルリンに配備されていた軍隊組織は、近衛師団だけではなかった。陸軍の参謀副本部があり、陸軍省があった。さらには「マルク方面軍最高司令部」というものがベルリンには置かれていた。「マルク」(Mark)とは、字義どおりには辺境地域、つまり国境を隔てて他国と隣接するドイツ周辺部のことである。だが、この「マルク方面軍最高司令部」は、とりわけ「マルク・ブランデンブルク」という歴史的名称を持つ一地方、すなわちベルリンを中心とするプロイセン王国の一州であるブランデンブルクの防衛を任務としていた。一八四八年の「三月革命」のあと、動乱再発に備えて創設された特別の軍事組織で、首都を外敵から防衛するのではなく、国内民衆の叛乱から君主制を護ることを、唯一の任務としていたのである。この「マルク方面軍」には、実際の兵員はおらず、武力装備もない。しかし、非常時にさいしては、「マルク方面軍最高司令部」がプロイセン王国内のあらゆる軍隊組織に対する命令権を握り、すべての軍隊を動かす権限を持つのである。一一月九日はその非常時にほかならなかった。

ベルリンには、近衛師団の将兵以外にも、多数の帰休兵や、すでに快復している傷病兵など、動乱鎮圧のために動員可能な大量の兵力があった。だが、それだけでは安心できなかった軍部は、ベルリンから南西に二〇〇キロほど離れたナウムブルクに駐屯する「ナウムブルク狙撃兵大隊」（正式名称＝マクデブルク狙撃兵第四大隊）をベルリンに向かって移動させており、その部隊はこの日の未明にはすでに首都に到達していた。陸軍部隊のうちでも、この大隊はもっとも帝政に忠実だと見なされていたのである。大隊は聯隊を編成する下位単位で、通常約一〇〇〇人規模だった。市の中心部に押し寄せる群衆の前には、これらの軍隊が待ちかまえていたのだ。

一一月九日にベルリンで始まった緊迫した動きの第三の中心は、政治家たちだった。

すでに二カ月余り前から、ドイツ帝国の首脳部のあいだでは、自国の敗戦はもはや確定的となっていた。一〇月三日には、戦争遂行を掲げてきた旧内閣に代わって、ドイツ帝国を構成する諸邦の一つであるバーデン大公国《たいこうこく》の王位継承者、マックス・フォン・バーデンが、事実上の敗戦処理内閣を率いる帝国宰相《さいしょう》に任命された。一〇月二六日には、帝国憲法の改定が帝国議会で議決され、二八日に皇帝がそれを認証した。この改憲によって、宣戦布告も講和締結も、皇帝の専決事項ではなくなり、下院である「帝国議会」（Reichstag《ライヒスターク》）と上院である「連邦参議院」（Bundesrat《ブンデスラート》）との議決によって行なえることになった。だが、敵側の連合国は、ドイツ帝国皇帝にしてプロイセン王国国王であるヴィルヘルム二世の退位を、和平交渉開始の絶対条件としていた。そしてヴィルヘルムは、重臣たちの説得にもかかわらず、退位を拒否しつづけていた。こうしたなかで、水兵たちの叛乱に端を発した革命的状況が、首都に迫ったのである。

ドイツ帝国は、プロイセン王国を盟主とする二六の諸邦によって構成されていた。四つの王国、六つの大公国、五つの公国、七つの侯国、三つの自由ハンザ同盟都市、一つの帝国直属州である[1]。帝国の国会のうち上院にあたる「連邦参議院」は、それら諸邦の各政府代表から成っていたが、下院である「帝国議会」の議員（代議士）は二五歳以上の男性の帝国国民を有権者とする選挙によって選ばれた（ただし、生活保護の受給者には選挙権がなかった）。一八七一年一月の「ドイツ帝国」建国から、ドイツが世界大戦に参戦する一九一四年八月一日までに、計一三回の帝国議会選挙が行なわれ、大戦前の一九一二年一月一二日の総選挙が革命勃発以前の最後の選挙となった。この一九一二年の選挙で、いわば帝国の異端児――君主制の対極である主権在民の社会を目指す政党――たる「ドイツ社会民主党」（SPD）が、ついに帝国議会の第一党となったのである。得票率三四・八％で、議席総数三九七のうち一一〇議席を獲得したのだった。第二党のカトリック政党、「ドイツ中央党」の得票率は一六・四％、議席数は九一である。帝国議会の選挙制度は、完全な小選挙区制で、全国三九七の選挙区からそれぞれ投票総数の過半数を得た一名が当選する仕組みになっていた。過半数を得た候補者がない場合は、上位二名で決選投票が行なわれるのである。既存の権力関係を維持するためのこのような小選挙区制度のもとで、SPDが第一党となったのだ。これが帝国の権力者たちにとってどれほど深刻な脅威だったかは、想像に難くないだろう。

その選挙からほぼ七年を経た大戦五年目の一九一八年秋、戦争反対と政府批判、さらには君主制打倒の声が日増しに高まる状況のなかで、敗戦を目前にした帝国の支配層は、社会民主党の同調と協力なしには講和交渉を行なうことも国内の秩序を維持することも不可能である、という点で一致していた。一〇月三日のマックス・フォン・バーデン内閣発足にあたって、SPD最高幹部の一人で同党の帝国議会議員団長、フィリップ・シャイデマンと、同じく党幹部で労働組合との緊密なつながりを持つグスタフ・バウアーが行政長官として入閣することになったのも、その理由からだった。行政長官(Staatssekretär《シュターツゼクレテーア》)とは、各省の大臣に相当する職名である。バウアーは労働省の行政長官として、シャイデマンは無任所、つまり特定の省を管轄するのではない閣僚として任命された。この両者の入閣は、SPDがそれまでの歴史上もっとも国家権力に近づいた瞬間だった。

党主席のフリードリヒ・エーベルトは、この瞬間を手放さなかった。この瞬間がやがて熟して決定的な好機となることを、彼は知っていたのである。キール軍港に始まり全国に燃え広がりつつあった革命こそは、彼と彼の党をついに国家権力に向かって押し流す巨大な潮流だった。旧体制派の権力者たちは、敗戦の打撃にもまして、君主制という国家体制そのものが打倒されるのを最も恐れていた。彼らは、いま巨大な潮流として押し寄せつつある労働者階級の政治的代表者は社会民主主義者たちにほかならないこと、そして徴兵によって兵役を課せられているに過ぎない一般兵士たちもまた労働者階級であることを、肝に銘じざるを得ないのだ。帝国の鬼っ子として生まれた社会民主党は、いま、ドイツ帝国の運命を決する鍵を握ったのである。

だが、この時点で、労働者や下級兵士たちを代表する社会主義政党は、エーベルトやシャイデマンが率いる社会民主党(SPD)だけではなかった。四年以上にわたる大戦のあいだに、国家の戦争方針に引きつづき協力するか、それとも戦争に反対し停戦と講和の実現のために国家と闘うかで、SPDは分裂していたのである。エーベルトらの党主流派によって除名された少数派の左派(戦争反対派)は、世界大戦が丸三年を迎えようとする一九一七年四月、「ドイツ独立社会民主党」(USPD)を結成し、政府や軍部からの弾圧を受けながら反戦運動を次第に深く根付かせていった。とりわけ、その前年一九一六年の春に金属加工労働者たちが組織した「革命的オプロイテ」(Revolutionäre《レヴォルツィオネーレ》 Obleute《オプロイテ》)と呼ばれる職場活動家のグループは、USPDと連携しながら全国の工場に影響力を広げ、戦争反対のストライキさえ先導していた。USPDのなかにはまた、「スパルタクス・グループ」(Spartakusgruppe《スパルタクスグルッペ》)と名乗る最左派のグループも形成されて、労働者の一部に強い影響力を及ぼしていた。一九一八年一一月九日のベルリンも、そしてそれに先立つ軍港キールでの蜂起も、全国に燃え広がりつつある革命も、USPDを中軸とする地下運動によって蒔《ま》かれた種《たね》の発芽であることは、否定すべくもなかったのだ。それゆえ、首都ベルリンで始まった革命は、すでに当初から、二つの社会主義政党の立場の違いと対立を孕《はら》んでいた。USPDが真っ向から敵対してきた帝国政府にSPDの二名の幹部が閣僚として加わったことは、多数派SPDと少数派USPDとの帝国に対する基本的な態度の差を、歴然と物語っていたのである。

全国各地に波及した革命が首都を飲み込むのもすでに時間の問題と見られるようになった一一月七日、エーベルトらSPD幹部は、宰相マックス・フォン・バーデンに対して、皇帝が直ちに退位することだけが破局を避ける唯一の道である、と申し入れた。対外的には、それが敵側連合国との和平交渉の前提であり、対内的には、国民を戦争に引き入れ多大な犠牲を強《し》いた責任は皇帝にあったからである。しかし、宰相の度重なる進言も皇帝に聞き入れられないまま、ついに一一月九日が来たのだった。しかも、この日が来たとき、政府が頼みとする軍隊は、まったくその機能を果たさなかったのである。ベルリンへ移動させられた「ナウムブルク狙撃兵大隊」も、群衆に対して差し向けられた「アレクサンダー近衛聯隊」を始めとする首都防衛軍も、役に立たなかった。市の中心部に向かう途上の

1918 年 11 月 9 日、ベルリンのウンター・デン・リンデン街を埋め尽くした民衆
出典：*Illustrierte Geschichte der deutschen Revolution.*（A-9）

橋で機関銃と大砲によって「暴徒」を阻止するはずだった部隊も、王宮の防備を固める守備隊も、兵営にいる将兵たちも、押し寄せる労働者や市民たちを武力で鎮圧することはできなかった。ある部隊の指揮官が発砲の命令を下そうとしたとき、群衆のなかから「兄弟たち！　撃つな！」という叫びが上がり、兵士たちは銃を下ろした――という証言も残されている。帝国軍隊の兵士たちは、君主制を防護するという与えられた義務を放棄して、みずからもその一員である民衆の側に立ち帰ったのだった。

こうした状況が宰相官房に伝えられたとき、帝国宰相マックス・フォン・バーデンは、それまで誰も予想しなかったような歴史的決断を下したのである。

（2）民衆と政治家たち

一一月九日の正午前、宰相マックス・フォン・バーデンは、閣僚たちにつぎのような布告の文案を示し、これを直ちに公示することを告げた。(2)

公告

皇帝・国王は退位する決断を下された。帝国宰相は、皇帝の退位と、ドイツ帝国ならびにプロイセンの皇太子による帝位継承権の放棄、および摂政職の任命に関する諸問題が処理されるまでのあいだ、現職に留まるものとする。現宰相は、摂政に対し、エーベルト代議士を帝国宰相として推挙し、かつ憲法を制定するドイツ国民議会の普通選挙を直ちに告示するための法案を上程するよう、進言する所存である。この国民議会には、帝国領への加入を希望することになるかもしれぬ人民たちを含めたドイツ人民の将来の国家形態を最終的に確定する責任が、与えられることになるであろう。

ベルリン、一九一八年一一月九日

帝国宰相　公子マックス・フォン・バーデン

そのとき皇帝ヴィルヘルム二世は、隣国ベルギーのスパー（Spa）に置かれたドイツ軍の大本営に滞在していた。そこは有名な鉱泉保養地で、この地名が温泉や鉱泉や湯治場を意味する英語 spa の語源となった、という説もある。ドイツは、大戦開始にあたって、永世中立国だったベルギーに対し、フランスに進攻するドイツ軍の国内通過を許可するよう要求した。ベルギーがこれを拒否すると、一方的に宣戦布告して、同国を軍事占領していたのである。勝利した暁には戦利品としてベルギーをドイツ領にすることが、ドイツの軍部や政治家によって公然と語られていた。敗戦を目前にしたいまではそれも空中楼閣と化したのだが、参謀総長ヒンデンブルク元帥を始めとする陸軍の首脳部は、ドイツとの国境から西へわずか二〇キロほどのスパーに依然として陸軍最高司令部を置き、一〇月三〇日からは皇帝がベルリンから同地に移って陣頭指揮を執っていた。そして、その皇帝は、一一月九日の正午現在もなお、頑として退位を拒みつづけていたのである。

つまり、宰相マックス・フォン・バーデンが布告しようとする皇帝退位の発表は、まったくの虚偽だったのだ。けれども、首都が革命によって席捲《せっけん》され君主制が打倒されるのを阻止するためには直ちに「皇帝退位」を発表するしかないと考えた閣僚たちは、宰相の策略に同意した。帝国の運命を決する鍵を握ったSPDの首脳部も、同様だった。この公告のなかの「帝国領への加入を希望することになるかもしれぬ人民たち」という一句は、すでに降伏していた隣国オーストリアのうち主としてドイツ人が居住する地域、いわゆる「ドイツ・オーストリア」に、ドイツとの合併を求める動きがあることを、念頭に置いている。

だが、皇帝退位の公告は、もはや事態の進行を押しとどめる力を持たなかった。首都はすでに、戦争反対と食糧要求の域を越えて「君主制の打倒!」を叫ぶ民衆によって、埋め尽くされていたのである。

その日のベルリン市内では、早くも夜明け前から、革命はその歩みを開始していたのだった。一一月九日午前三時、ベルリンへ派遣されていたナウムブルク第四狙撃兵大隊に非常呼集がかけられた。民衆が行動を起こすときが迫っていると察知されたためだった。兵士たちは実弾と各々《おのおの》一個の手榴弾とを受け取った。ところがそのとき、大隊のうち第三中隊の兵士たちが、服務することを拒否したのである。将校たちの威嚇や説得も、紀律の回復に成功しなかった。兵士たちは、将校の命令を無視して、勝手に代表を選び、「兵士評議会《レーテ》」を結成して部隊を離脱した。「レーテ」（Räte）とは、前年の一九一七年に勃発したロシアの「一〇月革命」でその革命権力を担った「ソヴィエト」（совет＝評議会）に対応するドイツ語である。軍港都市キールに始まるドイツ各地の革命でも、蜂起した兵士と労働者たちは「労働者・兵士評議会」（Arbeiter-《アルバイター》 und《ウント》 Soldatenräte《ゾルダーテンレーテ》）を結成して自己権力を樹立し、既成の体制との闘いを展開していたのだった。もっとも信頼されていたナウムブルク狙撃兵部隊の離反が、首都における軍隊の叛逆の端緒となった。

一方、工場地域を皮切りに蜂起した民衆は、すでに午前中から、軍隊の宿営施設である兵営にも押し寄せた。それらは、つねづね、自分たちを威嚇し圧伏する巨大な力がもっとも具体的に目に見える姿をとって立ちはだかる存在にほかならなかったのである。正午前、「皐月《さつき》コガネムシの兵営」（Maikäfer《マイケーファー》-Kaserne《カゼルネ》）という愛称で知られた近衛軽歩兵聯隊の兵営では、前庭に突入した民衆に向かって数人の将校が銃弾を発射し、それによって三人が生命を失った。だが、建物のなかから雪崩を打って走り出た兵士たちは、歓声を上げて民衆を迎えた。自分たちはここに閉じ込められている、救い出してくれ、と彼らは口々に叫んだ。兵士たちの多数は武器を持って民衆に加わり、他のものたちは勝手に故郷へ帰るために兵営を後にした。

「革命的オプロイテ」のもっとも中心的な活動家だったリヒャルト・ミュラーは、みずからの現場体験に基づく著書『一一月革命』（一九二五年刊行）のなかで、その日の情景の一端を次のように描いている。(3)

その他の兵営の兵士たちは、すでに午前中から、あるいは個別に、あるいは集団で、蜂起した民衆の側に寝返っていた。それらの兵営からは武器と弾薬が持ち出され、労働者たちに配られた。午後になると、ベルリンの中心街はさながら巨大な軍隊宿営地のようになった。／兵士たちは、帽章を剝ぎ取ってしまっていた。そして、まだ帽章や階級章を付けている将校が見つかると、拒もうがどうしようが、暴力的にむしり取られた。兵士や労働者を乗せた自動車が、街を走り回っていた。あちこちで弁舌が振るわれていた。旧政治体制を打倒した喜びは、筆舌に尽くせぬほど大きかった。〔……〕ウンター・デン・リンデン街は、王宮に至るまで、女性たちと武装した労働者および兵士たちとでびっしりと埋め尽くされていた。四時になるころ、カール・リープクネヒトが小型の自動車に乗って現われた。彼は、まず王宮の前で、そののちバルコニーから、それぞれ演説を行なった。〔……〕王宮の衛兵たちは銃を投げ捨てた。労働者と兵士によって構成された衛兵隊が、王宮の防備を引き継いだ。皇帝旗が翻っていたところに、それに替わる赤旗がリープクネヒトによって掲げられた。

〔／は改行箇所、……は省略を示す〕

よく知られているように、SPD（社会民主党）の帝国議会議員だったカール・リープクネヒトは、帝国議会で最初にただひとり国家の戦争に反対を表明し、それ以来、多くの国民から反戦の思想と実践の象徴的存在と目されていた。一九一六年五月の反戦デモで逮捕され、懲役四年一カ月の判決を受けて獄中生活を続けていたが、ドイツの敗戦が決定的となるなかで、わずか半月前にベルリン近郊の刑務所から釈放されたばかりだった。いまでは、USPD（独立社会民主党）内の最左翼グループ、「スパルタクス」の中心人物として、注目を集めていたのである。「これからさきいつになっても、〈リープクネヒトが　王宮に　居る〉というこの三語のなかに、一九一八年一一月九日の転覆は端的に要約されていると言えるだろう。一一月九日にドイツで〈何かがあった〉ということに異議を唱えるものは、〈リープクネヒトが　王宮に　居る〉という三語を反芻してよく考えるがよい。」――そのころ陸軍最高司令部の外事課に勤務していた歴史家・政治学者のオイゲン・フィッシャー＝バーリングは、のちに回顧録『民衆の裁き――体験と思想としてのドイツ革命　一九一八年』（一九三二年刊行）のなかで、君主制の対極としてのリープクネヒトのカリスマ性をこのように記している。[4]

午後一時には、武器を持った労働者と兵士の一団が、市の中心部にあるモアビート監獄を襲撃し、多数の政治犯を解放していた。さらにその後、武装した水兵の一隊が、市西北部のテーゲル軍事刑務所を襲って、軍法会議で有罪とされていた兵士たち二〇〇名を解放した。軍隊とともに治安維持の拠点だったベルリン警視庁は、建物の内外を機関銃でさながら要塞のように防備し、武装警官だけでなく軍隊から派遣された狙撃兵と歩兵の部隊によって、民衆の襲撃を撃退しようとした。しかし、圧倒的な民衆を前にして、午後二時三五分、警視総監ハインリヒ・フォン・オッペンは、流血の惨事を避けるという選択を余儀なくされた。警視庁は民衆に明け渡され、留置所に勾留されていた六五〇人が釈放された。「マルク方面軍最高司令部」の司令官、アレクサンダー・フォン・リンジンゲン大将が、「軍隊と警察は武器を使用してはならない」という命令を発したのは、それよりさき、午後一時三五分のことだった。

民衆の叛乱が国家権力の拠点を次々と制圧し、旧体制の崩壊が誰の目にも明らかになりつつあったとき、政府官庁の建物や帝国議会議事堂のなかでは、政治家たちが、事態に対応する具体策を見出せぬまま、苦慮を続けていた。

しかし、政府の中枢や他の諸政党とは違って、SPDの動きは速かった。宰相マックス・フォン・バーデンが「皇帝・国王の退位」を告げる決定を下してからまだ一時間も経たないうちに、党の最高幹部であるフリードリヒ・エーベルト、フィリップ・シャイデマン、オットー・ブラウンの三名が帝国宰相の前に現われた。彼らは、帝国議会SPD議員団の全権代表として、「秩序破壊と流血を回避するため」に、「人民に信頼されている人物」、すなわちフリードリヒ・エーベルトに「帝国宰相の職務の処理が委ねられること」を、要求したのである。同席していた副宰相フリードリヒ・フォン・パイヤーが「その職務は現帝国憲法の枠内で処理されることになるのか?」と問うたのに対して、エーベルトはそれを肯定した。こうして、マックス・フォン・バーデンは、彼が予定していた摂政による任命を待たずに、エーベルトに政権を渡したのである。ドイツ帝国憲法はその第一五条で、帝国宰相は「皇帝によって任命されなければならない」ことを定めていた。一九一八年一〇月二八日の憲法改定によって、この第一五条に「帝国宰相は職務遂行に当たり帝国議会の信任を要する」という一項が加えられたが、いずれにせよ宰相を任命できるのは皇帝だけだった(5)。その帝国宰相が、皇帝退位の発表ののちに、皇帝に代わる摂政も不在のまま、任命する権限のないものによって任命されたのである。

（3）「共和国」の宣言、革命政権の模索

「帝国宰相」となったエーベルトは、時を移さず、新宰相の告知を国民に向けて発した。それは午後二時ごろ起草され、直ちに大量のビラとしても印刷されて、街頭でも配布された。(6)

> ベルリン、一一月九日。新帝国宰相エーベルトは、ドイツの市民に対して以下の告知を公布する。
>
> ドイツの市民の皆さん！
>
> 同胞市民の皆さん！
>
> 前帝国宰相マックス・フォン・バーデン公は、行政長官全員の同意のもとに、帝国宰相の職務の遂行を私に委ねられました。私は目下、諸党派と協調して新しい政府を組閣しているところであり、その結果については間もなく公表することになるでしょう。新しい政府は人民政府となるでしょう。その政府の目指すところは、ドイツ人民にできるだけ速やかに平和をもたらし、勝ち取られた自由を確かなものにすることでなければならないでしょう。
>
> 同胞市民の皆さん！　我々を待ちかまえている困難な仕事をどうか支援してくださるよう、私は皆さんのすべてにお願いするものです。政治的活動の第一の前提である人民への食糧供給を戦争がどれほど脅かすかを、皆さんはご承知です。
>
> 政治上の激変が住民への食糧供給に支障を来たすようなことがあってはなりません。

食料品の生産と都市への輸送を妨げることなく促進することは、あくまでも、都市と農村のすべての者の第一の義務でなければなりません。

食料品不足は略奪と盗みにつながり、万人の悲惨を招きます。そうなれば、もっとも貧しい者たちがもっともひどく苦しむでしょうし、工場労働者がもっとも苛酷な被害をこうむるでしょう。食料品もしくはその他の生活必需品、もしくはそれらの分配のために必要な交通手段を不当に略取する者は、全体に対してもっとも重い罪を犯すことになります。

同胞市民のみなさん！　私は皆さんのすべてにお願いします。街頭から立ち去ってください、平穏と秩序をもたらすよう配慮してください！

ベルリン、一九一八年一一月九日
帝国宰相　エーベルト

民衆に「平穏と秩序」を呼びかけるエーベルトのこの告知も、それに先立つマックス・フォン・バーデンの「皇帝退位」の公告と同様、もはや事態の進行を止めることはできなかった。すでに市の中心部を埋め尽くしていた数十万の民衆によって、告知のビラは踏みにじられた。ちょうどそのころ、帝国議会議事堂の休憩室で乏しい昼食の薄いスープをすすっていたエーベルトとシャイデマンのもとに、カール・リープクネヒトが「共和国」の宣言をするらしい、という情報がもたらされたのである。窓の外では、この議事堂にも押し寄せた大群衆の叫び声がますます大きくなっていた。ＳＰＤの帝国議会議員団として何かアピールをすべきだという同僚たちに推されて、弁舌に自信のあるシャイデマンが議事堂の窓から身を乗り出した。民衆の海を見下ろしながら、彼は、ＳＰＤが民衆と連帯していることを強調し、帝政が崩壊してエーベルトが政府を率いることになった、と叫んだ。そして、その短い演説を「ドイツ共和国万歳！」という一句で結んだのだった。

高揚した気分で戻ってきたシャイデマンを、満面に怒りを浮かべたエーベルトが待っていた。新しい国家の政治体制のありかたは、憲法制定のための国民議会が決めることだ。勝手に「共和国」を宣言する権限など、きみにはない！——こう言ってエーベルトはシャイデマンをなじったのである。しかし、もはや手遅れだった。シャイデマンの演説の結びの文句は、「ドイツ共和国」（die《ディ》 deutsche《ドイッチェ》 Republik《レプブリーク》）の成立宣言として受け取られることになった。この宣言から二時間たらず後に、カール・リープクネヒトが、王宮のバルコニーから群衆に向かって演説し、「ドイツ社会主義共和国」（die《ディ》 sozialistische《ゾツィアリスティッシェ》 Republik《レプブリーク》 Deutschland《ドイッチュラント》）を宣言した、というのが通説となっている。(7) その通説に従うなら、この同じ一一月九日に、ドイツには「共和国」と「社会主義共和国」とが誕生したのである。しかし、簡便な録音装置も、撮影の時刻を自動的に記録できる撮影手段もなかったその当時の具体的な経過については、明らかでない部分が多い。リープクネヒトは王宮での演説の前に街頭で群衆に向かって「社会主義共和国」の宣言をしており、それはシャイデマンの「共和国」宣言とほとんど同時刻だった、という説もある。さらには、シャイデマンの宣言に関してさえも別の証言が残されている。「リープクネヒトが　王宮に　居る」という三語でそのカリスマ性を伝えたオイゲン・フィッシャー＝バーリングは、同じ回顧録のなかで、シャイデマンが帝国議会議事堂の窓から行なった演説と宣言について、次のように記しているのである。(8)

彼は、自分と自分の同僚たちがきょうのこの日の運動と一心同体であるむねを、感きわまった様子で述べ立て、社会民主主義が希望してきたことをきょうのこの日が実現してくれたという未曽有の事態に陶然となって、「人民は全面的に勝利した」と高らかに揚言する。彼の「社会主義ドイツ共和国万歳！」の叫びを、群衆は圧倒的に受け入れる。撤回する余地のない決定が下されたのだ。

この証言によれば、リープクネヒトだけでなくSPDのシャイデマンもまた、たんなる「共和国」ではなく「社会主義共和国」を宣言していたことになる。そのあと、エーベルトが彼を激しくなじったということについては、フィッシャー＝バーリングも同様のことを記している。彼がこの回顧録を出版したのは、革命の結果として生まれたヴァイマル共和国の最後の年、一九三二年だった。その当時、フィッシャー＝バーリングは国立国会図書館の館長の職にあった。それまでに公《おおやけ》にされていたドイツ革命に関する諸文献に彼がまったく無知だったとは考えられない以上、「社会主義ドイツ共和国」ということの記述は意識してなされたと理解すべきだろう。ちなみに、シャイデマンが宣言したのは「ドイツ共和国」だったという定説は、一九二四年ごろのものとされるシャイデマン自身の陳述の録音に依拠している。その段階でのシャイデマンの陳述が、一一月九日の自分の言葉をその後のSPDの方針――評議会《レーテ》革命による社会主義共和国を絶対に許容しないこと――に沿って（意図的にか無意識のうちにか）変更したものだった、という推測も排除できないだろう。フィッシャー＝バーリングは、それから三カ月後に召集された「国民議会」が戦争と敗戦の責任を究明するために設置した「調査委員会」の事務部長を務め、その事務的手腕と、のちに彼が明らかにした委員会に関する証言が、高く評価された人物だった。その彼が、シャイデマンの共和国宣言について、一九三二年の時点で、定説に反して虚偽の証言をする必然性はないのである。

新宰相エーベルトは、民衆に向かって「平穏と秩序」を呼びかけ、街頭から立ち去ることを求める一方で、ほぼ同時に、諸官庁と官吏に対する布告を発して、新政府の業務への協力を求めた。「国を統率する意向を固めた新人たちと一緒に仕事をすることが、多くの諸君にとって重荷になるであろうことを、私は承知している。しかし私は、我々の人民に対する諸君の愛情に訴えたい」という文面からは、既存の行政機関や官僚機構を温存して新政府の実務を始めようとする意図が、歴然と表われている。

だが、エーベルトとSPDのこうした意図は、蜂起した民衆の思いをそのまま反映していたわけではない。それまで五〇年間、SPDは、労働者階級の政治的代表をもってみずから任じてきた。けれども、きょうベルリンを埋め尽くしている民衆は、SPDの政治方針に従って蜂起したのではなかった。蜂起した民衆の自発性や自主性は、SPDにとって、自分たちがいまようやく握った権力とは関わりのないことだった。しかし、その民衆と向き合っていたのは、SPDという政党だけではなかったのである。もう一つの社会主義政党であるUSPD（ドイツ独立社会民主党）との共闘あるいは協調なしには、新しい政治社会体制への道は不可能だということだけは、明らかだった。それゆえ、エーベルトが宰相となった直後の午後早々から、SPD執行部は宰相官房でUSPDの代表と非公式の会談を行なった。USPD側からは、いずれも同党の帝国議会議員であるオスカー・コーン、ヴィルヘルム・ディットマン、エーヴァルト・フォークトヘルの三名が出席し、両者のあいだで、協力して新政府を構成するという大まかな合意がなされた。この会談の結果を受けて、USPDは帝国議会議事堂の一室で指導的な活動家の会議を開き、革命政権のありかたと、USPDがそれにどう関与すべきかについて、議論を重ねた。市内では、目抜き通りのウンター・デン・リンデン街や王宮周辺で、抵抗を続ける少数の将校たちとの銃撃戦が、なお散発的に続いていた。

夕方の六時近くに、SPDのシャイデマンがベルリン市の党役員二名とともに訪れ、いったいUSPDには新政権への入閣の用意があるのかどうかと問うた。そこで、シャイデマンと、USPD側のゲオルク・レーデブーア、エーミール・バルト、リヒャルト・ミュラー、カール・リープクネヒトとの間で活発な議論が交わされることになった。いずれも「革命的オプロイテ」のメンバーであるレーデブーア、バルト、ミュラーは、SPDとの共同政権を拒否し、さらに「スパルタクス」のリープクネヒトは、新しいドイツは「社会主義共和国」であり、すべての立法権、行政権、司法権は労働者・兵士評議会《レーテ》のもとに置かれねばならぬ、と主張した。これに対してシャイデマンは、そんなことが実際にどうして実行できるのか知りたい、と応じた。シャイデマンが退席したあと、USPD主席のフーゴー・ハーゼと、「革命的オプロイテ」の中心メンバーのひとりエルンスト・ドイミッヒも会議に加わり、さらに議論を続けたすえ、USPDが入閣する条件としてSPDに六項目の要求を示すことが決定された。この要求に対して、SPDは時を移さず回答を寄せた。それには、USPDからの六項目の要求がそのまま記されたうえで、逐一それに対するSPDの見解が示されている。(9)

ベルリン、一九一八年一一月九日
午後八時半

独立社会民主党幹部会　御中

合意に達したいという率直な願望に基づきつつ、我々は、貴下の要求に対する我々の原則的な立場を表明せざるを得ません。

貴下の要求される点は、

1. ドイツは社会的共和国であるべきである。

この要求は、我々自身の政策の目標であります。しかしながら、これについては人民が憲法制定議会を通じて決定すべきです。

2. この共和国においては、行政権、立法権、司法権の総体が、もっぱら、働く住民総体と兵士との選ばれた代表たちの手に握られなければならない。

この要求によって、人民の多数を後ろ楯としない一階級の一部による独裁が意味されているのであるとすれば、我々はこの要求を拒否せざるを得ません。なぜなら、それは我々の民主主義的な諸原則に反するものだからです。

3. すべてのブルジョア・メンバーを政府から排除すること。

この要求を我々は拒否せざるを得ません。なぜなら、これを受け入れるなら、人民への食糧供給が、たとえ不可能になることはないとしても、著しく危険にさらされるであろうからです。

4. 独立社会民主党の政権参加は三日間に限り、停戦協定を締結する能力のある政府を創出するための暫定的なものとする。

我々は、少なくとも制憲議会の開会までは社会主義両派の提携協力が必要である、と考えています。

5. 所轄大臣は、決定権を持つ本来の内閣の専門技術上の補佐役に過ぎないものとする。

この要求に我々は同意します。

6. 内閣の二名の首班は、その両者ともに同等の権限を持つこと。

我々は、すべての内閣構成員が同等の権限を持つことに賛成です。しかしながら、これについては憲法制定議会が決定すべきです。

ドイツ社会民主党幹部会

第1項で言われている「社会的共和国」（soziale《ゾツィアーレ》 Republik《レプブリーク》）の「社会的」という規定は、社会的な正義（差別や不平等の廃絶など）と社会的安全（生存権の保障と困窮者の援助など）および基幹公共施設や基幹産業の社会化（公有化）を実現する社会という意味であって、「社会主義的」とは別の概念である。いずれにせよ、このように両者の隔たりはなお埋まらぬまま、一一月九日はあと数時間を残すのみとなっていった。

だが、二つの社会主義政党が新政府の構想をめぐって鎬《しのぎ》を削っていたとき、この日の蜂起の本来の主体である民衆は、自分たちが獲得した主権を行使するための具体的な自主権力の樹立に向かって、具体的な一歩を踏み出していたのである。午後九時半、帝国議会本会議場で、この日に結成されたばかりの「大ベルリン労働者・兵士評議会」(Der《デァ》 Groß《グロース》-Berliner《ベルリーナー》 Arbeiter《アルバイター》- und《ウント》 Soldatenrat《ゾルダーテンラート》)の最初の会議が開かれた。そしてそこで、「革命的オプロイテ」のメンバーたちの提議にもとづいて、翌一一月一〇日の午後五時から全ベルリンの労働者・兵士評議会の総会を開いて革命の臨時政府を樹立することが、決定されたのだった。翌日は日曜だったが、各職場と軍の各部隊で代表の評議員を選出して総会に派遣するようにという通達が、ただちに発せられた。

その当時のドイツで最大の発行部数を誇った中道派の日刊新聞、『ベルリーナー・ターゲブラット』(*Berliner Tageblatt*＝ベルリン日日新聞)は、翌一〇日朝の紙面に主筆テーオドール・ヴォルフの論説を掲載した。「あらゆる革命のなかで最大の革命が、突然巻き起こった暴風のように、皇帝の帝国をなぎ倒してしまった。そこに属していたすべてのものを上から下まで道連れにして。これを、あらゆる革命のなかで最大の革命と呼ぶことができるのは、かくも強固に建造され、かくも堅牢な防壁で囲まれたバスティーユ監獄が、このようにたった一度の襲撃で奪取されてしまったことなど、未だかつてなかったからである。」――ヴォルフはこう書いていた。その同じ一日について、「革命的オプロイテ」のリヒャルト・ミュラーは、「ベルリンでの蜂起はごくわずかな犠牲者しか要求しなかった。勝利した労働者と兵士の側は一五人の死者を数えた。相手側の死者の数は正確には確認されていないが、おそらくずっと少なかっただろう」と記している。一五人の犠牲者たちは、「皐月コガネムシの兵営」での銃撃に加えて、王宮の厩舎《きゅうしゃ》と保守愛国の牙城たるベルリン大学での衝突によって、生命を落としたのだった。

一一月九日の犠牲者たちの埋葬は、一一月二〇日に行なわれた。一五人のうち七人は、それぞれの遺族によって教区の墓地に葬られた。それ以外の八人の合同埋葬式は、労働者・兵士評議会の執行評議会――それは一一月一〇日に構成されていた――が主催者となって、ベルリン市東部にあるフリードリヒスハイムの墓地で挙行された。そこには、一八四八年「三月革命」の犠牲者たちが葬られていたのである。SPD（社会民主党）の代表も弔辞を述べようとしたが、主催者によって拒絶された。

2　蜂起の助走――挙国一致から反戦へ

(1) 世界大戦の開始

一台のオープンカーに向かって発射された二発の銃弾が、それ以後の世界の歴史を血で染めた――といっても過言ではないだろう。銃弾は三つの人命をその場で奪っただけではなかった。この一瞬の銃撃が、そののち三〇年あまりの年月に、ヨーロッパだけで合計五〇〇〇万以上、全世界では八〇〇〇万を超える人間の生命を抹殺することになったのである。

一九一四年六月二八日、オーストリア・ハンガリー帝国の皇太子フランツ・フェルディナントとその妃《きさき》ゾフィーが、バルカン半島の東部、ボスニア・ヘルツェゴヴィナの首都サライェヴォで暗殺された。ボスニアとヘルツェゴヴィナの二州は、住民の大多数がスラヴ民族のセルビア人とクロアチア人だった。ところが、ここを領有していたトルコ帝国の衰退に乗じて一八七八年以来その統治権を握ることになったのは、「汎ゲルマン民族主義」を掲げるオーストリア帝国だった。そして一九〇八年一〇月、オーストリアは、住民の意思とは関わりなく一方的にそこをオーストリア帝国の領土として併合したのである。一九一二年一〇月から翌年七月にかけての二次にわたる「バルカン戦争」の結果、この地域に隣接するセルビア王国がトルコを駆逐して勢力を拡大すると、オーストリアは、セルビアによってボスニア・ヘルツェゴヴィナの民族主義運動が煽り立てられることを恐れ、この地域のセルビア人住民への抑圧をいっそう強化した。その政策の一環として行なわれたボスニア現地でのオーストリア陸軍の軍事演習を視察するために、皇太子夫婦は同地を訪れていたのだった。彼らは、演習の翌日、首都サライェヴォの市内を無蓋の乗用車でパレードした。「ムラーダ・ボスナ」(Mlada Bosna＝若きボスニア)という青年民族主義者たちのグループは、あらかじめ公表されていた経路に六つの狙撃地点を設定して、暗殺の機会を狙った。手投げ爆弾が標的からそれたり、投げる瞬間を逸したりして、いずれも失敗や未遂に終わったのち、最後の地点で待機していたメンバーが、拳銃での銃撃に成功したのである。自動車に駆け寄って皇太子夫婦を射殺したのは、ボスニアに住むオーストリア国籍のセルビア人で、ガブリーロ・プリンツィプという一九歳の高校生だった。皇太子妃は妊娠していた。その場で自殺しようとして失敗した狙撃者は、捕縛されたのち、皇太子妃を撃つつもりはなかったと述べている。

全世界に衝撃を与えたこの事件から四週間近くが過ぎた七月二三日、事件の背後にセルビア王国がいると非難してきたオーストリアは、ついにセルビアに対して最後通告を発し、四八時間の期限付きで返答を要求した。オーストリア警察当局の捜査によってすら、暗殺にセルビアが関与していたという証拠は見出せなかったにもかかわらず、その最後通告はきわめて強硬だった。セルビア国内でのあらゆる反オーストリア団体や反オーストリア的な出版物の禁止、教科書からの反オーストリア的記述の削除、同様の見解を持つ官吏・公務員の罷免、さらには、反オーストリア活動に対するセルビア政府の弾圧措置にオーストリア政府が派遣する機関を参画させること、等々、セルビア側が受託できないことをあらかじめ予定したような要求内容だったのである。これに対して、期限とされた七月二五日、セルビアの国王は軍隊の動員令に署名し、首相はオーストリア公使に条件付きの回答を手交した。オーストリアはこれを最後通告の拒否と見なし、国交を断絶、三日後の七月二八日にセルビアに対して宣戦を布告した。このかん、最後通告の期限延期をオーストリアに求めるなど、セルビア側に立って事態の推移に関わってきたロシア帝国は、両国の開戦と同時に軍隊の総動員を決定し、三〇日に総動員令を発令した。その翌日、ドイツは、ロシアに対して動員中止を求める最後通告を一二時間の期限付きで送り、他方でフランスとイギリスに対して、ドイツがロシアと開戦するさいの中立を要求した。フランスとイギリスがこれを拒否し、ロシアに対する最後通告の期限が切れた八月一日の午後四時、ドイツは動員令を発し、午後七時にロシアに対して宣戦布告した。ドイツは翌八月二日にトルコと秘密同盟条約を結ぶ一方、八月三日にはフランスに対しても宣戦する。翌四日にはイギリスがドイツに、六日にはオーストリア・ハンガリーがロシアに宣戦布告して、ここに「欧洲大戦」、のちに「世界大戦」と呼ばれる全面戦争が開始されたのである。八月二三日には日本が「日英同盟」にもとづき連合国側に立ってドイツに宣戦、一一月一一日にはトルコがドイツ・オーストリアの同盟国側で参戦した。

ドイツ帝国は、バルカン半島の支配をめぐって対立抗争をつづけるオーストリア・ハンガリー帝国とロシア帝国のように、バルカン半島のその地域とじかに隣接しているわけではなかった。民族問題でオーストリアに同調する必要に迫られているわけでもなかった。だが、直接の関わりがない暗殺事件と、それに端を発する他国の戦争にドイツがむしろきわめて積極的に介入していったことには、大きな理由があったのである。それは、ドイツ帝国の重要な国外進出政策と関わる理由だった。

一八八八年六月に二九歳で即位したドイツ皇帝・プロイセン国王ヴィルヘルム二世は、一八九八年三月、トルコ帝国の首都コンスタンチノープルを訪問した。そして、古代のビザンチウムであるこの古い都でトルコ皇帝アブドゥル・ハミト二世と会見し、のちに「バグダード鉄道」と呼ばれることになる鉄道の敷設権をトルコがドイツに与えるという確約を得たのだった。翌一八九九年、トルコは、コンスタンチノープルからバグダードを経てペルシャ湾頭のバスラに至る鉄道の建設を、ドイツに対して正式に認可した。ヴィルヘルム二世が構想するいわゆる「3Ｂ政策」――ベルリン（Berlin）とビザンチウム（Byzanz《ビッァンツ》、すなわちコンスタンチノープル、のちのイスタンブール）とバグダード（Bagdad）とを結ぶヨーロッパ・アラブ縦断鉄道の敷設は、ここで実現の途に就いたのである。鉄道の建設と経営は、ほぼ同時代の中国東北部における日本の「南満洲鉄道」（満鉄）が示しているように、それに付随する多くの利権をドイツにもたらすものだった。線路に沿った鉄道付属地の治外法権的権益だけでなく、港湾建設や農村地帯の大規模開発や干拓事業などが、ドイツ金融資本の巨大な投資と利潤を促し、トルコ政府の財政的負担分も加えた莫大な利得がドイツに還流するのである。現地がドイツにとって軍事上の拠点となることは言うまでもない。ヴィルヘルム二世の計画では、その鉄道はさらに延伸されてインドに達するはずだった。それは文字通り、ドイツ帝国のアジアへの進出の鉄路だった。

ところが、そののちトルコ国内で起こった政治情勢の激変、民族解放運動や革命運動の昂揚と、それらをめぐるヨーロッパ列強の介入干渉は、トルコ帝国のバルカン半島における支配力を急速に衰えさせたのである。かつてトルコ領だったセルビア王国が、トルコに対する対抗勢力として、二度にわたるバルカン戦争で国際的な影響力を拡大強化したことは、ドイツにとって、「3B政策」達成の最大の障害にほかならなかった。ドイツは、オーストリアおよびトルコと結ぶことで、セルビアとその背後にいるロシアを撃破し、この戦争での勝利を、東に向けての進出の突破口としなければならなかった。他民族を支配するために戦争を必要としたオーストリアと、権益を他国に拡大するために戦争を必要とするドイツとは、完全に利害が一致していたのである。もちろん、他方のロシア、イギリス、フランスも、それとは根本的に異なる動機で戦争に加わったわけではなかった。

オーストリアがセルビアに対して七月二三日に最後通告を発し、わずか一年前に終わったバルカン戦争に次ぐ新たな戦争の危機が現実のものとなったとき、ドイツ帝国議会の第一党でありヨーロッパ最大の社会主義政党だったドイツ社会民主党（SPD）は、戦争に反対する声明を発した。党幹部会による七月二五日のその声明は、同日付の党機関誌『フォーアヴェルツ』（*Vorwärts*＝前進）の第一面に掲載された[10]。

声　明！

いまなおバルカンの耕地には、殺戮された何千人もの血の臭《にお》いが立ちこめ、いまなお、壊滅させられた町々や荒廃させられた村々の廃墟は煙を上げ、いまなお、仕事を失った男たちや寡婦となった女たちや孤児となった子供たちが、国中をさまよっている。しかるに、早くもまた、オーストリア帝国主義によってかき立てられる戦争の暴虐が、**死と破滅**を全ヨーロッパにもたらそうとしているのだ。

我々は、大セルビア主義民族主義者たちの行ないを非難するものであるとはいえ、**オーストリア・ハンガリー政府の破廉恥な戦争挑発**に対しては、もっとも厳しい抗議を発せざるを得ない。この政府の諸要求は、一独立国家に対して向けられたものとしては世界史上かつてなかったくらい**粗暴**なものであり、戦争をあからさまに挑発することをあらかじめ計算したものでしかありえない。

階級意識を持つドイツ・プロレタリアートは、人道と文化との名において、**戦争煽動者たちの**この犯罪的な行ないに対し、燃えるような抗議の声を上げる。またドイツ政府には、自身が有するオーストリア政府に対する影響力を平和の維持のために行使すること、そして万一恥ずべき戦争が阻止できない場合には、如何なる軍事的介入も行なわないことを、断固として要求する。**ドイツ兵士の血の一滴たりとも、オーストリア権力者たちの権勢欲のために、帝国主義的な利潤利害のために、犠牲にされてはならない**。

党員同志諸君、我々は諸君に要請する、ただちに**大衆集会を開き**、階級意識を持つプロレタリアートの揺るぎない平和への意志を表明されんことを。重大な時がやってきた、過去数十年のどの時点よりも重大な時が。危険が差し迫っている！　世界大戦が目前のものとなりつつある！　平和なときには諸君を抑圧し、軽蔑し、利用し尽くす支配階級は、諸君を大砲の餌食として使い捨てるつもりなのだ。至るところで、

権力者たちの耳に響き渡らせなければならぬ、

我々は戦争を望まない！　戦争をやめろ！

諸民族民衆の国際連帯万歳！

ベルリン、一九一四年七月二五日　　　党幹部会

(2)国民の熱狂と「城内平和」

ＳＰＤ幹部会の声明が、「階級意識を持つプロレタリアートの揺るぎない平和への意志」に訴え、「諸民族民衆の国際連帯」を呼びかけたのには、大きな理由があった。一九世紀後半のヨーロッパで確固たる社会的勢力となった社会主義的労働者運動は、「労働者は祖国を持たない」という『共産党宣言』の精神に即して、諸国の労働者の国際連帯、すなわちインターナショナリズムを、もっとも重要な理念としてきたからである。人間を分け隔てているのは社会的な階級であって、民族や国籍の違いが人間相互の憎しみの理由となってはならない――この理念は、いま戦争の危機が迫るなかで、その危機を労働者民衆自身が阻止するための拠《よ》りどころとなるはずだった。

けれども、ヨーロッパ列強諸国の民衆は、国際連帝ではなく愛国主義に自身の拠りどころを求めたのである。戦争が現実のものとなったとき、敵国への憎悪と祖国防衛の熱狂が、戦争に反対する声を圧倒した。民衆は「国民」となったのだ。フランスでは、まだ参戦以前の七月三一日、反戦を訴え続けた穏健派社会主義者のジャン・ジョーレスが、二八歳の過激な国家主義者の大学生によって暗殺された。それは、ドイツがロシアに対して宣戦布告する前日だった。そしてその同じ七月三一日、ドイ

ツ皇帝ヴィルヘルム二世は、王宮のバルコニーから国民に向かって、戦争への覚悟を呼びかけたのである。(11)

困難な時が、いま突如としてドイツに降りかかった。そこかしこで妬《ねた》みをいだくものたちが挙《こぞ》って、我らに正当防衛を余儀なくさせる。我らは無理強《じ》いによって剣を手に握らされるのである。相手側に物の道理を悟らせ、以《もっ》て平和を維持せんとする朕《ちん》の尽力が、もし最後の瞬間に成功しないなら、その剣を神のお加護のもとに振るったのち、首尾よく栄誉をもってふたたび鞘《さや》に収めうることを、朕は冀《こいねが》うものである。ひとたび戦争となれば、それは財産と血との莫大な犠牲をドイツ人民に要求することになるであろう。しかしながら我らは相手側に、ドイツを攻撃することが何を意味するかを、示すであろう。かくして、いま、朕は汝らを神に委《ゆだ》ねる！　これより教会に赴《おもむ》き、神の御前《みまえ》に跪《ひざまず》いて、我らの勇敢なる軍勢を加護し給わんことを神に願うがよい！

その翌日、ドイツがロシアとの戦争に突入し、次いでフランスとイギリスが参戦したとき、ＳＰＤの反戦の呼びかけの力が皇帝の説示に遙かに及ばなかったことが、歴然としたのだった。ドイツは侵略にさらされており、戦争はやむを得ぬ正当防衛である、という感情が、民衆を飲み込んだのである。動員令の発令と同時に全国に戒厳令が布《し》かれ、戦争反対の言論が禁止されたが、その必要さえないような状況がドイツを覆った。国中が愛国心で一色に染まり、兵役義務のない未成年者や大学生たちが雪崩を打って志願兵に応募し、敵愾心と戦争への熱狂を煽るような言動が、至るところで国民たちの心をとらえていった。ロシアの将校の一隊が看護婦に変装してドイツ国内に潜入した、フランス人の医師が井戸にコレラ菌を混入して即決裁判で銃殺された、敵が密《ひそ》かに持ち込んだ大量の爆弾がどこそこで発見された――というたぐいの、冷静に考えれば愚にもつかぬようなデマ情報が、半ば意識的、半ば無意識に流されて、挙国一致の戦意高揚に貢献したのだった。そして、わずか数日前にあれほど確固として戦争反対を表明したSPDもまた、敵側諸国の社会主義政党と同様、その熱狂の外に身を置くことはできなかった。SPDは、当時およそ一〇八万六〇〇〇人の党員を擁するドイツ最大の政党だったが、党員たちの大多数もまた国粋主義者に変貌したのである。たとえば党の支部機関紙の一つ、『ケムニッツァー・フォルクスシュティンメ』（*Chemnitzer Volksstimme* ＝ケムニッツ民衆の声）は、八月二日の紙面で、「ドイツの婦人と子供たちをロシア人の野獣じみた残虐性の犠牲にさせてはならない。ドイツの国土をコサックどもの獲物《えもの》にさせてはならない」と訴えて、こう説いたのだった、「なぜなら、もしも三国連合が勝利すれば、イギリスの総督なりフランスの共和主義者なりではなくロシアの皇帝《ツァーリ》が、ドイツを支配するだろうからだ。それゆえに我々は、いまこの時点で、ドイツの文化とドイツの自由とに関わるすべてのものを、残忍で野蛮な敵から防衛するのである。喜び勇んでではなく、ロシアの労働者たちに対する憎悪をいだいてではなく、神が国王を助けることを祈りながらではなく、しからずしてドイツの自由とドイツ民衆の独立維持のために、わが同志たちは戦いに出《い》で立つであろう。祖国に対する義務を果たすにあたっては、これまでの口先だけの愛国者たちの誰にも後《おく》れを取るまい、という決意を固めて。」

「暗黒の東方」と称されたロシア帝国は、ロシア正教の教権主義と結託したツァーリズムの独裁による残忍苛烈な民衆支配のゆえに、とりわけドイツの社会主義者たちの軽蔑と憎悪の的となってきたのだった。その感情が、いま、民衆の多数を飲み込んだ排外主義・愛国主義の感情と、いとも容易に合流したのである。SPDの幹部も帝国議会議員たちも、その多くは、党員や支持者たちの感情と歩調を合わせた。この戦争は他国に対する侵略戦争ではなく、暴虐な敵を迎え撃つ祖国防衛戦争である、という為政者たちの主張を、彼らもまた受け入れたのである。しかし、これに反対や疑問を表明する党員や幹部もなお少なくなかった。理由が何であれ、資本主義列強間の戦争に、被抑圧者である労働者階級の代表が同調することは、社会主義運動およびSPDの存在根拠とこれまでの歴史を、みずから否定することに他ならなかったからだ。戦争遂行の財源を得るための戦時公債の発行が議会に諮《はか》られることになったとき、党内の意見対立は、はっきりとした形をとって明らかとなった。

政府が提出した戦時公債発行の議案は、八月四日の帝国議会で審議採決されることが決まった。これを受けてSPDは八月二日に党幹部会の会議を開き、党の態度を協議した。フィリップ・シャイデマン、エードゥアルト・ダーフィトらが議案に賛成を表明し、フーゴー・ハーゼとゲオルク・レーデブーアが反対した。双方は互いに譲らず、幹部会は結論を出せぬまま、決定は翌日の党議員総会に委ねられることになった。党幹部会に先立って、同じ八月二日にはすでに、SPDの傘下にある労働組合の全国組織が、すべての賃上げ闘争をただちに中止すること、戦争中はストライキに対する組合の財政的支援を行なわないことを決定していた。

八月三日のSPD帝国議会議員団の総会では、激しい議論のすえに、戦時公債に賛成投票することが圧倒的多数で決定された。反対したのは、ハーゼ、レーデブーアのほか、オットー・リューレ、カール・リープクネヒト、エーヴァルト・フォークトヘルら一四名で、賛成は七八名だった。そしてその翌日、反対者も含めたSPD議員の全員が、議員団の決定に従って、戦時公債の発行、すなわちドイツ帝国の戦争に、賛成票を投じたのである。議案が全会一致で可決成立したあと、皇帝ヴィルヘルム二世は、議員たちを前にして演説を行ない、「朕はもはや諸党派を知らぬ、朕はただドイツ人を知るのみ」という有名な言葉を発した。一方SPDは、賛成投票の理由を説明する声明を発表し、エーベルトとともに二人の党首のひとりであり帝国議会議員団の団長でもあるフーゴー・ハーゼが、みずからの信念に反するその党声明を読み上げた。そのなかでSPDは、「我々は、自分の祖国が危機にさらされているときにそれを見殺しにするようなことはしない」と述べたのだった。敵が攻めてくるときには、味方の内部での争いをやめ、一致団結して敵に立ち向かう——という「城内平和」が、ここに実現されたのである。

(3) 蘇生する「祖国なき輩《やから》ども」

八月三日一八時のフランスに対する宣戦布告より前に、すでにドイツ軍はベルギーに侵入していた。永世中立国のベルギーが開戦にあたってドイツ軍の領内通過要求を拒絶したことを無視して、ベルギーを軍事占領し、同国をフランス進撃の拠点としたのである。その一方で、ドイツと国境を接するフランスのロレーヌ地方からも攻め込み、パリを目指して大軍を進めた。フランスは、政府をボルドーに移すことを余儀なくされた。開戦から一カ月後の九月四日、SPDの中央機関紙『フォーアヴェルツ』（前進）は、第一面トップに、「ドイツ騎兵隊パリを目前に／北部の要塞堡塁を奪取／フランス政府パリを放棄」と三行の大見出しを掲げて、西部戦線におけるドイツ軍の赫々《かくかく》たる戦果を誇る大本営(Großes《グローセス》 Hauptquartier《ハウプトクヴァルティーア》)の発表を報じている。そのころ、ドイツ国内は、もう一方の東部戦線における大勝利に沸き立っていた。ロシア領ポーランドと国境を接するプロイセン王国東《オスト》プロイセン州の一角に侵攻したロシア軍が、八月一七日から二週間におよぶ戦闘で、二度にわたってドイツ軍に包囲殲滅されたのである。歴史上の古戦場だった現地の村の名にちなんで「タンネンベルクの会戦」と命名されたこの戦闘を指揮したのは、第八軍司令官のフォン・ヒンデンブルク大将だった。圧倒的に優勢なロシア軍を撃退し、東部国境地帯の防衛を果たした彼は、「タンネンベルクの英雄」として国民的な名声を馳《は》せ、元帥に昇進することになる。SPDの機関紙は、東でのこの勝利に次いで、西のフランス戦線でもドイツ軍が勝利を重ねていることを、熱狂的に伝えたのだった。

だが、現実には、まさにこの報道の翌日に始まる「マルヌの合戦」で、ドイツ軍はフランス軍の総反撃を受けて敗退したのだ。これを転機に、西部戦線におけるドイツの進撃は停滞し、戦況は長い膠《こう》着《ちゃく》状態に陥ったのだった。そして、ドイツ軍部が当初に予定した短期決戦による勝利が不可能となったとき、ドイツを脅かすことになったのは、深刻な食糧危機だったのである。長い冬の到来を目前にした一九一四年一一月二四日、大都市の一つ、ライプツィヒで、「食料品供給」をテーマとする集会が当局によって禁止される、という出来事が起こった。国民の熱狂に亀裂が生じ始めたのだ。ちょうどそのころ、第一次戦時公債発行の期間が終了に近づき、政府は第二次分の発行を議会に諮《はか》らねばならなかった。議案は一二月二日の帝国議会で採決され、SPDのカール・リープクネヒトがただひとり、反対票を投じた。それに先立つ党の議員団会議では、賛成九二対反対一七で賛成が決定されていた。リープクネヒトの反対投票は党規律違反だったが、じつは、一七名の反対者のうち彼以外の一六名は採決に際して議場を退出し、棄権したのである。亀裂は、ＳＰＤの内部でも広がり始めたのだ。

戦時体制下のドイツ帝国で事実上の独裁権を握っていた軍部は、報復措置をもってリープクネヒトに応じた。翌一九一五年の二月七日、現職の帝国議会議員であり、同じく選挙によって選ばれたプロイセン王国下院議員でもある彼を、召集して兵役に就かせたのである。さすがに前線に送ることはされなかったが、兵器の製造・配備や軍事関係の土木作業に従事する「作業兵」（Armierungssoldat《アルミールングスゾルダート》）として服務させられることになり、議員としての職務を除いて、いっさいの政治活動が不可能となったのだった。これを皮切りにして、少数の反戦派に対する弾圧が開始された。一〇日あまり後の二月一八日、ＳＰＤ左派の卓越した理論家として広く知られたローザ・ルクセンブルクが、刑務所に収監された。彼女は、まだ戦争前の一九一三年八月に兵士たちに対して抗命の煽動を行なった廉《かど》で、一九一四年八月に禁錮一年の判決を受け、病気のためにその執行を一五年三月三一日まで猶予されていた。それにもかかわらず、執行猶予期間を一カ月半残して投獄されたのである。

戦争長期化の影響は、ライプツィヒの住民たちが危惧したとおり、食糧不足という具体的な姿をとって国民の前に現われてきた。一九一五年二月一日、パンの配給切符制が開始されたのである。戦争の成り行きに対する不安と疑念が、次第に高まり始めた。そうしたなかで、一五年三月二〇日、第三次の戦時国債発行の法案が帝国議会で採決され、ＳＰＤのオットー・リューレがリープクネヒトとともに反対票を投じた。その前々日に開かれたＳＰＤ議員総会では、賛成票を投じることが賛成七七対反対二三で党議決定されていたが、これに違反して反対投票した二名以外の反対者は、すべて、投票時に退場、棄権したのだった。党議による拘束は、事実上その力を失ったのだ。それから一カ月たらずのちの四月一四日、『ディ・インターナツィオナーレ』（*Die Internationale* ＝インターナショナル）という名の雑誌が発刊された。執筆メンバーとして名を連ねたのは、いずれも女性のローザ・ルクセンブルク、ケーテ・ドゥンカー、クラーラ・ツェトキンのほか、フランツ・メーリング、カール・リープクネヒト（匿名）、ヨハネス・ケンプファー、アウグスト・タールハイマーら、ＳＰＤの左翼反対派の理論家・活動家として知られる人びとだった。「マルクス主義の実践と理論のための月刊誌」というサブ・タイトルを持つこの雑誌は、事前検閲の網をかいくぐって九〇〇〇部が出版配布された。創刊号だけで途絶したが、「祖国の戦争」に反対して国際主義《インターナショナリズム》をはっきりと掲げるグループが、名乗りを上げたのである。このグループは、翌一九一六年の一月一日に全国会議を開き、活動方針などを討議したのち、同年九月二〇日、非合法冊子『スパルタクス』（*Spartacus*）の刊行を開始して、「スパルタクス・グループ」としての反戦と現体制打破の活動を進めることになる。

　ヴィルヘルム二世治下のドイツには、人口に膾炙《かいしゃ》したひとつの侮蔑語があった。「祖国なき輩《やから》ども」（Vaterlandslose《ファーターランツローゼ》 Gesellen《ゲゼレン》）というその侮蔑語で呼ばれたのは、社会主義者《ゾツィアリスト》、無政府主義者《アナルヒスト》、共産主義者《コムニスト》たちだった。彼らの思想や行動方針には違いがあったが、いずれも、国家社会で抑圧されている民衆が祖国への帰一ではなく国際的な連帯によって自己を解放し、差別や抑圧のない新しい未来を創出しようとする点では、共通していた。現体制の支配者たちや、それに追随する国民たちは、その人びとをこの侮蔑語で罵《ののし》った。だが、一九一四年夏の挙国一致の「城内平和」によって、この言葉は死語となっていたのである。――その「祖国なき輩ども」が、戦争の長期化と戦況の悪化によって、あちこちで蘇生しはじめたのだった。

一九一五年五月二八日、首都の帝国議会議事堂前で、最初の平和要求デモが行なわれた。主唱者のひとりで『インターナツィオナーレ』のグループの一員であるヴィルヘルム・ピークが逮捕され、報復措置として前線に送られた。八月二〇日、第四次戦時公債に帝国議会で反対票を投じたのは、前回と同じくリューレとリープクネヒトの二名だけだったが、反対派の三〇名が退場した。さらに一二月二一日の第五次案の採決では、ついに、これまでの二名に加えてさらに一八名のSPD議員が反対投票し、反対票は二〇となった。それに加えて二二名のSPD議員が採決にさいして退場した。エーベルト、シャイデマンらの党主流派は、翌一九一六年の一月一二日、カール・リープクネヒトをSPD帝国議会議員団から除名することで反対派に応じた。この決定には、議員団のうち六〇名が賛成し、二五名が反対した。しかし、戦争に対する反対は、議会の外でも次第に高まっていたのである。一九一五年一一月には、シュトゥットガルトの市役所前と構内で、女性たちの反戦と食糧要求のデモが行なわれ、それはベルリンにも飛び火した。女性たちのこの行動が、挙国一致体制の破綻を目に見えるものにした。翌一九一六年の五月一日には、ベルリンで反戦デモが行なわれ、それを主導したカール・リープクネヒトが逮捕された。叛逆罪で起訴された彼は、八月二三日の第二審判決で懲役四年一カ月の判決を受け、帝国議会議員の資格を剝奪されて、下獄した。

だが、戦争反対の声を圧伏することは、もはや不可能だった。飢餓抗議と平和要求のデモが全国で続発し、一九一六年六月二八日には反戦を掲げた最初の政治ストライキがベルリンで決行された。ストライキを主導したのは、前年春に密かに結成された職場活動家組織「革命的オプロイテ」だった。

オプロイテ（Obleute）とは、工場の一部署の職長を意味する「オプマン」（Obmann）の複数形である。彼らは、あくまでも労働の現場に活動の根拠を置くという基本方針を、自分たちの名称に込めたのだった。七月七日にはドイツ最大の鉱工業地帯であるルール地方で、戦時下初の鉱山労働者のストライキが勃発し、それは八月にも続発した。同じころ、前線のドイツ軍は、一九一六年三月二一日から七月一日まで続いたフランス北東部のヴェルダンをめぐる攻防戦で、死傷者約六〇万を出す痛手をこうむっていた。

戦況の悪化は、国内での民衆の生活の困窮に拍車をかけた。一九一六年から一七年にかけての冬、食糧不足は極めて深刻になった。一六年の凶作も禍《わざわい》して、輸入に頼らず自給できるはずの主食のジャガイモの収穫量が、一九一五年の約五〇〇〇万トンから一六年にはわずか三六万トンに激減したのである。有名な「カブラの冬」がドイツを襲った。家畜の餌《えさ》として栽培されている蕪甘藍《かぶかんらん》（Kohlrübe《コールリューベ》）という根菜類を、人間の主食にしなければならなくなったのだ。成人一人あたりの食料品の公定配給量は、一日約一〇〇〇キロカロリーにまで減っていた。その冬を辛うじて乗り切った民衆も、とめどない食料品の不足と価格高騰におしひしがれた。一九一七年から一八年にかけての冬には、開戦前の小売価格と比較したヤミ価格は、牛肉がおよそ四・八倍、豚肉が七・五倍、ラード（豚脂）が二二・五倍、バターが一〇・八倍、菜種油が三五・八倍、ライ麦粉が二六・七倍、小麦粉が二〇倍、リンゴが三〇倍、コーヒーが一九・六倍にもなったのである。戦時中のドイツの餓死者は七六万二七九六人に達した。(12)

一九一七年一月には、ルール地方で鉱山労働者のストライキがふたたび続発した。二月一日、ドイツは、軍事艦船以外の船舶も攻撃対象とする「無制限潜水艦作戦」の開始を宣言した。これに対してアメリカ合州国が二月三日にドイツと国交を断絶し、四月六日にドイツに宣戦布告した。アメリカの参戦はドイツにとって決定的な打撃となり、国民生活の困窮はさらに大きくなった。四月一六日には、ベルリン、ライプツィヒ、ドレースデンなど大都市のほか、各地で大規模な戦争反対のストライキが起こり、戒厳令撤廃、戦時法規による労働奉仕義務の廃止、政治犯釈放などが要求された。一七年三月一二日に勃発したロシアの「二月革命」と、一一月七日に始まる「一〇月革命」も、ドイツの民衆に大きな衝撃と勇気を与えた。一一月二五日には、ベルリン、ライプツィヒ、マンハイムなどで「即時停戦」を要求するデモが行なわれるところまで、戦争反対の声は高まった。

こうしたなかで、依然として戦争反対を掲げることができないSPD主流派は、反対派に対する強硬姿勢で結束を図ろうとした。一九一六年三月二四日、党議に違反した帝国議会議員たちをさらに一八名、党議員団から除名したのだ。除名された議員たちは、「社会民主主義活動共同体」(SAG)を結成し、これを中軸にして、翌一九一七年の四月一一日に「ドイツ独立社会民主党」(USPD)が誕生した。ドイツの社会主義政党は二つに分裂したのである。

3　ドイツ革命が「世界共和国」の扉を開く!

(1)反戦と敗戦から水兵の叛乱へ

大戦五年目の一九一八年を迎えると、ドイツとその同盟国は、国内の反戦運動に対してもはや為《な》すすべを知らない状態になった。一月三日から二五日までの三週間にわたって、オーストリア・ハンガリー帝国の全土で反戦ストが続発した。一月一七日にはドイツのライプツィヒで労働者二〇〇〇人がデモを行ない、領土併合・賠償なしの講和を要求した。一月二八日には、講和交渉開始と食糧供給を求める民衆の運動がドイツ全土で開始され、のちに「一月闘争」と呼ばれることになるこの大戦中最大の平和運動は、二月四日まで続いた。ついに「ドイツの民主化」、すなわち君主制の廃止をスローガンに掲げたその闘争のなかで、初めて「労働者評議会《レーテ》」が結成された。「一月闘争」を主導したのは、全国の工場労働者のなかに根を下ろしてきた「革命的オプロイテ」だった。二月一日にはオーストリア・ハンガリー帝国海軍の水兵たちが、アドリア海の軍港カッタロ（モンテネグロ語・セルビア語ではコトル）で反戦を唱えて蜂起し、軍当局は鎮圧までに丸二日を要した。ドイツ海軍でも、四月上旬に、フィンランド沖で巡洋艦「ヴェストファーレン」と「ポーゼン」の水兵たちが暴動を起こし、鎮圧されたのち四六名が銃殺刑に処せられた。[13]

　三月三日、ドイツなど同盟国側はロシアの革命政権との単独講和「ブレスト・リトフスク条約」を締結した。この条約によって、ドイツは、ロシア領のポーランド、白ロシア（ウクライナ）、バルト海沿岸を獲得するという巨大な戦利品を得た。ソヴィエト政権は、革命直後の内乱のさなかにあって、外国との戦争を何としてでも終わらせなければならなかったのである。その弱みに付け込んだこの不平等条約は、ドイツ国内でさえも批判の声を呼び起こしたのだった。しかしそれ以後、東部戦線にあった軍隊を投入することで強化されたはずの西部戦線での戦いは、度重なる攻勢の試みもすべて敗北に終わり、八月八日には連合国軍が西部戦線のドイツ軍前線を突破するという事態に至った。「ドイツ軍最高司令部の暗黒の日」と呼ばれるこの敗退で、戦争の帰趨は決したのである。国内では、六月二六日から七月二四日まで、帝国東部の大鉱工業地帯であるシュレージエンで、炭鉱労働者が食糧供給と賃上げ・労働時間短縮を要求してストライキを続け、参加者は二万人に及んだ。これとは別に、食糧不足や労働強化と厭戦気分による反戦ストライキが、六月から九月までドイツ全土で断続的に相次いだ。もはや銃後は前線を支えるどころではなかった。銃後の民衆の憎悪は、敵国に対してではなく、戦争を続行する自国の政府に向けられていた。

八月一四、一五の両日、同盟国側はスパーのドイツ軍大本営で会談を行ない、味方に勝利の見込みはないこと、西部戦線の次の作戦で戦果を収めて和平交渉に移ることを、申し合わせた。ドイツ軍の最高首脳はここで初めて敗北を認めたのである。ドイツの陸軍最高司令部は、すでに二年間にわたって、ヒンデンブルクとルーデンドルフの独裁的権力の下にあった。開戦直後の「タンネンベルクの会戦」でロシア軍に勝利して国民的英雄となった第八軍司令官パウル・フォン・ヒンデンブルクは、一九一六年八月二九日、陸軍参謀本部の参謀総長に任命され、陸軍最高司令部を統率することになった。そして、第八軍で彼の参謀としてロシア軍を撃退するのに功績のあったエーリヒ・ルーデンドルフが、参謀本部の第一参謀次長の部署を占めた(14)。大戦の後半におけるドイツ軍の作戦とその実行は、すべて、このルーデンドルフ大将とその唯一の上官であるヒンデンブルク元帥との命令のままになされた。ドイツは、国を挙げて、この二人の職業軍人に自己の運命を委ねたのである。ヒンデンブルクの命令によってルーデンドルフが動いたのではなく、ルーデンドルフが上官のヒンデンブルクを動かしていた、というのが歴史家たちの共通認識となっている。

ドイツの各地で食料品を要求するストライキが三カ月にわたって続発した直後の一九一八年九月二一日、第一参謀次長ルーデンドルフは、政府に、アメリカを介して連合国との和平交渉をただちに開始することを要求した。さらに九月二九日には、外務行政長官パウル・フォン・ヒンツェをスパーの参謀本部に来させ、和平を実現するための方策を彼に提示して、参謀総長ヒンデンブルクと皇帝と帝国宰相ゲオルク・フォン・ヘルトリングにも了承させた。そしてその翌日、参謀本部の将校を帝国議会に派遣し、政府の閣僚たちと帝国議会の各党派代表たちに、「ドイツ軍はもはや戦闘を継続できない状態であり、二四時間ごとに状況は悪化して敵に弱みを知らしめることになる」と伝えさせた。衝撃を受けた政治家たちは、絶望に打ちひしがれながらも、ルーデンドルフが示した方策に従ってただちに和平交渉を開始するしか道はなかったのである。その方策とは、憲法を改定して、皇帝のみが持つ権限の一部を帝国議会に委譲し、君主制国家としてではなく議会制国家として和平交渉と戦後処理を行なう――というものだった。歴史家のゼバスティアン・ハフナーは、これを、ルーデンドルフが画策した「上からの革命」としてとらえている(15)。

こうして、従来の宰相と内閣は退陣し、一〇月三日に任命されたマックス・フォン・バーデンの新内閣のもとで、あわただしく帝国憲法が改定された。戦争と敗戦の全責任は、皇帝と軍部ではなく帝国議会が、ひいてはまたそれを選挙で選んだ「国民」が負うことになったのだ。新しい内閣の一六名の行政長官（大臣に相当）には、四人のリベラル派とカトリック中央党の三名に加えて、労働者階級の代表である社会民主党（ＳＰＤ）の幹部二人も含まれていた。たとえ帝国議会の第一党であっても、ＳＰＤの入閣など、これまでのドイツ帝国では考えられないことだった。目に見える限りでは、従来の支配階級は独裁的権力の座から大幅に後退したのである。だが、支配階級の巨頭のひとり、大工業資本家のローベルト・ボッシュは、新内閣の無任所行政長官となった友人の政治家、コンラート・ハウスマンに宛てた一〇月二四日付の手紙のなかで、こう書いていたのだった、「我々が大幅に左へ寄れば寄るほど、それだけますます我々は感銘を与えることができ、破局を避けることができる。〔……〕家が燃えているときは、最後には下水の汚水ででも消すのだ。そのあと家のなかにしばらくは悪臭の残る危険があるとしても。」[16]――「祖国」の敗戦にもまして帝政の崩壊を恐れ、それにもまして資本主義制度が打倒されることを恐れた旧体制の支配者たちは、敗戦と帝政崩壊と資本主義体制の危機を、彼らが侮蔑し厭《いと》い憎悪している下水の汚水を使ってでも、乗り切る決意を固めていたのである。

この手紙が書かれてから二日後の一〇月二六日、ルーデンドルフ大将は、作戦失敗の責任を問われて解任され、ヴィルヘルム・グレーナー中将がその後任として任命された。そして、それと同じ二六日に帝国議会で議決された憲法改定を皇帝が認証したまさにその日、一〇月二八日に、敵の軍隊の進攻ではなく味方の兵士たちの叛乱が、ドイツ帝国を襲った。

ドイツの北に位置する北海と東海（バルト海）に配備されたドイツ海軍の主力艦隊は、そのころ、つぎの作戦に備えて、ヴィルヘルムスハーフェン、クックスハーフェン、キールなどの軍港に停泊していた。しかし、兵士たちのあいだには厭戦気分が蔓延し、一日も早い休戦と講和を待ち望む空気がみなぎっていた。ところが、一〇月二四日、突如として全艦隊に出航命令が下され、すべての艦艇はヴィルヘルムスハーフェン沖に集結させられたのである。イギリス艦隊との合戦で最後の戦果を上げることが目的であるとされた。出航は二九日だった。これは、和平交渉を目前にした時点で八万人の水兵たちの生命を弄《もてあそ》ぶ暴虐にほかならなかった。出撃予定日の前日、まず戦艦「マルクグラーフ」(辺境守備に任ずる伯爵)で、水兵たちの命令拒否の行動が開始された。行動は第一艦隊と第三艦隊の他の軍艦にも広がった。水兵たちと乗組員たちは、船の蒸気機関を停めるためにボイラーの火を消し、あるいは錨《いかり》を上げることを拒否した。艦船のマストにはつぎつぎと赤旗が掲げられた。紀律を回復しようとした士官たちは船室に閉じ込められ、司令官たちの命令はもはや力を持たなくなった。叛乱に同調しなかった艦艇の士官や水兵を使って、三日目の一〇月三〇日にようやく叛乱は鎮圧された。無抵抗で逮捕された叛乱者たちは、分散していくつかの軍港に送致され、営倉に収監されて銃殺刑を待つことになった。逮捕者の数はおよそ一〇〇〇名にのぼった。

だが、これで事態が収束したのではなかったのである。それは端緒に過ぎなかった。出航命令はもはや実行不可能だった。ヴィルヘルムスハーフェンの沖合に停泊していた艦隊は、分散してそれぞれの母港に帰港した。ところが、逮捕者たちがキールにも連行されてきたことを、町の労働者や独立社会民主党(USPD)の活動家たちが知ったのである。彼らは、帰港した水兵たちをも巻き込んで、逮捕者の釈放を求める行動を開始した。一一月三日に始まるキールの民衆蜂起の、これが発端だった。ドイツ革命が声を上げたのだ。

(2) 労兵評議会と革命政権の樹立

軍港キールで蜂起した労働者・市民と兵士たちが、翌一一月四日に全市を制圧したとき、ドイツで革命のエネルギーが臨界点に達していたことが明らかになった。市の諸機関の実権を握るために彼らが「労働者・兵士評議会」を結成したその同じ一一月四日に、遥か南の都市シュトゥットガルトでも、武器を取って蜂起した民衆が「労働者・兵士評議会」を結成したのである。まず行政権を、次いで立法権と司法権を「評議会《レーテ》」が掌握することで民衆の自己権力を樹立しようとする闘争が、既存の強大な権力機構に立ち向かう一歩を踏み出したのだった。民衆の蜂起はたちまちドイツ全土に燃え広がり、革命の「評議会《レーテ》」が結成される都市の数は日を追って増加した。一一月四日に二都市だったのが、五日には北ドイツの自由ハンザ同盟都市リューベック、北海とバルト海を結ぶ運河の西側河口に位置するブルンスビュッテル、そしてドイツ最南端のボーデン湖《ゼー》に面したフリードリヒスハーフェンでも、蜂起した民衆によって労兵評議会が結成された。六日には、水兵の叛乱によって最初の狼煙《のろし》を上げたあの軍港都市ヴィルヘルムスハーフェン、自由ハンザ同盟都市のブレーメンとハンブルクなど、北ドイツを中心に、新たに評議会《レーテ》が樹立された都市は一二に達した。七日にはバイエルン王国の首都ミュンヒェンなど、さらに八つの都市で評議会が誕生した。そのうちミュンヒェンの労働者・兵士評議会は、八日未明にＵＳＰＤのクルト・アイスナーを首班とする「バイエルン共和国」樹立を宣言したのだった。面積においても人口においてもプロイセンに次ぐ大国だったバイエルン王国に、革命による最初の共和国が誕生したのである。

こうした事態に対処するため、一一月七日、「マルク方面軍最高司令部」は次のような告示を公布した。(17)

マルク方面軍最高司令部

ベルリン　西10　一九一八年一一月七日

告　示

ある特定の集団のなかに、法の定めを蔑《ないがしろ》にしてロシアの手本に倣《なら》った労働者・兵士評議会を構成せんとの意図が存在している。

その種の組織は現行の国家秩序に反しており、公共の安寧を脅かすものである。

本官は、戒厳令状態に関する法律第九条bに基づき、かかる団体のいかなる構成も、またそれへの関与も禁止する。

マルク方面軍最高司令官　フォン・リンジンゲン大将

この告示は、もはやまったく力を持たなかった。翌日の八日にはヴァイマル、ドレースデンなど二五都市、九日には首都ベルリンなど三二の都市で、新たに評議会が結成されたのである。翌一一月一〇日の一七都市を加えれば、キールでの蜂起からわずか一週間のあいだに、合計九九の都市で評議会《レーテ》革命が始まったのだった。(18)

一九一八年一一月九日にベルリンで勃発した革命は、この大きな流れのひとこまにほかならなかった。そしてその流れは、ベルリンを飲み込む前に、みずからの闘いが目指す方向を、すでにはっきりと表明していたのだった。もっとも早く一一月四日に労兵評議会を結成した二つの都市のひとつ、ヴュルテンベルク王国の首都シュトゥットガルトでは、一一月五日に『ディ・ローテ・ファーネ』(*Die Rote Fahne* = 赤旗）という紙名の新聞の第一号が、六日の日付で発行された。「シュトゥットガルト労働者・兵士評議会の告知版」および「ヴュルテンベルク全労働者・兵士評議会の中央機関紙」というサブ・タイトルを持つその新聞は、労働者・兵士評議会が達成しようとしている当面の要求項目について、つぎのように書いていた。(19)

労働者・兵士評議会の諸要求

1. 労働者・兵士評議会による即時の停戦と講和締結。
2. ヴュルテンベルクのヴィルヘルム二世を含め、すべての王家の退位。
3. 各邦議会および帝国議会の解散。政府は、ただちに選出されることになる労働者、兵士、小農、および農業労働者の代表が引き継ぐ。
4. 戒厳令状態の即時かつ完全な撤廃。あらゆる検閲の廃止、完全な出版報道の自由。祖国救援奉仕労働法の撤廃。
5. ヴュルテンベルクと帝国において、すべての政治犯拘禁者とすべての軍事監獄囚を例外なくただちに釈放すること。
6. 銀行と産業は、プロレタリアートの利益のために接収されなければならない。
7. 一〇〇〇マルク以上の戦時公債を無効とすること。
8. 七時間労働制。労働者代表委員会による最低賃金の取り決め。男女労働者に対する同一賃金。

9. ストライキ当日は賃金の全額が支払われなければならない。
10. 軍隊制度の徹底的な変革、すなわち
a. 勤務中と勤務外とを問わず、兵士に集会・結社の自由を与えること。
b. 上官の懲戒処分権の廃止。紀律は兵士代表によって保持される。
c. 軍事法廷の廃止。
d. 部下の多数決に基づく上官の忌避。
12. 政治犯および軍事犯に対する死刑および懲役刑の廃止。
13. 労働者の代表委員に食料品の配給を委任すること。

労働者・兵士評議会

〔項目の番号のうち11が欠落している。〕

発行部数が一〇万部であることを紙名の上に記したこの新聞は、あの「下水の汚水ででも」の工業資本家、ローベルト・ボッシュの本拠地で発行され、その工場の前をデモ行進する群衆にも配布されたのだった。シュトゥットガルトのボッシュ工場は、自動車や飛行機のエンジンの自動点火装置など、精密機械の製造を中心とする代表的な軍需産業のひとつとして戦争を支え、戦争から莫大な利潤を得ていたのである。その地で勃発した革命のなかで初めて登場した『ディ・ローテ・ファーネ』は、こののちベルリンでも発行されるようになる同名の新聞と同じく、「スパルタクス」グループの見解を表明していた。しかしそれはまた、一少数派の見解にとどまらず、蜂起した民衆の要求を多くの点で

代弁していたのだった。それから四日後、一一月九日に首都ベルリンが蜂起した民衆によって制圧され、帝政が崩壊したとき、いよいよドイツ全体の進路を決する闘いとして展開されることになった革命の実践は、これらの要求を大きな争点としながら進められることになる。そして何よりも、これらの要求を実現するための政治的手段、政治制度のありかたをめぐって、ドイツ革命は深刻な対立を避けることができなかったのである。

一一月九日の夜、革命政権の方針をめぐってSPDとUSPDとの合意が難航していたとき、「大ベルリン労働者・兵士評議会」の最初の会議は、翌一〇日の午後五時からベルリンの各労兵評議会の全体会議を開催し、そこで革命の臨時政府を樹立をすることを決定していた。この決定に従って、一〇日の午前一〇時からベルリンの各職場や軍隊の各兵営・衛戍《えいじゅ》病院で、全体会議に代表として派遣する評議員の選挙が行なわれた。工場・企業では、男女の労働者一〇〇〇人につき一名の代表が割り当てられた。五〇〇人以下の中小企業は、合同して評議員を選出することになっていた。軍隊では、一大隊もしくはそれに相当する一部隊につき一名の代表を選んだのである。全体会議の会場となったのは、サーカスの常設館として有名な「ブッシュ曲馬館」(Zirkus《ツィルクス》 Busch《ブッシュ》)だった。広い会場は、ベルリンの工場・企業とベルリンに駐屯する軍隊とで選出された代表たちに、それ以外の労働者や兵士たちも加わり、三〇〇〇人に近い大群衆によって埋め尽くされた。主として「革命的オプロイテ」の活動家たちが議事進行にあたった会議は、熱気と喧騒が渦巻くなかで激論を重ねたすえ、「大ベルリン労働者・兵士評議会」の実質的な活動に責任を持つ「行動委員会」(Aktionsausschuss《アクツィオーンスアウスシュス》)、別名「執行評議会」(Vollzugsrat《フォルツークスラート》)を選ぶとともに、臨時革命政府の六名のメンバーを決定した。

従来のドイツ帝国に代わる新しいドイツの建設に責任を負う臨時革命政府は、「人民代理委員評議会《ラート》」(Rat《ラート》 der《デァ》 Volksbeauftragten《フォルクスベアウフトゥラークテン》)と名付けられた。「ラート」(Rat)は「レーテ」(Räte)の単数形である。その構成メンバー、すなわち「人民代理委員」(Volksbeauftragter《フォルクスベアウフトゥラークター》)として選ばれたのは、以下の六名だった。

フリードリヒ・エーベルト、オットー・ランツベルク、フィリップ・シャイデマン
フーゴー・ハーゼ、ヴィルヘルム・ディットマン、エーミール・バルト

エーベルト以下の三名はSPDを、ハーゼ以下の三名はUSPDを代表していた。この全体会議に先立って、USPD幹部会は、連立政権に参加することをSPDに伝えていたのである。こうして、ドイツ全土の変革を目指す革命の中央政権は、社会主義政党の両派によって担われることになったのだった。

(3) 歴史の岐路となったドイツ革命

「人民代理委員評議会」という名の革命政権を誕生させたベルリン労働者・兵士評議会全体会議は、そのあと満場一致で採択された布告をただちに発表して、革命政権の発足と共和国の樹立を全国に向けて告知した。[20]

働く人民に告ぐ！

古いドイツはもはや存在しない。ドイツ人民は、みずからが永年にわたって嘘偽《うそいつわ》りに包まれてきたことを悟ったのだ。

全世界が見習うべきだとされた名高い軍国主義は崩壊した。革命はキールからその勝利の行進を開始し、それを貫徹して勝利した。

諸王家はその存在権を喪失した。王位にあった者たちはその権力を剝奪された。

ドイツは共和国に、社会主義共和国になったのである。政治上および軍事上の犯罪のゆえに有罪とされ囚人とされる人びとのための監獄や拘置所や刑務所の壁は、ただちに開かれた。政治権力の担い手は、いまや、労働者・兵士評議会である。労働者・兵士評議会の存在しないすべての軍隊駐屯地では、そうした評議会の構成が迅速に行なわれるであろう。農村部では農民評議会が、同じ目的のために構成されるであろう。

労働者・兵士評議会によって承認された臨時政府の任務は、まず第一に、休戦協定を締結し、血まみれの殺戮に終止符を打つことである。

即時講和が革命のスローガンだ。その講和がどのようなものであろうとも、途方もない大量虐殺よりはましである。

資本主義的生産手段の迅速かつ完全な社会化は、ドイツの社会的構造と経済的および政治的組織に応じてなされるなら、強度の衝撃なしに実行できる。

そうした社会化は、血がたっぷり浸《し》み込んだ瓦礫から新しい経済秩序を建設するためにも、人民大衆の経済的な奴隷化や文化の没落を防ぎ止めるためにも、ぜひとも必要なのだ。

　こうした理想に満ちあふれ、その実現を誠実に支援しようとするすべての労働者は、頭脳労働者と手工労働者とを問わず、ともに活動することを呼びかけられている。

　労働者・兵士評議会は、方向を同じくする激変が全世界で準備されつつあるという確信に満ちている。戦争の終結にさいしてドイツ人民に暴力的凌辱が加えられるのを阻止するために、他の諸国のプロレタリアートが全力を尽くすであろうことを、固く信じている。

　革命の道を先頭に立って歩んできたロシアの労働者と兵士たちのことを感嘆の念をこめて想起し、ドイツの労働者と兵士たちが彼らのあとを追ったことで、インターナショナルの先駆者であるという旧来の栄誉を保ったことを、誇りに思う。ロシアの労働者・兵士同盟に兄弟の挨拶を送る。

　労働者・兵士評議会は、ドイツ共和国政府がただちにロシア政府と国際法上の関係を結ぶことを決議し、この方向でベルリンに代表部が置かれることを期待する。四年以上にわたる恐ろしい戦争によって、ドイツはこれ以上ないくらいひどい荒廃に見舞われている。かけがえのない物質的および倫理的な財産が滅ぼされてしまった。この荒廃と破壊とから新たな生命を呼び起こすことは、途方もなく大きな課題である。

　革命権力は旧来の政治体制と有産階級とが犯した犯罪と誤謬を一挙に是正することなど不可能であり、大衆のためにただちに輝かしい状態を作り出すこともできないことを、労働者・兵士評議会はわきまえている。しかし、この革命権力こそは、救わなければならないものを今からでも救うことができる唯一の権力なのだ。ただひとつ社会主義共和国だけが、民主主義的な永続平和を招来するうえで国際社会主義が持つさまざまな力を、呼び起こすことができるのである。

ドイツ社会主義共和国万歳！

ベルリン、一九一八年一一月一〇日

つい前日の一一月九日に帝国宰相就任を告知したエーベルトの声明も、それどころか彼が就いた宰相の座そのものも、もはや雲散霧消したのである。ベルリンの労兵評議会全体会議が全会一致で採択したこの布告は、まず第一に、新しいドイツが「社会主義共和国」であることを明言し、その政治権力が労働者・兵士評議会によって担われること、革命の臨時政府は「労働者・兵士評議会によって承認された」ものであることを明記していた。革命政府の構成員である「人民代理委員」は、文字通り、人民の代理を委託された委員でしかないのである。そして布告が鮮明に強調した第二点は、ドイツ革命が社会主義共和国の建設を進めるにあたっては国際主義《インターナショナリズム》に基づかなければならない、ということだった。一九世紀後半のヨーロッパで社会主義者たちによって展開されてきた国際主義の運動に立ち帰り、世界大戦勃発に直面して無惨にも崩壊したその国際主義を再生させることが、社会主義革命の成功の条件なのだ。そして社会主義革命の成功だけが、国家間の戦争を廃絶する道なのだ。これを、布告は「働く人民」に訴えようとしたのだった。

これはしかし、まったくの絵空事ではなかったのである。世界大戦が革命を生み出したのは、ロシアにおいてだけではなかった。ドイツの敗北を軍の最高首脳が認めたのと同じころ、同盟国のオーストリア・ハンガリーで変動が起こっていた。一六九九年からオーストリアの支配下に置かれていたハンガリーは、一八四八年の独立戦争で敗れたのち、一八六七年以降は、オーストリア帝国とハンガリー王国の連合国家という名のもとに、オーストリア帝国の属国とされてきた。世界大戦におけるオーストリアの敗北が、ハンガリーに独立のチャンスを与え、そのチャンスは革命によって現実のものとなったのである。一九一八年一〇月一七日、首都ブダペシュトでの民衆の蜂起を後《うし》ろ楯《だて》として、ハンガリー議会はオーストリア帝国からの分離独立を宣言し、一〇月三一日にはミハーイ・カーロイを首班とする民主主義の臨時政府が成立、一一月一日に「共和国」を宣言した。そしてオーストリア帝国自体にも激変が起こった。ドイツに先立って一一月三日に連合国との休戦協定に調印したのち、一一月一一日には帝政が打倒されて共和国となったのだった。さらに、ブレスト・リトフスク条約でドイツに割譲されていたバルト海沿岸のエストニアとラトヴィアでも、一一月から一二月にかけて「ソヴィエト共和国」が樹立された。ハンガリーでは、その後、翌一九一九年の三月二一日に、社会党と共産党との統一によって「マジャル・タナーチ共和国《ケズタールシャシャーグ》」の革命政府が樹立されることになる。「マジャル」（magyar）は「ハンガリーの」を意味する形容詞、「タナーチ」（tanács）はドイツ語の「レーテ」（Räte）、ロシア語の「ソヴィエト」（совет）と同じく「評議会」を意味する語である。ロシア、バルト諸国、ハンガリー、ドイツで相次いで開始された社会主義革命は、それらの西端に位置するドイツからさらに西へと波及するだろう。ドイツ革命は「世界共和国」への扉を開くのだ。――ベルリン労働者・兵士評議会全体会議の布告は、このような希望を先取りしていたのである。

その翌日の一一月一一日、パリの北東五〇キロに位置するコンピエーニュで、連合国とドイツとの休戦協定が調印された。一〇〇〇万人に近い死者と二〇〇〇万人の負傷者を残して、世界大戦は終結した。その日のドイツの新聞は、ベルリン労兵評議会全体会議の布告「働く人民に告ぐ！」を報じていた。しかし、ＳＰＤの機関紙である『フォーアヴェルツ』（前進）は、この布告を黙殺した。これは、布告が表明している革命の理念と方針にＳＰＤは同意しないという歴然たる意思表示だった。ドイツ革命は、決定的な対立を孕んでその歩みを開始したのである。そして、この対立ゆえに、ドイツ革命は歴史の岐路となったのだった。

Ⅱ 革命の背景

略年表 Ⅱ

962.	ドイツ王オットー1世,「神聖ローマ帝国」皇帝となる
1701.	ホーエンツォレルン家の「プロイセン王国」建国
1789. 7.14	バスティーユ監獄襲撃, フランス革命はじまる
1806. 8. 6	皇帝フランツ2世退位,「神聖ローマ帝国」の消滅
1848. 3.	ベルリン, ヴィーンを中心に「3月革命」勃発
5.18	フランクフルトの「パウロ教会」で「国民議会」開会
12. 5	プロイセン「欽定憲法」発布, 3月革命に終止符
1863. 5.23	「全ドイツ労働者同盟」(ラサール派) 結成
1864.10. 5	「国際労働者協会」結成 →「第1インターナショナル」
1868. 1. 3	日本で「王政復古の大号令」 →「明治維新」はじまる
1869. 8. 9	「社会民主主義労働者党」(アイザナハ派) 結成
1870. 7.19	プロイセン・フランス (普仏) 戦争 (~71.1.28)
1871. 1.18	プロイセン国王ヴィルヘルム1世,「ドイツ帝国」皇帝に
1875. 5.22	統一政党「ドイツ社会主義労働者党」(SAPD) 結成
1878.10.21	「社会主義者法」公布・施行 →ビスマルクの社会主義弾圧
1884. 7.14	ドイツ, アフリカのカメルーンを「保護領」に
10.24	ドイツ,「ドイツ領西南アフリカ」を「保護領」として獲得 →翌年にかけて「トーゴー」,「ドイツ領東アフリカ」も
1890. 3.20	ビスマルク失脚 → 10.1「社会主義者法」失効
1891.10.14	SAPD 党大会, 党名を「ドイツ社会民主党」(SPD) に
1899.~1903.	SPD 党内の「修正主義論争」
1904. 2.10	「日露戦争」勃発 (~1905.9.5)
1905.~	SPD と傘下労働組合内の「大衆ストライキ」論争
1912. 1.12	帝国議会選挙で SPD が第1党となる
10.17	「バルカン戦争」(第1次) 勃発 (~1913.5.30)
1913. 6.29	「第2次バルカン戦争」(~7.30)
1914. 8. 1	ドイツ, 欧洲大戦 (第1次世界大戦) に参戦
1918.11. 3	北ドイツのキールで水兵・労働者の蜂起はじまる
11. 4	SPD 幹部グスタフ・ノスケ, 党代表としてキールに赴く
11. 9	「皇帝退位」発表 → SPD 党首エーベルト, 帝国宰相に
11.10	ブッシュ曲馬館で「ベルリン労兵評議会全体会議」開催 →臨時革命政府として6名の「人民代理委員」を任命 →深夜, 人民代理委員エーベルトと陸軍首脳との密約電話
11.12	ヨーゼフ・ケート,「経済動員体制解除担当省」長官に
11.12	臨時革命政府, 陸軍最高司令部に階級制の温存などを保証

1　ドイツ社会民主党とその反対派

（1）「兄弟の闘いはやめよう！」

一九一八年一一月一〇日の晩、「人民代理委員評議会」という名の臨時革命政府が樹立され、ドイツ革命が全国規模で新しい歩みを開始した――これは、歴史上の事実だった。その臨時政府を樹立したのは、首都ベルリンの労働者や兵士たちの代表として選ばれた労働者・兵士評議会の全体会議だった――これもまた、歴史上の事実だった。だが、歴史上の事実がつねにそうであるように、これらの事実の背後には、そのときはまだ見えなかった別の事実や、見えている事実と事実とを結ぶ目に見えない関連が、いくつも隠されていたのである。ドイツ革命にもまた、その背景には、現場を生きる人間にはかえって見えない現実があった。

一一月一〇日の日曜日、ベルリンの工場や兵営で、労兵評議会の全体会議に送る代表の選挙が行なわれていたころ、独立社会民主党（USPD）幹部のヴィルヘルム・ディットマンが帝国宰相官房に赴き、両社会主義政党の協力に関するUSPDの回答を伝えた。USPDは、前日の九日、両党が連立して革命政府を構成するという社会民主党（SPD）からの申し入れを受け、それを受諾するための条件をSPDに示した。これに対してSPDから届けられた返答は、ほとんどの要求項目を拒否または留保するものだった。これを受けたUSPDの幹部は、その後さらに議論を重ねたすえ、労兵評議会によって事態が急速に推し進められている状況に対処するため、事実上の最終回答を提示したのである。[21]

ドイツ社会民主党幹部会　御中

一九一八年一一月九日の貴下の書面に対し、我々は以下のとおり回答します。

独立社会民主党は、革命による社会主義的な成果を確固たるものとするため、以下の諸条件のもとに内閣に加わる用意があります。

内閣は社会民主主義者によってのみ構成され得るものとし、これらの者は人民委員としてたがいに同等の権限を持つ。

各専門分野の大臣については、この制約は適用されない。それらの大臣は、決定権を持つ内閣の、専門技術上の援助者に過ぎない。両社会民主党の二名の党員が、各党から一名ずつ、同等の権限を持って、それら各大臣の補佐に充《あ》てられるものとする。

在任期限を定めることは、独立社会民主党が内閣（各党が三名を派遣する）に参加することの条件とはしない。

政治権力は、労働者・兵士評議会が掌握しているのであって、それら評議会の全国大会がただちに招集されるべきである。

憲法制定議会は、革命によって生じた事態が安定したのちに初めて問題となるのであり、したがって、今後の討議に付すため保留されなければならない。

プロレタリアートの一致団結した態勢を願望するがゆえに示すこれらの条件が受け入れられる

場合には、我々は、我が党の党員であるハーゼ、ディットマン、およびバルトを、代表として送ることになります。

独立社会民主党幹部会
署名　ハーゼ

この回答が宰相官房に届けられたのは、もちろん、SPD主席のエーベルトが帝国宰相としてそこにいたからである。SPDは、USPDのこの入閣条件に異議を唱えなかった。その日の午後五時から「ブッシュ曲馬館《サーカス》」で行なわれたベルリンの労兵評議会全体会議が、両党それぞれ三名の代表を「人民代理委員」に任命し、臨時革命政府である「人民代理委員評議会」の樹立を決定したのは、この両党合意に基づいてのことだったのである。

各地での民衆の蜂起を原点としながら、この日に全ドイツ規模の革命としてあらためて一歩を踏み出したドイツ革命は、それゆえ、両社会主義政党のこの合意を前提にしていたのだった。この前提に従って、まず第一に、SPDとUSPDという二つの社会主義政党の代表が直接の政権担当者となることを、労兵評議会が承認したのである。だが、両党が合意していたのは、革命政府の構成についてだけではなかった。国家権力を掌握するのは労兵評議会であることも、両党はこの合意に基づいて確認していた。革命政府は一一月一〇日の労兵評議会全体会議で任命されたことによって成立した、という事実が、この確認を裏付けている。SPD党首のエーベルトはもはや宰相ではなく、労兵評議会によって選ばれた六名の人民代理委員のひとりに過ぎなかった。さらには、憲法制定のための会議、いわゆる制憲議会についての議論は後日の課題として保留されること、すなわち革命にとって当面の論点とはならないこともまた、両党によって確認された。これもまた、歩み始めた革命の前提条件となっていたのだった。

SPDは、これらの条件を受け入れて、臨時政府の半分を握ったのである。けれども、SPDが現実に実行しようとしたのは、じつは、USPDとの連立という一点だけだった。それさえも、じつは、本来の目的ではなく、本来の目的を達成するための手段でしかなかった。もっと大きな敵に立ち向かうために、より与《くみ》しやすい敵を利用したのである。前日一一月九日の深夜に、労兵評議会の集会が、一〇日の「ブッシュ曲馬館」でのベルリン労兵評議会全体会議の開催を決め、それに向けて評議員の選挙を行なうよう通達を発すると、SPDはただちに党員や労働組合活動家たちを総動員して、票集めに向かわせた。もう一方で、一〇日付の党機関紙『フォーアヴェルツ』（前進）を大量に印刷して、「兄弟の闘いはやめよう！」という大見出しで統一と団結を呼びかけた。だがそれは、連立の相手であるUSPDとの協力体制を強めるためではなかった。もっとも激しく対立してきた敵である少数派グループが自分たちSPDに向ける批判を、統一と団結を破壊する行為として非難し、少数派を孤立させるとともに、その少数派とUSPDとが手を結ぶのを妨げることが、その目的だった。多数派社会民主党がこのまま多数派を維持するうえで、それが必要だったのだ。そのための重要な局面が、一一月一〇日夕刻に始まる労兵評議会全体会議での対決だった。

なぜなら、USPDが連立条件に関する最終回答をSPDに手渡したのと同じころ、ベルリンでは、ほかならぬそのSPDの最大の敵によって、革命政権についてのもうひとつの意思表示がなされていたからである。

ベルリンの労働者および兵士諸君!

諸君が闘い取った権力を守れ!

不信の念を抱《いだ》くことは、まず第一の民主主義的な美徳だ!

赤旗がベルリン中に翻《ひるがえ》っている。すでにプロレタリアートと兵士たちが権力を握った諸都市と、諸君は立派に肩を並べたのだ。だが、諸君がみずからに課せられた問題を解くかどうかで世界が諸君を注視してきたように、その世界はいまや、諸君がそれをどう解くかで諸君を注視している。諸君は、社会主義革命の綱領《プログラム》を実行に移すにあたって、完璧な仕事をやりとげなければならない。ホーエンツォレルン一族数人の退位によって、それが果たされたことにはならない。これまでより何人か多い社会民主主義者たち数人が頭目になることによっては、さらにずっとわずかしか果たされたことにならない。彼らは四年ものあいだブルジョアジーを支えてきたのであり、彼らはこの先もそれ以外のことはできないのだ。帝国宰相官房や大臣の座から見下《みくだ》しながら、諸君の運命を操《あやつ》ることを許されているなどと思い込んでいる連中に対して、不信の念を抱け。誓約して拝命する上から下へのポストの配置換えではなく、下から上への権力の新しい組織化を。諸君がいま闘い取った力が諸君の手から滑り落ちてしまわないように、諸君がそれを諸君の目標のために使えるように、配慮せよ。なぜなら、諸君の目標は、あらゆる国々の帝国主義に対抗するプロレタリア的・社会主義的な平和をただちにもたらすことであり、この社会を社会主義の社会

に変えることだからである。(22)

この呼びかけは、前日の夜遅くベルリンで初めて発行された新聞『ローテ・ファーネ』(赤旗)に掲載されたものだった。蜂起の一翼を担っていた「スパルタクス」グループは、九日の午後、忠君愛国派の商業新聞『ベルリーナー・ロカールアンツァイガー』(*Berliner Lokalanzeiger* =ベルリン地方報知)の社屋を実力で占拠した。そして、その新聞社の設備機械一式を使って、急遽、このベルリン版の『ローテ・ファーネ』第一号を印刷発行したのである。それには、「旧ベルリーナー・ロカールアンツァイガー、夕刊第二版」というサブ・タイトルが添えられていた。「夕刊第二版」としたのは、その日の夕刊がすでに発行されたあとだったからだ。九日付で発行されたが、ほとんどは翌一〇日になってから読者の手に取られた。のちに「ドイツ共産党」の中央機関紙となるこの新聞の第一号に掲載された呼びかけは、さきに引用した一文のあと、「スパルタクス」の当面の実現目標を一〇項目にわたって掲げていた。——革命に与《くみ》しない警察官・将校・兵士の武装解除と民衆の武装、あらゆる交通手段の労兵評議会による管理、帝国議会とすべての議会および既存の帝国政府の廃止、全国労兵評議会の設立まではベルリン労兵評議会が政府を引き継ぐこと、ドイツ全国の都市と農村の働く民衆男女全員によって選出される労兵評議会のみが立法権と行政権を掌握すること、君主制の廃止と単一のドイツ社会主義共和国の建設、ドイツで成立しているすべての労兵評議会および諸外国の社会主義政党とただちに連絡を結ぶこと、などである。

これらの項目のどれもが、SPDが予定している今後の展開とまっこうから対立するものだった。

連立の条件としてUSPDが九日に求めた「行政権、立法権、司法権の総体が、もっぱら、働く住民総体と兵士との選ばれた代表たちの手に握られなければならない」という一点を、SPDは、「この要求によって、人民の多数を後ろ楯としない一階級の一部による独裁が意味されているのであるとすれば」、「それは我々の民主主義的な諸原則に反する」として拒否していたのである。しかも、「スパルタクス」のこの呼びかけ全体が、SPDに対して不信の念を抱き、SPDと闘うことを、民衆に求めていた。これに対抗してSPDが掲げたスローガンが、「兄弟の闘いはやめよう!」だった。このスローガンは、充分に計算されたものだった。押し寄せる民衆に対して将校が兵士たちに銃を構えることを命令したとき、「兄弟たち、撃つな!」という声が民衆から上がったのは、ついきのうのことだったのだ。

(2)「執行評議会」の結成

『ローテ・ファーネ』に掲載された「スパルタクス」グループの呼びかけは、一〇項目の実現目標を記したあと、さらに明確な言葉でSPDに対する闘いを宣言し、その闘いを民衆に訴えていた。それは、いま始まった首都での革命が誰の手に握られようとしているのか、という危機意識にみちた呼びかけだった。だが、この危機意識は、あまりにも少数の人びとの胸にしか共鳴を呼ばなかったのである。

労働者および兵士諸君! 何千年にもわたる古い隷属状態は終わりつつある。筆舌に尽くせぬ戦争の苦しみのなかから、新しい自由が立ち上がるのだ。四年ものあいだ、シャイデマンたち、政府社会民主主義者たちは、恐ろしい戦争によって諸君を駆り立て、諸君に「祖国」を防衛しなければならぬと言ってきた。じつは帝国主義のあからさまな略奪利害の問題でしかなかったにもかかわらず。ドイツ帝国主義が崩壊しつつあるいま、彼らは、ブルジョアジーのために、まだ救えるものをなんとかして救おうと試み、大衆の革命的なエネルギーを封殺しようと試みているのだ。

もはやいかなるシャイデマンも政府に座を占めてはならない。政府社会主義者がまだそこに座を占めているかぎり、いかなる社会主義者も政府に加わってはならない。諸君を四年ものあいだ裏切ってきた連中とのいかなる共同も存在しない。

資本主義とその手先どもを打倒しよう！

革命万歳！

インターナショナル万歳！

ベルリン、一九一八年一一月一〇日

「革命的オプロイテ」の中心メンバーとして、労兵評議会全体会議の開催決定と運営に携わったリヒャルト・ミュラーは、「兄弟の闘いをやめよう！」という大見出しを掲げた一〇日付のSPD機関紙『フォーアヴェルツ』が労働者や兵士たちに競って読まれた、と証言している。じつは、民衆がキールを制圧した翌々日の一一月六日に、「オプロイテ」は密かにベルリンで会議を開き、首都での武装蜂起を一一月一一日（月曜日）と決定していたのだった。週明けのその日に、彼ら自身が武器を取って決起し、民衆の蜂起を促すはずだったのだ。だが、自然発生的な民衆の蜂起が、彼らの先を越したのである。そしてその蜂起が首都を制圧したとき、彼らはもう一度、民衆の自然発生的な動向を見誤った。つい前日の九日まで、多数派ＳＰＤの機関紙の記事は、論説もニュースも、不信の念をもって受け取られていた。「城内平和」によって戦争に協力し、労働者をそそのかしておびただしい血を流させた張本人を、人びとは許さなかったのである。ところがきょう、その張本人が「兄弟の闘いはやめよう！」と呼びかけると、人びとはそれを誠実でまともな意思表示として受け入れた。「社会民主党がまたも裏切りを重ねるなどとは、ほとんどのものが信じようとしなかった」と、リヒャルト・ミュラーは記している。

「オプロイテ」および「スパルタクス」の活動家たちの見通しでは、民衆に対する裏切り者であるＳＰＤと、その党の首席であり旧体制によって任命された帝国宰相でもあるエーベルトを、蜂起した民衆が受け入れるはずはなかった。そう彼らは確信していたのである。ところが、一〇日の朝になって評議員の選挙が始まると、彼らはたちまち敗北を悟ったのだった。選挙のための職場集会でＳＰＤを批判する彼らの演説は、成功しなかった。自分たちの地盤だと見なしてきた職場でさえもそうだった。労働者たちは、両社会民主党が共に歩むことを望んでおり、内部対立を望まなかった。これから選ばれる労働者評議会が両派で構成されるのが正当であると見なしていた。ミュラーによれば、前日のゼネストに参加しなかったために袋叩きにされていたＳＰＤの活動家たちが、いまや労働者評議会のメンバーとして選ばれる、ということになったのだ。もともと「オプロイテ」が浸透していなかった軍隊では、ＳＰＤ活動家による宣伝が大勢を決した。

　選挙の結果は、ＳＰＤの勝利だった。ＵＳＰＤの右派と、無党派でも両党の連携および合同の政府を求めるものも合わせると、ＳＰＤは過半数の評議員を獲得していた。「オプロイテ」や「スパルタクス」などの左派——彼らも形式上はＵＳＰＤの党員だった——は、九日夜の労兵評議会集会でこの全体会議の開催を提起したとき、そこで労兵評議会による権力掌握と社会主義共和国宣言を決議するつもりだったのである。しかし、もはやそれは不可能となった。開会が迫るなかで対応を協議したすえ、ベルリン労働者・兵士評議会に「行動委員会」を設ける、という動議を提出することが決定された。この委員会が革命政権の実際の活動を掌握することによって、両党による連立政権を有名無実のものにし、評議会《レーテ》ではなく議会制度の維持を唱えるＳＰＤを無力化しよう、という計画だった。そのために委員のほとんどを反ＳＰＤ派が占める予定だった。この意図を隠したまま、たんなる実務上の事務機関という名目で、彼らはそれを提案した。ところが、議決に先立って議長団の一員である「オプロイテ」のエーミール・バルトが不必要な長広舌をふるってしまい、隠された意図を見破った会場は「平等、平等！」という非難の声に包まれた。「平等」（Parität《パリテート》）とは、ＳＰＤとＵＳＰＤとの両派が平等に委員のポストを占めるべきだ、という意味だった。「兄弟の闘いはやめよう！」というＳＰＤの呼びかけへの共感と支持が、会議を完全に支配していたのだった。とりわけ兵士たちは「平等」を頑強に要求した。

　「オプロイテ」は、議長団として議事進行のイニシアティヴを取ることには成功していたが、「平等」を求める圧倒的な声に抗することはできなかった。彼らが設置を提案した「行動委員会」には、ＵＳ

PDとSPDからそれぞれ七名が入ることになった。USPDからの委員はすべて「オプロイテ」のメンバーが占めた。さらに兵士の代表として労働者と同数の一四名が加わり、「行動委員会」(Aktionsausschuss《アクツィオーンスアウスシュス》)は二八名で構成された。その翌日、委員会は最初の布告を大ベルリンの住民とそこに駐屯する兵士たちに向けて発した。「大ベルリン」(Groß-Berlin《グロース ベルリーン》)とは、市の中心部の旧市内とその周囲の郡部とを合わせた広範囲のベルリンの名称である。町村合併の法律によってこの名称が確定するのは一九二〇年一〇月だが、すでにそれ以前から通称として一般に用いられていたのである。東京の二三区と周辺の市および郡部を合わせた東京都が「大東京」であると考えれば、ほぼ「大ベルリン」に相当するだろう。大ベルリンは、面積で旧市内の約一〇倍、人口では約二倍の大きさだった。この大ベルリンに向けた布告が、行動委員会の最初の活動となった。全体会議の翌日に出されたこの布告(23)ではすでに、委員会の名称は委員会自身によって「執行評議会」(Vollzugsrat《フォルツークスラート》)と称されることになる。

大ベルリンの住民および兵士諸君へ!

大ベルリン労働者・兵士評議会によって選ばれた労働者・兵士評議会の執行評議会が活動を開始した。各邦および全国の地方自治体諸官庁と軍の諸官庁は、その業務を継続する。これら諸官庁の指令は、労働者・兵士評議会執行評議会の委任によって行なわれるものである。何人《なんぴと》もこれら諸官庁の指令に従わなければならない。

革命の開始以来大ベルリンの領域内で暫定的に構成されたすべての団体は、労働者・兵士評議会の名称を掲げて一定の活動を行なってきたものも含めて、ただちにその権限を喪失する。
今後の指令と措置は、文民および軍の所轄の部署によって、速やかに発せられることになる。
執行評議会のすべての告示と措置は、リヒャルト・ミュラーおよびフォン・ベーアフェルデの両議長によって署名されることになる。

ベルリン、一九一八年一一月一一日

労働者・兵士評議会執行評議会

このあとに、執行評議会のメンバー二八名の名前が列挙されている。そこにはもちろん記されていないが、両社会主義政党から七名ずつ選ばれた労働者代表の党派別の内訳は、以下のとおりだった。

SPD　オットー・ブラウン、フランツ・ビュッヒェル、ギールト、グスタフ・ヘラー、エルンスト・ユリッヒ、マインツ、オスカー・ルシュ、

USPD　エーミール・バルト、エルンスト・ドイミッヒ、パウル・エッケルト、ゲオルク・レーデブーア、リヒャルト・ミュラー、パウル・ノイエンドルフ、パウル・ヴェークマン

これ以外の一四名は兵士評議会の代表だった。兵士たちはほとんどが無党派で、二人だけがSPD党員だったとされている。そのうちのひとり、ブルートゥス・モルケンブーアは、リヒャルト・ミュラーと並ぶ議長のベーアフェルデが辞任したあと、その後任となった。兵士代表だったベーアフェル

デは、執行評議会が最初の布告を出した直後に、間違った情報に基づいて軍事大臣ハインリヒ・シェーウフ[24]を逮捕しようとしたため、激しい非難を呼び起こし、その責任を取って執行評議会を退いたのである。また、後日SPDは、オットー・ブラウンに代えてヘルマン・ミュラーを送り込んだ。きわめてすぐれたオルガナイザーだった彼は、のちに二度にわたってドイツの首相を務めることになる。

執行評議会が最初に発したこの布告の眼目は、内容そのものが示しているように、実際的な指令や措置を伝えることよりは、革命の最高権力を握っているのは労働者・兵士評議会のこの執行評議会であることを宣言する点にあった、と言うべきだろう。機関のなかで四分の一の権限しか持てなかったにせよ、この執行評議会が労兵評議会全体会議によって発足したことは、「オプロイテ」などの左派にとって、大きな成果だった。半数を占める兵士たちを説得することに成功すれば、主導権を握ることができたからである。だが、執行評議会の意義は、革命の主導権をめぐる活動家たちにとっての意義だけにはとどまらなかった。この執行評議会の存在と活動は、全国各地で結成されて独自の活動を続けた労働者・兵士評議会の運動にとって、大きな支えとなり、刺激となった。革命の進展は、多数派SPDが敷いた路線に抵抗し、その路線から逸脱するさまざまな評議会《レーテ》運動を、生むことになるのである。

（3）革命の二重権力

労兵評議会全体会議では、「オプロイテ」を中心とする左派、すなわち評議会《レーテ》革命派は、これまでの活動で築いた基盤によって、少数派でありながら議長団を握った。「執行評議会」の誕生はその成果だった。だが彼らは、そのあと、両党合意に基づく臨時政府の構成員となる六名の「人民代理委員」(Volksbeauftragter《フォルクスベアウフトラークター》)の任命を、議長提案として提議しなければならなかった。これが承認され、各党三名ずつのその六名によって構成される「人民代理委員評議会」(Rat《ラート》 der《デァ》 Volksbeauftragten《フォルクスベアウフトラークテン》)が成立したとき、ドイツ革命は事実上、二重権力を擁しながら歩みを進めることになったのだった。

すでに前章で見たとおり、全体会議の最後に採択され、ただちにベルリン労働者・兵士評議会全体会議の名において発表された「働く人民に告ぐ!」と題する布告は、「政治権力の担い手は、いまや、労働者・兵士評議会である」と宣言し、「ドイツ社会主義共和国万歳!」を唱えていた。この布告は、翌日に発せられた「執行評議会」の布告と軌を一にしながら、労兵評議会が革命権力の担い手であることを明言していた(本書六〇〜六二ページ参照)。だが、すべての商業新聞が報じたこの布告を、SPDの機関紙『フォーアヴェルツ』だけは報道しなかった。そしてその一方で、同じ全体会議によって任命された暫定的な革命政府、「人民代理委員評議会」は、一一月一二日に発表した最初の布告で、労兵評議会には一言も触れぬまま、「政府」が回復または付与する人権上の諸権利について、つぎのように宣言したのである。(25)

革命の結果として生まれた政府は、その政治方針を純然たる社会主義的なものとしており、社会主義的な綱領《プログラム》を実現するという任務を自己に課している。政府は、法的効力を持つものとしてただちに以下のことを告知する。

1. 戒厳令状態は解除される。

2. 集会・結社の自由はいかなる制限も受けない。官吏および各邦に雇用される労働者についても同様である。
3. 検閲は行なわれない。劇場の臨検は廃止される。
4. 口頭および文書による言論は自由である。
5. 信教の自由は保障される。何人《なんぴと》も宗教的行為を強制されてはならない。
6. 政治的犯罪行為に対しては特赦が与えられる。かかる犯罪行為のゆえに係属中の訴訟手続は審理が打ち切られる。
7. 祖国救援奉仕に関する法律は廃止される。ただし、紛争の調停に関する諸規定を除く。
8. 奉公人規則は失効とする。農業労働者に対する例外法規についても同じ。
9. 開戦に際して廃止された労働者保護のための諸規定は、これより再び効力を有することになる。

これらのうち、第7項の「祖国救援奉仕に関する法律」とは、一九一六年一二月六日に施行された戦時特別法である。兵役に就いていない一七歳から六〇歳までの男子に、現在の職場での労働に加えて軍需産業や戦争関連企業での奉仕労働に従事することを、義務として課するものだった。この奉仕労働に際して労使間で生じる紛争に対処するため、法律は労使双方も参加する調停委員会の設置を定めていた。「人民代理委員評議会」のこの布告は、祖国救援奉仕法のうち調停委員会に関する規定だけは廃止の対象から除外し、今後の労使間の紛争調停に生かそうとしたのである。また、第8項の「奉公人規則」とは、一九世紀のドイツ諸邦で定められた「奉公人」(Gesinde《ゲジンデ》)に関する法規で、「下男」(Knecht《クネヒト》)・「下女」(Magd《マークト》)と呼ばれた使用人とその「主人」(Herrschaft《ヘルシャフト》)との著しく不平等な雇用関係が、これらの法律によって合法化されていた。それと同時に、「農業労働者」(Landarbeiter《ラントアルバイター》)、つまり自分では農地を持たず、農地を持つ富農や中農に雇われる人びとには、工場労働者などが獲得した諸権利についての法的な保護を適用しない例外規定があった。これらの差別的・抑圧的な制度を廃止し、基本的な人権のいくつかを実現しようとした臨時革命政府のこの施策は、ドイツの歴史上、画期的なものだった。

布告は、これら九項目に続けて、つぎのように述べている。

さらにこれら以外の社会政策的な条例が、追って近く発表されるであろう。遅くとも一九一九年一月一日には、一日最大限八時間労働制が実施されるであろう。政府は、充分な労働の機会を調達するために万策を尽くすであろう。失業者の支援についての条例はすでに整っている。その条例によって、負担は国、各邦、および地方自治体に配分される。——健康保険の分野では、従来の二五〇〇マルクという限度額を超える増額がなされるであろう。——住宅難に対しては、住宅の供給によって対応がなされるであろう。

「政府」の名においてなされたこれらの公約は、「人民代理委員評議会」が何よりもまず人権と社会福祉に関する改革を革命の課題としていたことを、明瞭に物語っている。ここで述べられている諸目

「人民代理委員評議会」成立当初のメンバー（右側上からエーベルト、シャイデマン、バルト／左側上からハーゼ、ランツベルク、ディットマン）――1918年末に類似のデザインで何種類か発売された革命記念の絵はがきのひとつ
出典：A. Weipert：*Die Zweite Revolution.*（C-9）

標については、ＳＰＤと対立するグループも、異論はなかっただろう。問題は、それらの目標をどのような行政機関と社会制度によって実現していくのか、という点だった。評議会《レーテ》が民衆の主権の執行機関として変革を実行するのか、それとも議会制民主主義と呼ばれる制度に基づいて民衆の主権が実現されるのか――これはまだ未決定の問題だった。そしてこの問題のさらに先には、これまでの資本主義経済に基づく社会体制を継続するのか、それとは別の新しい社会体制を目指すのか、という選択があった。布告がさらに以下のような政策を既定のものとして述べたとき、それは、社会福祉の公約を超えて、今後の社会体制をめぐる問題にまで踏み込んでいたのである。

――秩序ある食糧供給に向けた努力が行なわれるであろう。政府は秩序ある生産を維持し、財産を他人による侵害から保護するととももに、個人の自由と安全を保護するであろう。——公的な諸機関のためのすべての選挙は、今後、比例代表制に基づき、二〇歳以上のすべての男女の平等、秘密、直接の普通選挙権によって行なわれなければならない。

詳細な規定については今後定められるが、憲法制定のための議会にも、この選挙権が適用される。

ベルリン、一九一八年一一月一二日

エーベルト、ハーゼ、シャイデマン、ランツベルク、ディットマン、バルト

ここで「憲法制定議会」の選挙が既定のものとされているのは、臨時革命政府を承認した労兵評議会の意思をまったく無視するものだった。それどころか、連立に関するSPDとUSPDとの合意にも明らかに反していた。そして何よりも、「人民代理委員評議会」のこの布告は、その冒頭で、「革命の結果として生まれた政府」という自己規定を行なっている。「革命」は、いま始まったばかりだった。これからの現状変革の闘争過程が革命なのだ。「革命の結果」はその闘争のすえに獲得されるのである。だからこそ、政府はあくまでも暫定的な臨時政府なのである。少なくとも、評議会《レーテ》革命派はそう考えていたはずだった。ところが、三対三の「平等」な連立によって臨時革命政府が構成されたにもかかわらず、三名のUSPD代表は、このような重要な文言を含む布告を阻止しなかったのである。労兵評議会の全体会議のような公開の場で行なわれる決定ではなく、密室でなされる閣議では、両党の力

関係は変えようもなかったのだ。旧帝国議会でのUSPDの勢力は一九名に過ぎず、SPDの九〇名には遠く及ばなかった。また、一九一八年の初めに七万人だったUSPDの党員数は、革命的状況のなかで年末には一二万人にまで増加したとはいえ、それでもSPD党員数三〇万人の半分にも届かなかった。力関係は歴然としていた。そしてこの力関係に裏打ちされた「平等」に基づいて、両党三名ずつの「人民代理委員」は、それぞれの役割分担を以下のように決定したのだった。

エーベルト（SPD）＝内務・軍事　ハーゼ（USPD）＝外務
シャイデマン（SPD）＝出版報道関係　ディットマン（USPD）＝庶務
ランツベルク（SPD）＝財務　バルト（USPD）＝社会政策

SPDは、治安を統括する内務機関と国家の暴力装置である軍隊を握り、さらに国家財政と、言論・報道統制の分野を掌握したのである。

2　蜂起の前史——ドイツの発展と社会主義運動の昂揚

（1）プロイセンから帝国へ

一八七一年一月一八日、プロイセン国王ヴィルヘルム一世は、パリのヴェルサイユ宮殿「鏡の間」で、「ドイツ帝国」皇帝の戴冠式を挙行した。前年七月に始まるフランスとの戦争、いわゆる普仏戦争での最終的な勝利を前にして、占領した敵国首都の王宮で戴冠式を挙げたのだった。この日、プロイセン王国がドイツ統一を果たしたのである。日本で「明治維新」と呼ばれる政変によって統一国家が発足してから、三年後のことだった。それは、ドイツの歴史上、第二の帝国であるとされている。

　ドイツの歴史における最初の統一的な帝国、すなわち第一帝国は、「神聖ローマ帝国」（Heiliges《ハイリゲス》 Römisches《レーミッシェス》 Reich《ライヒ》）と呼ばれた。西暦九六二年にドイツ・ザクセン王家のオットー一世によって建国された「神聖ローマ帝国」は、その勢力をもっとも拡大したときには、現在のドイツとオーストリアを中心として、西は現在のオランダおよびベルギーとフランス東部（ブルグント＝ブルゴーニュ）、東は現在のチェコ、スロヴァキアとポーランド西部、南はスイスからイタリア半島の北半分とコルシカ島、サルディニア島に及ぶ広大な領域を版図とし、ハンガリー全域をも支配下に置いていた。十字軍、ハンザ同盟、ドイツ神秘主義、悪代官と闘うヴィルヘルム（ウィリアム）・テルの伝説、民話のヘンゼルとグレーテルや白雪姫、宗教改革と農民戦争、バッハやモーツァルトの音楽、ドイツの古典哲学と初期ロマン派など、歴史上よく知られた事件や文化の数々が、この神聖ローマ帝国を舞台にして生まれたのである。その帝国の皇帝は、一三世紀の中葉以来、帝国内の各邦国を支配する諸侯のうち、皇帝選挙の権限を持つ「選帝侯」七名（のちに九名、さらに一〇名となった）によって選ばれる仕組みになっていた。この制度は変わらなかったが、一四三八年に即位したアルブレヒト二世以後、その出身王家たるオーストリアのハープスブルク家が、諸侯を圧伏して事実上世襲で皇帝位を継ぐようになった。

　この帝国が、八四〇年以上にわたる歴史を閉じたのは、一八〇六年八月のことだった。一七八九年七月一四日のバスティーユ監獄襲撃に始まるフランス革命は、ベルギーを領有していたオーストリアにとって、対岸の火事ではすまされないものだった。一七九二年四月、フランス・ブルボン王朝の最後の王妃となったマリー・アントワネットの故国であるオーストリアと、革命フランスとの戦争が始まり、それは神聖ローマ帝国内の分裂を招いた。一七〇一年にようやく建国されたホーエンツォレルン家のプロイセン王国は、オーストリアとともにフランスと戦うのではなく、これを好機としてロシアと手を結び、オーストリアが狙っていたポーランドの分割を果たした。ドイツの分裂に乗じたフランスは、ライン川左岸（西岸）を併合し、そのあとに登場したナポレオンがドイツを制圧した。一八〇六年八月六日、皇帝フランツ二世は退位を宣言し、神聖ローマ帝国は滅亡したのである。

帝国滅亡とともにオーストリアが失ったドイツの支配権を奪うことになったのは、後発国のプロイセンだった。ドイツ北東部の不毛な農村の地主貴族《ユンカー》（Junker）階級を基盤としたホーエンツォレルン王家のプロイセンは、建国からほぼ四〇年を経た一七四〇年代前半、オーストリアの帝位継承をめぐる混乱に端を発した全ヨーロッパ規模の戦争に乗じて、オーストリア領だったシュレージエンを獲得していた。現在のポーランドの西南端に位置するシュレージエン（シレジア、シロンスク）は、ドイツ中心部への進出の足掛かりをプロイセンに与えた。またのちには、そこで発達した工場制家内工業や鉱山資源によって、プロイセンの重要な産業地帯となるのである。だが、圧倒的な対抗者であるオーストリアとの対決以前に、プロイセンは、ナポレオンのヨーロッパ支配下で領土の縮小を余儀なくされ、一時は滅亡の危機に瀕するまでに至ったのだった。ところが、ロシア遠征で敗北したナポレオンがドイツからも駆逐され、ヨーロッパ列強が旧体制《アンシャン・レジーム》復古に成功したとき、一八一五年の「ヴィーン体制」と呼ばれるその新秩序によって、プロイセンは領土を西に向かって拡張し、富国強兵路線を推進するきっかけをつかんだ。新領土は、ベルリンを中心とするブランデンブルクとは接していない飛び地のライン沿岸地方だった。それは、プロイセンにとって不本意な配分だった。だが、ここを獲得したことが、幸運となったのである。のちにドイツ最大の鉱工業地帯となるこの地域で、ドイツの産業革命と本格的な工業化が展開されることになるからだ。工業生産の急速な増大を、プロイセンは、近隣諸国との「関税同盟」（Zollverein《ツォルフェアアイン》）によって、経済発展と結びつけることに成功した。工業および商業は著しい発展を遂げ、農業国は資本主義の工業国家へと変貌した。この発展はまた、経済活動の担い手としてのブルジョアジー、つまり都市の市民階級を豊かにし、その社会的な発言力を強めるとともに、農業従事者の没落と工業労働者の著しい増大をもたらした。プロレタリアートと呼ばれる無産者階級、つまり財産や生産手段を持たない社会階級が、大量に生み出されることになったのである。

一八三〇年のフランス「七月革命」はドイツ諸邦にも衝撃を与え、封建的な制度の廃止と立憲制度の確立を求める市民階級の声が高まった。国内の各地でそれが暴動となったザクセン王国では、翌三一年に、三権分立を定めた憲法が制定される。だがこうした改革はわずかな諸邦にとどまり、ドイツ全土には及ばなかった。一八四〇年代になると、専制政治に代わる議会制政治と、それを裏打ちする憲法の制定を要求する声はふたたび高まった。一八四八年二月、フランスで「二月革命」によって王政が打倒され、共和制が布告されたことが、またもドイツでの運動を力づけた。翌月、運動はオーストリアのヴィーンとプロイセンのベルリンで暴動となり、ベルリンの暴動は市街戦となった。ベルリンの市街戦は、王宮前に集まった民衆に向かって近衛聯隊の兵士が発砲したことがきっかけだった。

市民はバリケードを築いて全市で市街戦を展開した。夜を徹して翌日まで続いた市街戦の結果、国王は軍隊をベルリンから撤退させ、バリケードで斃《たお》れた市民たちの遺骸に哀悼の意を表することを余儀なくされた。改革派市民の代表が中心となる内閣が成立し、新しい議会が召集されて、プロイセンにおける「三月革命」はひとまず勝利した。オーストリアのヴィーンでも、すでに民衆が勝利し、改革のための実権を握っていた。

けれども、その勝利は、ドイツ全土の革命に道を開くことにはつながらなかった。その当時、ドイツの諸邦は、たがいの権力関係を維持するために、各邦国の代表によって構成される連邦議会を設置していた。革命を目指す市民たちは、君主制のこの協議機関に代わる新しい民主的な議会を設立し、国民主権に基づく「ドイツ憲法」を制定することによって、ドイツの統一を実現しようとした。この目標を掲げた諸邦の革命派市民たちは、「三月革命」のあとの一八四八年五月一八日、その当時どの邦国にも属さぬ自由都市だったフランクフルト・アム・マインの「パウロ教会」（Paulskirche《パウルスキルヒェ》）で、新しい統一国家の樹立とその憲法の制定を協議するための「ドイツ国民議会」を開会した。のちにドイツ史のなかに「フランクフルト国民議会」（Frankfurter《フランクフルター》 Nationalversammlung《ナツィオナールフェアザムルング》）として名を留めることになるこの国民議会は、しかし、当初からすでに分裂を孕んでいた。立憲君主制の国家ではなく「連邦共和国」の建設を主張した少数派の一部は、君主制の連邦議会を温存したまま普通選挙に基づく国民議会を招集することが決定されたとき、これに反対して暫定政府樹立を宣言した。そして、「ドイツ共和国」の名のもとに革命軍を組織して、政治権力を握るための行動を開始したのだった。これを武力で鎮圧したすえに、国民議会は開かれたのである。そして、そのフランクフルト国民議会も、新しいドイツを君主制とするか共和制とするかという根本的な意見対立のために、先が見通せないまま日数を重ねるばかりだった。フランクフルトのこの状況を見通したオーストリアは、一〇月二六日、六万の軍隊でヴィーンを包囲し、一一月一日に民衆側の抵抗を打ち破って、自国内の革命に終止符を打った。これを見たプロイセン国王は、これまた軍隊によって議会を鎮圧し、一二月五日に欽定憲法を発布して、王権の優位を定め、議会に解散を命じた。それ以外の諸邦でも、市民たちの革命はすべて挫折した。フランクフルトの国民議会は、反革命の勝利に対して、なんの行動も起こそうとしないまま、翌四九年五月三〇日に事実上その生命を終えた。

「三月革命」を鎮圧したプロイセンは、一八五〇年代から本格的な産業興隆の時代を迎えた。経済成長のなかで、鉄道建設が急ピッチで進められる一方、軍備拡充にも重点が置かれ、一八五二年にはバルト海に面したヴィルヘルムスハーフェンに軍港が建設された。のちに一九一八年秋の水兵叛乱によって革命勃発の舞台となる軍港である。一八六二年九月に宰相兼外相となった地主貴族《ユンカー》出身のオットー・フォン・ビスマルクは、富国強兵路線を積極的に推進し、プロイセンの軍国主義国家への道が打ち固められた。そして、ドイツ西北部のシュレースヴィヒとホルシュタイン両公国の支配をめぐるオーストリアとの積年の確執は、一八六六年六月、ついに両国の戦争に発展した。「七週間戦争」と呼ばれるこの戦争に勝利したのはプロイセンだった。終戦後の「プラーク条約」によって、プロイセンはシュレースヴィヒ、ホルシュタイン、ハノーファーなどの諸邦と、それまでブランデンブルクとライン沿岸の領土とを隔てていた旧ヘッセン選帝侯領などを併合して、大幅な領土拡大を果たすとともに、ドイツ北部の諸邦による「北ドイツ連邦」（Der《デァ》 Norddeutsche《ノルトドイッチェ》 Bund《ブント》）を発足させ、従来の「関税同盟」を生かして、産業と交易を振興し、国力をさらに増大させた。

こうして、プロイセンは、ドイツ統一の指導権を確実なものにしたのである。しかしなお、大国バイエルンを始めとする南ドイツの諸邦は、プロイセン主導のドイツ統一には加わろうとしなかった。一方、フランスは、オーストリアとの戦争に勝利したプロイセンの脅威に対抗するため、オーストリアおよびイタリアとの三国同盟を急いでいた。だが、これが締結される前に決着をつけることを意図したプロイセン宰相ビスマルクの挑発に乗って、フランスは、一八七〇年七月一九日、プロイセンに宣戦布告し、プロイセン＝フランス戦争（普仏戦争）が開始された。フランス国内に「パリ・コミューン」の革命を呼び起こすことになるこの戦争でのプロイセンの勝利が明らかになったとき、プロイセン主導のドイツ統一に抵抗してきた南ドイツの諸邦も、ついに屈服して「北ドイツ連邦」に加入し、統一の条件が整ったのである。

こうして、神聖ローマ帝国の滅亡後に描かれてきたドイツ統一と国民国家建設の夢は、軍国主義国家プロイセン王国によって実現されることになった。その夢の実現を最初に試みたのは、帝国滅亡後に新たに勃興した革命派のブルジョアジーだったが、「三月革命」での彼らの不徹底性と敗北は、彼らが意図したものとはまったく別の統一国家を生み出したのだった。一八七一年一月にヴェルサイユ宮殿で挙行されたヴィルヘルム一世のドイツ帝国皇帝戴冠式には、プロイセン軍隊の将校代表団の一員として、のちに「タンネンベルクの英雄」となる二三歳の近衛聯隊歩兵中尉、パウル・フォン・ヒンデンブルクも列席していた。

（2）帝国の興隆と海外進出

ドイツの歴史における第一帝国、「神聖ローマ帝国」は、ナポレオンのフランスによって滅亡に追い込まれる以前の西暦一八〇〇年当時、最盛期と比べれば支配領域を大幅に縮小していたとはいえ、それでもヨーロッパの大国であることに変わりはなかった。その版図は、現在のドイツとオーストリアを合わせた領域のほか、西はベルギーから東はチェコ、スロヴァキア、ポーランドの西部に及んだ。それに加えて、オーストリアのハープスブルク家の所領であるハンガリー王国と、ホーエンツォレルン家のプロイセン領の一部であるバルト海沿岸の東《オスト》プロイセンが、実質的には神聖ローマ帝国の支配下にあったのである。一八〇〇年の帝国の人口は約三七〇〇万人、そのうちの二五〇〇万人がオーストリア以外の領域で暮らしていた。総人口の約七五％は農民で、二四％が市民階層、残りのわずか一％が貴族の身分だった。プロイセンだけについて見ると、一八〇五年の当時、人口が約九五〇万人、そのうち農民身分は六九・二％、市民は二七・五％、そして貴族は三・三％で、貴族の割合が他の諸邦と比べてきわめて高かった。(26)

それから三分の二世紀を経た一八七一年に、プロイセンによって「ドイツ帝国」（Das《ダス》 Deutsche《ドイッチェ》 Reich《ライヒ》）が建国された時点では、これに加わらなかったオーストリアを除く帝国の人口は、約四一〇〇万人に増大し、とりわけ増加が著しかったプロイセンは、一国だけで二四六四万人に達していた。その時点でも、帝国全土の人口のうち都市の人口は、なお三六・一％に過ぎなかった。だが、それから第一次世界大戦勃発までの約四〇年間にわたるドイツ帝国の歴史は、著しい人口の増大と都市への人口集中をもたらした。一九一〇年になると、人口は一・五倍以上の六四九三万人に増加し、そのうち都市居住者は六〇％に達したのである。プロイセンによるドイツ帝国の建国とその後の発展について、のちに、ある歴史上の人物はつぎのように述べている。

帝国の建国がすでに、国民全体の価値を高める出来事ならではの驚くべき魔力で金色に包まれていた。比類ない勝利また勝利のすえに、不滅の英雄行為の褒賞として、ついにひとつの帝国が、息子たちや孫たちのために生い立つことになったのだ。意識的にか無意識にか、そんなことはまったくどうでもよいが、ドイツ人はすべて、議会諸党派によるいかさまのおかげで生まれたのではないこの帝国が、まさにその建国の崇高なありかたによってすでに、他の諸国家の水準をはるかに超えて聳《そび》え立っている、という感情を抱いていた。なにしろ、いつか将来ひとつの帝国を打ち立て、新たにまた帝冠を象徴として捧げることを、ドイツ人は諸侯も民衆もこぞって固く決意したのだ、という意志表示の厳粛な行為が、議会の論戦などという下らぬおしゃべりのなかではなく、パリ包囲軍最前線の砲声と轟音のなかで、成し遂げられたのだからである。そして、これがなされたのは、卑劣なだまし討ちの殺戮によってではなかった。ビスマルク国家の建設者たちは、逃亡兵だの卑怯者だのではなく、最前線の聯隊であった。／この比類ない誕生と砲火の洗礼だけでもすでに、最古の諸国家にのみ――まれに――与えられることができるような歴史的栄光の輝きでこの帝国を包むに充分であった。／しかるに、いまやなんという興隆が始まったことであろう！／国外へ向かっての自由な進出が、国内での日々のパンを与えた。国民は、その人口においても現世の財貨においても豊かになった。国家の名誉と、ひいてはまた民衆全体の名誉は、しかし、ひとつの軍隊によって防護され庇護されていた。その軍隊こそは、かつての北ドイツ連邦との違いをもっとも歴然と示すことができるものだったのである。

ドイツ帝国は、列強間の果てしない戦争のすえに生まれたのであり、ドイツ統一という久しい夢をついに実現させたのは、議会の総意ではなく普仏戦争での勝利だったこと。こうして生まれた帝国は、国外や、さらには海外への経済的・軍事的進出によって富を獲得したこと。そしてこの国家の興隆と国民の生活や財産は、プロイセンが誇る軍隊によって護られていたということ――ドイツ第二帝国の誕生と興隆の本質を簡潔かつ的確に語ったこの一文の筆者は、のちにみずからが支配する国家を「第三帝国」と名付けることになるアードルフ・ヒトラーにほかならない。(27) もちろん、ヒトラー独自の意味づけがなされているとはいえ、ここで語られていることがら自体は、すべて客観的な事実である。

議会制の確立にもとづく民衆主権の統一国家を目指した市民階級《ブルジョアジー》は、君主制との徹底的な闘いを躊躇し回避したがゆえに、旧体制の反撃を許し、敗北した。だが、勝利した君主制国家は、それまで敵だった市民階級と手を結ぶことで、新しい活路と制覇への道を進んだのである。普仏戦争の勝利で得た新領土エルザス・ロートリンゲン（アルザス・ロレーヌ）と巨額の賠償金が、ドイツの資本主義経済に驚異的な活力を与えた。木綿工業と鉄鋼業が盛んだった新領土は、ルール地方の石炭産出量を急速に増大させ、ドイツの工業、とりわけ重工業を飛躍的に発展させた。賠償金は、ブルジョア企業家たちの事業拡大と新たな投資を促し、好況は工業だけでなく建設業、運輸業に及んだ。宰相ビスマルクは、資本家・実業家として産業と国家経済の繁栄に貢献するブルジョアジーに対して、自由貿易制など彼らを優遇する政策で応えた。かつて君主制に代わる民主的な体制を求めた市民階級、とりわけ成功した上層部は、もはやまったくその夢を捨て、この絶対主義的な国家体制のなかで利潤と権勢を追求することに汲々とした。

　プロイセンによって樹立された帝国は、他の諸邦に対するプロイセン王国の圧倒的な優位と、それに依拠するプロイセン軍隊の文字どおり超法規的な権限のもとに運営された。帝国憲法は、皇帝に、帝国宰相の任免権、外交権、陸海軍の統帥権など、国家元首としての形式的な役割にとどまらぬ専制的権力を与えていた。皇帝によって任命される帝国宰相は、プロイセン王国の首相と、議会の上院である連邦参議院の議長を兼任した。しかも、憲法上、帝国宰相が唯一の大臣であり、したがって厳密な意味では、通常の内閣は存在しなかった。各邦国の政府には大臣が置かれたが、帝国全体の中央官庁の省にあたる各行政部門には大臣はなく、それぞれの「行政長官」（Staatssekretär《シュターツゼクレテーア》）が任命されるのみで、それがいわば事務次官に相当する役割を果たしたのである。そのうえ、この職はしばしばプロイセン王国の大臣が兼任した。帝国宰相は、皇帝にのみ責任を負い、議会の信任を必要としなかったので、議会は宰相に対する不信任を表明することもできなかった。その反面、宰相は議会を後ろ楯にして皇帝を制御することもできなかったのである。各邦国の代表機関である上院の連邦参議院は、法案の発議権を持ち、下院である帝国議会での法案成立を承認あるいは却下する権限など、強力な行政権を有したが、投票権の票数は各邦ごとに定められており、合計五八票のうちプロイセンが最多の一七票を持っていた。次いでバイエルンが六票、ザクセンとヴュルテンベルクが各四票など、プロイセンを頂点とする勢力関係を反映した票数になっていたのである。

帝国樹立にさいして、最大の反対派であるバイエルン王国を帝国に加入させるため、プロイセンは、いくつかの特権をバイエルンに与えていた。とりわけ、鉄道と郵便、および租税に関する自主権を認めたことがそれだった。つまり、バイエルンは、全国共通の事業として行なわれるそれらの業務を、みずからの領域で独自に運営することを認められたのである。帝国宰相が兼任する連邦参議院議長の代理も、バイエルンに委ねられた。さらに、バイエルン一国だけは、独自の軍隊、バイエルン陸軍を持つことを許された。言い換えれば、ドイツ帝国全体の陸軍は、プロイセンが占有した。「ドイツ陸軍」（Deutsches《ドイッチェス》 Heer《ヘーア》）と名付けられた帝国陸軍は、プロイセン軍だったのである。したがって、帝国の中央行政機関としての陸軍省というものは存在せず、プロイセンの軍事省がこれを兼務し、プロイセン軍事大臣が実質的に中央政府の陸軍行政長官を兼ねた。ただし、帝国建設の翌年、一八七二年二月に旧「北ドイツ連邦」の海軍を基礎にして創設された海軍は、当初から「帝国海軍」（Kaiserliche《カイザーリッヒェ》 Marine《マリーネ》）と命名され、帝国政府に海軍省が設置されていた。バイエルンに特権を与えるという形をとりながら、バイエルンに異論を唱えさせないやりかたで、プロイセンの軍隊が帝国の軍隊として拡充されたのだった。陸軍の常備軍は、一八七五年には四二万人だったが、一八九九年には五九万一〇〇〇、一九一一年には六一万七〇〇〇、世界大戦開戦前の一九一四年には七九万四〇〇〇人にまで増強された。同じく大戦開戦当時の海軍常備兵力は八万人だったが、これに加えて予備役兵や補充兵など一七万人が動員可能だった。

軍隊の拡充が、武器弾薬の製造や艦艇の建造、さらには兵営や糧秣から軍服、軍靴の調達に至るまでの軍需産業の繁栄を生み、クルップ重工業などの一部の貴族財閥と多数のブルジョア資本家たちに莫大な利益をもたらしたことは、言うまでもない。だが、軍隊は軍需産業の繁栄をもたらしただけではなかった。軍隊は、ドイツの資本主義がまったく新たな段階に足を踏み入れるために不可欠の役割を果たすことになるのである。その段階は、一八八〇年代とともに訪れた。工業生産の増大に伴う鉄道の拡大や大型蒸気船による海運の発達は、外国からの安価な農産物の輸入増大によって地主貴族《ユンカー》に打撃を与える反面、工業や運輸業、さらには商社や貿易企業の経営者となった上部ブルジョアジーにとって、さらに新たな僥倖となった。繊維工業から各種機械工業にいたる工場工業の製品は、国内市場から国外へ、さらには海外へと販路を拡大しなければならなかったからだ。こうして、ドイツ帝国も、イギリスやフランス、スペインなどの先行諸国が歩んだ道を、それらの諸国と抗争しながら歩むことになったのである。

地主貴族《ユンカー》階級の代表として、ビスマルクは当初、海外植民地の獲得に反対だった。「祖国を着古した服のように棄てるドイツ人など、わたしはもはやドイツ人とは思わない」というのが、彼のモットーだった。安い労働力である底辺の日雇い労働者が植民地への移住に活路を見出すことになれば、地主貴族の農園で働く農業プロレタリアートの賃金が人手不足で上昇するからである。ところが、ドイツのブルジョアジー資本家たちは、食い詰めた貧民たちの移住先として植民地を求めたのではなかった。いまや、ドイツの工業製品の広大な販路として、そしてさらには、無限の開発資本投資の対象として、植民地が必要だったのだ。これをビスマルクが理解したとき、彼は反植民地主義者であることをやめた。

ドイツ帝国が最初の海外植民地を獲得したのは、一八八四年七月一四日、アフリカ中西部の「カメルーン」を「保護領」にしたときだった。だが、アフリカ大陸への進出は、すでにその前年から始まっていた。一八八三年八月二五日、ブレーメンの貿易商、アードルフ・リューデリッツが、アフリカ西南部の大西洋岸の大きな湾に面した土地に、商社の出張所を開設した。これが、ドイツのアフリカ進出の第一歩だった。彼は、のちに「リューデリッツ州《ラント》」(Lüderitzland)と呼ばれることになるその一帯を事実上占有して、先行するイギリスの商人たちと抗争しながら仕事を続けた。彼のその商業活動を、湾内に碇泊するドイツの軍艦が防護した。一八八四年四月二四日、ドイツ政府は、リューデリッツの要望を容れるかたちで、そこがドイツ帝国の権益地域であることを宣言し、八月七日には湾内の軍艦にドイツ国旗を初めて掲げた。そして一〇月二四日、現地の部族長たちとのあいだに「保護・友好条約」を結び、「ドイツ領西南アフリカ」という「保護領」が誕生したのである。現在のナミビアの全土に及ぶ広大な植民地だった。

同じ一八八四年九月には、黄金海岸(ガーナ)に隣接する「トーゴー」が、そして翌八五年二月には、現在のタンザニア連邦にあたる地域が「ドイツ領東アフリカ」として、いずれもドイツの「保護領」とされた。さらに太平洋でも、ドイツの海外進出は進められた。アフリカに四ヵ所の植民地を獲得したのとほぼ同じころ、一八八四年から八五年にかけて、ニューギニア島のほぼ五分の一にあたる東北部と、のちのビスマルク諸島、およびマーシャル・カロリン群島を領有した。そして、世紀末に近い一八九八年一二月には、清朝の中国との協定によって、膠州《チャオチョウ》(ドイツ語名=Kiautschou《キアウチャウ》)を租借地として獲得し、青島《チンタオ》を中心とする山東半島の資源と労働力を手に入れたのだった。——植民地獲得にあたっては、その突破口を切り開いた商社の資本家たちの背後に、それを警護し支援するドイツ海軍の艦艇があった。ドイツが海外植民地を獲得したこの全過程は、ドイツの帝国海軍がイギリス海軍から世界の海の制海権を奪い取るための、戦いの過程でもあったのだ[28]。

(3) ドイツ社会民主主義の軌跡

企業ブルジョアジーと軍部とを先兵として、ドイツが一挙に海外進出を果たしつつあったころ、ドイツ国内では、帝国の興隆そのものによって生み出されたひとつの社会階層が、国家と鋭く対立していた。この階層は、一八四八年の「三月革命」にブルジョアジーが敗北したときすでに、ブルジョアジーに代わる国家の新たな敵として、姿を現わしていたのだった。革命の直前、一八四八年二月にロンドンで刊行された『共産党宣言』の末尾で、マルクスとエンゲルスが「万国のプロレタリア、団結せよ！」と呼びかけた、そのプロレタリア階級である。

神聖ローマ帝国解体後のドイツで、プロイセンを主体とする工業化の推進によって次第に生み出されていた工場労働者は、そののちドイツ帝国が遂げた急激な工業国への発展の結果、農民階層を遥かにしのぐ最大の社会階層となった。その多くは、織工《しょっこう》（Weber《ヴェーバー》）と呼ばれた家内織物工業の従事者などが、蒸気機関による機械工業によって職を奪われ、あるいは、農業では生活できなくなった小農や雇われ農業労働者が離農を余儀なくされて、工場に労働の場を求めざるを得なくなった結果として生まれたのである。その新しい社会階層――運輸業の発達が生み出した運輸関係の労働者をも含めた肉体労働者たち――が、劣悪な労働条件と社会的な無権利状態に異を唱え、いまや支配階級となった上層ブルジョアジーと、それを支援しそれによって支えられる国家の前に、みずからの権利を主張して立ちはだかったのだった。

すでに一八四八年の「三月革命」そのものが、じつは、その多くの局面で、この新しい下層階級によって闘われていたのである。しかも、他民族の生活圏を併合して領土拡張を遂げてきたオーストリアもプロイセンも、その領内に少なからぬ異民族の住民を擁していた。多民族国家オーストリアの被支配民族と同じように、プロイセン王国が支配するポーランドのポーゼン（ポズナニ）やシュレージエン（シロンスク）のポーランド人労働者たちも、「三月革命」にさいして、その地域のドイツ人労働者とともに蜂起したのである。市民階級が王侯貴族と妥協し、文字どおり市民権を得たとき、これらの下層労働者や無権利状態に等しい農業労働者は、被支配民族の民衆もろとも、そのまま放置された。プロイセン王国は、これらの社会階層を支配下に置いたままドイツ帝国となったのである。

彼らが最初に社会的な声を上げたのは、まだ帝国建国の以前、一八六三年五月のことだった。「全ドイツ労働者連盟」（Der《デァ》 Allgemeine《アルゲマイネ》 Deutsche《ドイッチェ》 Arbeiterverein《アルバイターフェアアイン》 略称＝ADAV《アーデーアーファオ》）という労働者の連合組織が、フェルディナント・ラサールによって結成されたのである。裕福な繊維商人の家庭に生まれたラサールは、大学でヘーゲル哲学を学び、いわゆるヘーゲル左派の一員となったのち、「三月革命」の敗北後に、みずからの出身階級であるブルジョアジーを見限って、労働者の解放を目指す活動に従事してきたのだった。こうした動きは、ドイツだけでなくヨーロッパ各国でも進んでいた。ラサールが恋愛をめぐる決闘によって三九歳で斃《たお》れてから一カ月後の六四年一〇月五日には、「国際労働者協会」（Internationale《インターナツィオナーレ》 Arbeiterassoziation《アルバイターアソツィアツィオーン》）がカール・マルクスの影響のもとにロンドンで創立された。のちに「第一インターナショナル」と呼ばれ、労働者階級の国際連帯、インターナショナリズムの幕開けとされることになるこの組織は、六六年九月にスイスのジュネーヴで第一回大会を開き、各国での労働者運動の方針を討議した。この流れを受けて、ドイツでは、「社会民主主義労働者党」（Sozialdemokratische《ゾツィアールデモクラーティッシェ》 Arbeiterpartei《アルバイターパルタイ》 略称＝SDAP《エスデーアーペー》）が、ラサール派のADAVに次ぐ第二の社会主義的労働者運動の組織として誕生した。一八七一年にドイツ帝国が生まれたとき、その国内ではすでに、社会下層の労働者階級を代表するこれら二つの社会運動体が活動していたのだった。同年三月に行なわれた帝国議会の第一回選挙で、ラサール派は候補者全員が落選したが、創立大会が行なわれた都市にちなんでアイゼナハ派と呼ばれたSDAPは、二議席を獲得した。七四年の選挙では、ラサール派が二議席、アイゼナハ派は七議席を得て、議席総数三九七のうち社会主義政党の議席は九となった。

社会主義運動の危険性を重視したビスマルクの弾圧政策のなかで、両派は対立を孕みながらも組織を拡大しつづけた。そして、一八七五年五月にゴータ市で合同の党大会を開き、統一政党「ドイツ社会主義労働者党」（Sozialistische《ゾツィアリスティッシェ》 Arbeiterpartei《アルバイターパルタイ》 Deutschlands《ドイッチュランツ》 略称＝SAP《エスアーペー》）が結成された。組合活動を通じて労働者のなかに根を下ろしていったこの政党は、七七年一月の帝国議会選挙では、全国三九七の選挙区のうち一七五選挙区で候補者を立て、九・一％の得票率で一二議席を獲得した。だがその翌年、運動の登り坂に大きな転機が待っていた。七八年五月一一日と六月二日に、相次いで皇帝暗殺未遂事件が起こったのである。一度目にはまったく無事だった皇帝ヴィルヘルム一世は、二度目の散弾銃によって重傷を負った。ビスマルクはこれを社会主義者弾圧の好機としてとらえた。議会の諸党派を抱き込んで成立した「社会主義者法」（Sozialistengesetz《ゾツィアリステンゲゼッツ》）と略称される特別立法が、一八七八年一〇月二一日、公布と同時に施行された。

日本では一般に「社会主義者鎮圧法」と呼ばれるこの法律は、正式には「社会民主主義の公共に危害を及ぼす策動の取締まりに関する法律」（Gesetz《ゲゼッツ》 gegen《ゲーゲン》 die《ディ》 gemein《ゲマイン》 gefährlichen《ゲフェーアリッヒェン》 Bestrebungen《ベシュトゥレーブンゲン》 der《デァ》 Sozialdemokratie《ゾツィアールデモクラティー》）という名称で、その名のとおり、社会主義者たちの「公共に危害を及ぼす策動」を取り締まり、あるいは未然に防止することを目的としていた。参政権だけは禁止できなかったので、ＳＡＰは帝国議会に議員を送ることができたが、院外での政治活動はもちろん、組合活動などの労働者運動は著しく妨げられた。まず弾圧を受けたのは、各地で発行されて運動の重要なメディアとなっている党のさまざまな新聞だった。集会もデモも干渉を受けあるいは禁止された。政治的要求や政治的見解の表明はまったく不可能となった。もちろん選挙運動も、露骨な妨害をまぬがれなかった。この法律のために、警察の権力は大幅に拡大強化された。二年半の時限立法だったが、期限が切れるたびに更新が重ねられた。

けれども、政治活動の禁止が、ＳＡＰにまったく新たな活路を開いたのである。党と労働組合の活動家たちは、非政治的と目された文化活動に身を投じた。漫画新聞などの非政治的なメディアが活用されただけではなかった。およそ文化生活とはほど遠いところに閉じ込められていたプロレタリアートの日常が、文化闘争の舞台となった。識字運動や衛生知識の普及、産児制限や育児の指導が、共感をいだく市民階層の学生や知識人の協力も得ながら、労働者居住地区で行なわれた。さらには、文化とは無縁だった男女の労働者が、読書サークルや音楽鑑賞、観劇会などによって、初めて文化の享受者となった。それどころかまた、合唱や朗読や美術や演劇のサークルの一員として、みずからが文化の表現者となったのである。この文化運動は、のちに、一九〇五年の第一次ロシア革命の敗北ののち、プロレタリア文化運動（プロレトクリト）を展開したロシア社会民主労働者党によって継承され、一九一七年のソヴィエト革命の土台のひとつを形成することになる。こうして労働者のなかに着実な基盤を築いたＳＡＰは、弾圧法が一二年目を迎えた一八九〇年二月二〇日の帝国議会選挙で、得票率一九・八％、三八議席を獲得する大躍進を果たしたのだった。弾圧法が施行される前の七八年七月の選挙での、得票率七・六％、議席数九と比較すれば、得票率で二・六倍、議席数では四・二倍に相当する。

一八九〇年二月のこの帝国議会選挙では、全体として反ビスマルクの諸党派が勝利した。八八年六月に帝位に就いていたヴィルヘルム二世は、それを機に、自分とはそりの合わないビスマルクを罷免し、プロイセン王国以来三〇年にわたって続いたビスマルク時代が、九〇年三月二〇日の宰相退任によって終焉したのだった。半年後の一〇月一日、「社会主義者法」はついに延長されることなく失効した。二月の選挙に先立って、一月二五日の帝国議会で、五度目の再延長が否決されていたのである。翌一八九一年の一〇月一四日、ＳＡＰはエアフルトで党大会を開き、「エアフルト綱領《プログラム》」と呼ばれる新しい政治方針を決定して、党名を「ドイツ社会民主党」（Sozialdemokratische《ゾツィアールデモクラーティッシェ》 Partei《パルタイ》 Deutschlands《ドイッチュランツ》 略称＝ＳＰＤ《エスペーデー》）と改めた。エアフルト綱領は、ＳＰＤが「新たな社会的特権や特典のためにではなく、階級支配と階級そのものの廃絶のために闘う」ことを明記し、資本主義の階級社会と対決する姿勢を鮮明にしたのだった。

それから二年後の一八九三年六月の選挙では、ＳＰＤは四四議席を得て、帝国議会の第四党になった。九八年六月には五六議席で保守党と並んで第二党、さらに一九〇三年六月には八一議席を獲得して、カトリック中央党の一〇〇議席に次ぐ議会第二党に躍進した。一九〇七年一月の選挙では、得票率二八・九％という、中央党の一九・四％を遙かに上回る票を獲得していたにもかかわらず、不合理な小選挙区制度のためにわずか四三議席にとどまった。一方、中央党は一〇五議席だった。だが、一九一二年一月、ついに、三四・八％の得票率と獲得議席数一一〇で、SPDは帝国議会の第一党となったのである。その選挙が、世界大戦勃発前の最後の帝国議会選挙となり、ドイツ帝国最後の国政選挙となった。

こうした党勢拡大の道をたどりながら、SPDの党内では、党の基本的な思想的立場と活動方針をめぐって、意見の相違が次第に大きくなっていった。そのことがはっきりと明らかになったのは、二つの党内論争によってだった。「修正主義論争」と「大衆ストライキ論争」がそれである。

社会民主主義労働者党（SAP）時代からの古参党員であるエードゥアルト・ベルンシュタインは、一八九六年から九八年にかけて、SPDの理論機関誌『ディ・ノイエ・ツァイト』（*Die Neue Zeit* ＝新しい時代）に「社会主義の諸問題」と題する一連の論文を発表した。これらは、一八九九年に『社会主義の諸前提と社会民主主義の諸課題』という一冊の著書として出版され、党内に激しい議論を巻き起こした。ベルンシュタインがこの著作で論じたのは、以下のような点だった。――SPDがこれまで掲げてきた階級闘争と資本主義廃絶についての見通しは、現実によって追い越されてしまった。資本主義は、マルクスが見通したような危機には陥らずに、現実の変化に適応し、延命しつづけている。それゆえ、SPDは、一八九一年の「エアフルト綱領」が掲げている革命による現実変革ではなく、既存の資本主義体制の枠内での社会改良によって、労働者の利益になるような改善を行ない、生活水準の均等化を実現することができるはずだ。

これに対して、やはり古参党員のひとりで党の指導的な理論家と目されていたカール・カウツキーは、ただちに『ベルンシュタインと社会民主主義の綱領』（一八九九年刊行）を著わし、ベルンシュタインの「修正主義」を、厳しく批判した。「正統マルクス主義者」または「マルクス主義中央派」と称されたカウツキー、アウグスト・ベーベルなどの党主流派は、一八九九年のハノーファーでの党大会と、一九〇三年のドレースデン党大会で、党内の左派と連携して修正主義を否認する決議を採択した。こうして、党の公式見解としてベルンシュタインの修正主義路線は否定された。だが、現実には、ドイツ帝国の繁栄と世界の資本主義列強の健在を前にして、SPD党内でベルンシュタイン派に暗黙の支持を寄せるものは少なくなかったのである。この支持者たちは、こうした健在と繁栄の底辺、その最深部に生きるものたちの姿を、もはや見なかったのだ。

もうひとつの「大衆ストライキ論争」も、「修正主義論争」と同じく、のちの歴史に大きな影響を与えるものだった。論争のきっかけとなったのは、一九〇五年一月六日にルール地方の炭鉱で始まった大規模なストライキだった。前年末に一方的に決められた労働時間の三〇分延長に対する労働者の撤回要求を、会社側が拒否したことが発端だった。たちまちルール全域の炭鉱を巻き込んだこのストライキには、少なくとも二〇万人の炭鉱夫が加わり、終息するまでに一カ月を要したのだった。これに加えて、同じ一九〇五年一月には、ロシアで最初の革命が勃発した。首都ペテルブルクでの軍需工場のストライキと「血の日曜日」に始まる大衆の蜂起は、ゼネラル・ストライキ（総罷業）へと発展し、軍隊の叛乱と日露戦争の敗北を招いた。

こうした状況のなかで同年九月にイェーナで開かれたＳＰＤの党大会では、大衆ストライキをめぐって激しい議論が展開されることになる。大衆の自発性を高く評価し、政治的な要求を獲得する方法として大衆ストライキを重視すべきだとするローザ・ルクセンブルク、クラーラ・ツェトキン、カール・リープクネヒトらに対して、「中央派」も含めた多くの党員が異論を唱えた。とりわけ、党と密接な関係にある「自由労働組合連合」の指導部とそれに近い党幹部たちは、組合組織を危険にさらすとして、大衆ストライキにきわめて否定的な態度をとり、ストライキは労働条件や労働者の生活に関する要求についてのみ行なわれるべきだ、と主張した。翌一九〇六年のマンハイムでの党大会は、この労働組合の見解を大幅に容れる方向で結論を下した。こうして、労働者の自発的なストライキや蜂起にさいして、労働組合指導部やＳＰＤ幹部がそれを抑止しあるいは鎮圧することが、当然のこととなったのである。

ここでもまた、本来なら党の存立基盤であるはずの底辺労働者の姿は見失われていた。ビスマルクが植民地の獲得に否定的だったのは、労働力を売ることによってしか生きられない社会階級が植民地へ移住してしまえば、地主貴族たちのための安価な労働力がなくなるからだった。みずからの労働力を売ることによってしか生きることができないプロレタリアートは、それを売ることを拒否することによってしか、雇い主である資本家に、ひいてはまたその背後にいる国家に、打撃を与えることはできないのである。だが、その拒否は、単独でするのではなく多くの労働者の共同行為としてなされなければ意味を持たない。ストライキが「大衆ストライキ」、つまり圧倒的多数の労働者によるゼネ・

ストでなければならないのは、その理由からだったのだ。労働組合とその連合体こそは、ひとりの労働者と圧倒的多数とを結ぶ絆であるはずだった。そして、政治的変革によってしか経済体制の改変はなされ得ない以上、政治闘争と経済闘争との境界は、現実には存在しないのである。少なくとも、大衆ストライキを支持するものたちは、そう考えていたのだった。

だがしかし、これらの論争を通じて明らかになったのは、個々のテーマをめぐるＳＰＤの混迷だけではなかった。その背後には、ＳＰＤにとっての最大の危機がひそんでいた。ＳＰＤが「社会主義者法」の桎梏から解放され、労働組合に加盟している労働者の八割近くを擁する労働組合連合によって支えられて、帝国議会の一大会派となったとき、その幹部たちの大部分が、「祖国なき輩《やから》ども」どころか帝国の臣民であることに安住し、文字どおり「労働貴族」となり「ダラ幹」（堕落した幹部）と化していた――といっても過言ではなかったのである。一九一四年八月がやってきたとき、彼らには、党員や支持者たちの愛国的熱狂に対抗しそれを方向転換させるだけの思想も実践も、残されていなかった。彼らの前には、彼らが生き延びるための「城内平和」しか、道はなかった。

3　帝国の軍隊と革命の政府

（1）キールの叛乱、ノスケの擡頭

一九一八年一一月三日に軍港都市キールで民衆が蜂起し、翌日その叛乱が全市を制圧する勢いになったとき、すでに帝国政府の与党となっていたＳＰＤは、それにどう対処するかを至急に判断しなけ

ればならなかった。

一一月四日の月曜日、午前一一時ちょっと前に、さきごろマックス・フォン・バーデン公の内閣に無任所の行政長官として入閣したフィリップ・シャイデマンが、帝国議会議事堂にいるわたしに電話をしてきた。わたしは数日前から毎日、そのころ社会民主党議員団の団長だった同僚のフリッツ・エーベルトと一緒に、そこにいたのである。それは、つぎつぎと矢継ぎ早に起こる政治的な出来事に対処できるようにするためだった。シャイデマンは言葉少なに、キールで憂慮すべき事態が生じたのだ、とほのめかした。すぐに誰かを向こうへ派遣しなければならない。エーベルトが、きみがベルリンにいることを教えてくれたんだ。あとのことを相談したいから、すぐに宰相官房まで来てくれないか。

ＳＰＤ幹部会員のひとりでザクセン王国ケムニッツ市選出の帝国議会議員だったグスタフ・ノスケは、そののち彼が演じることになる重要な役割の発端となった出来事を、一九二〇年に出版された回顧録『キールからカップまで』[29]のなかでこのように記している。

敗戦は不可避であるという参謀本部の通告を受けて、ちょうど一カ月前に発足していたマックス・フォン・バーデン政府は、この日、キールの叛乱に対処するための最初の措置として、行政長官のひとりであるコンラート・ハウスマンをキールへ派遣することを決定した。リベラル派の市民《ブルジョア》政党、進歩人民党（Fortschrittliche《フォルトシュリットリッヒェ》 Volkspartei《フォルクスパルタイ》＝ＦＶＰ《エフファオペー》）の幹部であるハウスマンは、ＳＰＤのシャイデマンと同じく、四人の無任所行政長官のひとりだった。シャイデマンからの電話を受けて宰相官房へ赴いたノスケは、そのハウスマンに同行してSPD代表としてキールへ行くことを託されたのだった。二人は列車でキールに向かい、その日の夕方そこに着いた。市内は武装した兵士たちであふれていた。軍港キールの最高権限を掌握する要塞司令官、ヴィルヘルム・ズーション海軍中将は、叛乱兵たちの要求どおり、逮捕されて市内の精神病院に収容されていた水兵たちが解放されるのを許していた。市の全域は、すでに叛乱側によって制圧されていた。ノスケはまだ知らなかったが、この日の朝、兵士評議会を結成した兵士たちは将校を武装解除し、合流した労働者たちとともに軍と市の主要な行政・管理機関を占拠していた。ハンブルクとリューベックから鎮圧のために派遣された陸軍部隊は、キール駅に到着すると同時に叛乱側によって武装解除され、水兵たちと合流したのである。

「連中は、わたしが来ることを聞いていた。議会での活動によって、わたしの名前は広く知られていたのだ。自分たちの振舞いについてわたしがどう思うだろうかということなど、ろくろく考えもせずに、彼らはわたしを自分たちの代弁者《スポークスマン》として徴用した。」（傍点は引用者）——叛乱水兵たちとの最初の出会いを、グスタフ・ノスケはこのように描いている。彼が到着する以前には、もうひとつの社会主義政党であるドイツ独立社会民主党（Unabhängige《ウンアプヘンギゲ》 Sozialdemokratische《ゾツィアールデモクラーティッシェ》 Partei《パルタイ》 Deutschlands《ドイッチュランツ》＝US《ウーエス》P《ペー》D《デー》）のメンバーが積極的に活動していたのだが、知名度の高いノスケにその役割が回ってきたのだった。翌五日の午前、労働組合会館でノスケは一通の証明書を手渡された。「兵士評議会」の名と「ドイツ金属労働者連盟」の捺印のあるそれには、こう記されていた、「本証の携行者は、帝国議会代議士ノスケ氏なり。氏は、すべての集会に参加しすべての街路を通行する権限を有するものなり。キール、一九一八年一一月五日」。

労働者・兵士評議会のお墨付きを持ったノスケは、まず、海軍司令部へ赴いて、キールを母港とする第三艦隊の提督（艦隊司令官）、キューゼル海軍大将らと会見し、事態についての意見交換を行なった。午後四時に、その司令部の建物へ、各部隊の代表として四、五〇名の水兵たちが打ち合わせにやってきた。そのままでは埒《らち》が明かないと見たノスケは、一つの提案を行なった。まず七名ないし九名から成る兵士評議会を選出し、わたしが議長となって会議を開催する、というのである。一同はこれに賛成し、翌六日、彼は、自分が兵士評議会の議長としての業務を引き受けたむね、掲示によって告知させた。その業務を彼がどのように果たしたかについて、ノスケの回顧録はつぎのように述べている。

最重要課題は武装した連中を街頭から移動させることである、とわたしには思われた。そのためにわたしは、まだ火曜日〔一一月五日〕の晩のうちにひとつの命令を布告した。すなわち、実弾および武器はすべて引き渡して代表委員による保管に委ねなければならない。武器を携えて街頭に姿を現わすことを許されるのは、そのむね命令を受けた巡察兵のみとする。この命令は厳格に遵守《じゅんしゅ》された。翌日になるとわたしは、街頭で銃を携えている連中をごくたまにしか見かけなくなった。そういう連中をわたしは引き止めて厳しく叱責してやった。水曜日にはすでに、キールではもはや銃声は起こらなくなった。全体として、何千人もの連中が唯々諾々とわたしの権威に服従したのである。

一一月六日の水曜日にはまだ、キールでの出来事が局地的な水兵叛乱に過ぎないのか、それとも全帝国を転覆させる革命の一部なのか、ノスケには見通しを立てることはできなかった。だがいずれにせよ、彼が禁止しようとしたのは、街頭での武器携行だけではなかったのである。キールの暴動には終止符が打たれねばならない、というのが彼の基本的な確信だった。キールは、プロイセン王国の一州であるシュレースヴィヒ・ホルシュタインの首都だったが、兵士と労働者たちが「共和国」樹立を宣言しようとしたのに対して、ノスケは「この州で共和国の布告をすることには、わたしは反対した」と明言している。叛乱兵たちは、革命を一刻も早く終息させようと決意している人物に、兵士評議会の議長を委ねたのである。

それればかりではなかった。すでに全国各地で革命が勃発していることを知ったノスケは、六日の午前中、軍司令部の建物のなかの出入りを禁止した一室で、キールのSPDとUSPDの中心的な活動家六、七人による会議を開き、今後の方針について申し合わせた。彼が共和国の宣言に反対したのは、この会議でのことだった。二〇世紀ドイツ史上で最初の共和国となっていたはずだったシュレースヴィヒ・ホルシュタイン共和国は、ノスケの反対によって未生《みしょう》のままに終わったのである。この会議で決められた方針のひとつは、キールの兵士評議会を正式に結成して、キールの労働者・兵士評議会がシュレースヴィヒ・ホルシュタイン州の暫定的な指導部となることだった。そのために、すべての部隊でただちに正式の評議員選挙が行なわれた。そして、その日の午後に開かれた兵士評議会の集会で、なんと、ノスケが正式に要塞司令官としてすべての軍事的業務を引き継ぐことが、決定されたのである。

キールの要塞司令官（Gouverneur《グヴェルネーア》）は、帝国海軍のキール軍港、すなわちキール海軍要塞の司令官であるとともに、軍港都市キールの住民に対する軍事上の命令権も持っていた。兵士評議会の集会に先立つSPDとUSPDの地元活動家の協議で、USPD側は、ノスケを要塞司令官とすることに同意し、それと引き換えに、兵士評議会の代表はUSPDが占めることになっていたのだった。ノスケは、革命の最高権力である労兵評議会の議長ではなく、既存の軍隊の指揮権を掌握する権限を選んだのである。兵士評議会の集会が満場一致でノスケの要塞司令官就任を決めたとき、彼は、それを引き受ける条件として、絶対に秩序が守られること、兵士評議会によるチェックを受けて発する自分の指示にいかなる場合でも従うこと、を要求した。これも全会一致で受け入れられた。

兵士評議会がこれを決めたあと、ノスケは単身で軍本部の建物に赴き、要塞司令官ズーション中将以下の幹部士官たちにその決定を伝えた。州と、六万ないし八万の兵士たち、ならびにキールの住民たちの利益のために、彼らの安寧に配慮して、もはや変えることのできないこの決定に従い、わたしの執務室を用意してほしい——というノスケの申し入れを、ズーション中将はそのまま受け入れ、ただちに自分の執務室をノスケに明け渡すことを承諾した。

それからほとんど一〇分も経たないうちに、わたしは彼の事務机の前に座って、各部隊とキールの住民たちとに対する最初の布告を書いていた。／わたしはただちにベルリンに電話で報告し、ベルリンの宰相官房では私のとった措置が了承された。要塞司令官の正式の辞令は、後日、帝国海軍省の行政長官、騎士《リッター》フォン・マンが作成した。こうして、恐らく世界の歴史上はじめて、一度として兵士になったことのないひとりの男に、ざっと八万人の兵士に対する指揮権が委ねられたのであった。

グスタフ・ノスケは、党主席のフリードリヒ・エーベルトと並んで、職人、つまり手工労働者の出身だった。一八七一年二月にバーデンのハイデルベルクで仕立て屋の親方の子として生まれたエーベルトは、一四歳で馬具製造工の徒弟となり、のちに親方となった。一方、一八六八年七月にプロイセンのブランデンブルク州に生まれたノスケは、織工《しょっこう》と呼ばれる家内工業の機織《はたお》り労働者の息子だったが、一四歳になると籠《かご》作りの徒弟となって、職人への道を歩み始めたのだった。そして一七歳のとき、出来高払い賃金の劣悪な労働条件を改善するため、製籠工組合の設立に加わった。籠作り職人の主要な仕事は、乳母車の籠、つまり台車の上に取り付けて赤ん坊を乗せる籐《とう》製の籠だったが、それを企業主に収めて生活していくためには、一日一一時間ないし一三時間の重労働を要したのである。この組合設立が、彼の労働者運動との関わりの最初だった。組合はのちに門戸を広げて「木工労働者連盟」となった。連盟が一八九〇年に、労働者が「メーデー」に参加するための一日ないし半日の無給の休日を企業側に要求したとき、ノスケはその交渉に携わる三人の代表のひとりに選ばれた。企業側は三人の即刻解雇をもって応えたが、それは大きな抗議運動を引き起こし、処分は撤回された。

すでにそれ以前の一八八四年から、彼はSPDの前身であるSAPに入党していた。一八九〇年一〇月に「社会主義者法」が失効したのち、ノスケは党の専従となっていくつかの地方機関紙の編集者として働き、地方組織の代表を経て、ＳＰＤケムニッツ支部の機関紙『ケムニッツァー・フォルクスシュティンメ』（ケムニッツ民衆の声）の編集責任者となった。一九〇六年、帝国議会ケムニッツ選挙区選出の議員が辞職し、補欠選挙が行なわれることになった。立候補した三七歳のノスケは、最初の投票で過半数を大きく上回る得票を得て、帝国議会議員に選出された。その後も彼はケムニッツの党機関紙『フォルクスシュティンメ』の主筆を続けた。一九一四年八月の開戦にさいして同紙が掲載した一文、「ドイツの婦人と子供たちをロシア人の野獣じみた残虐性の犠牲にさせてはならない。ドイツの国土をコサックどもの獲物《えもの》にさせてはならない」と呼びかけて民衆を戦争に駆り立てたあの戦意高揚の檄文（本書四〇ページ）は、ノスケによって書かれたものだったのだ。[30]

キールで水兵たちの叛乱が始まり、兵士と労働者たちがこの軍港都市を制圧したとき、党代表としてキールへ派遣された彼が、叛乱水兵たちの信頼を得てそこで革命抑止のために行なったことは、もちろん、ベルリンのＳＰＤ幹部たちとの合意のもとになされたのだった。だが、キールに派遣されたのがノスケでなかったとしたら、その後のドイツ革命の展開は、別の道をたどったかもしれなかった。ノスケがキールで行なったことにもまして、キールでの体験を生かしてノスケがその後に行なったことが、ドイツ革命の進路に絶大な影響を及ぼしたのである。

（2）臨時革命政府の針路

首都ベルリンで民衆が蜂起した一九一八年一一月九日の昼過ぎ、蜂起の圧力のもとに、ＳＰＤ主席のフリードリヒ・エーベルトが帝国宰相の座に着いた。だが、宰相としての彼の地位は、わずか一日半しか続かなかった。翌一〇日夜には、臨時革命政権である「人民代理委員評議会」と、大ベルリン労働者・兵士評議会の「執行評議会」が発足したからである。エーベルトは、六名の人民代理委員のひとりとして暫定政権を担うことになり、一方、「執行評議会」は、みずからが革命の最高権力であることを宣言した。

けれども、エーベルトがドイツ帝国の宰相だった日と、彼が人民代理委員評議会の一員となり、USPD主席のフーゴー・ハーゼと並んでその議長となったのちとで、ただちに国家の行政機関や軍の機構に本質的な変更が生じたわけではなかった。それどころか、エーベルトが宰相に就任する以前の古い帝国と、新しい臨時革命政府とのあいだにさえも、行政機関や軍の機構に本質的な変更は加えられなかったのである。政府各省の大臣に相当する行政長官は、SPDとUSPDとのあいだの合意によって、「決定権を持つ内閣（すなわち人民代理委員評議会）の、専門技術上の援助者に過ぎない」ことになっていた。そして、これらの大臣については、両社会主義政党のメンバーではない、いわゆるブルジョア政党の政治家も許容されたのだった。この前提のもとで革命政権が任命した各省の行政長官は、一一月一五日までに以下のとおり確定した。

＊外務＝ヴィルヘルム・ゾルフ（無党派）／＊法務＝パウル・フォン・クラウゼ（国民自由党）／財務＝オイゲン・シッファー（国民自由党）／内務＝フーゴー・プロイス（進歩人民党）／＊郵政＝オットー・リュードリーン（無党派）／経済動員体制解除担当＝ヨーゼフ・ケート（陸軍中佐）／海軍＝エルンスト・フォン・マン（海軍大将）／＊軍事（プロイセン軍事大臣）＝ハインリヒ・シェ

ーウフ（陸軍大将）／＊労働＝グスタフ・バウアー（SPD）／食糧＝エマヌエル・ヴルム（USPD）／経済＝アウグスト・ミュラー（SPD）

政府を構成する一一の省のうち五つの省で、旧帝国政府の行政長官がそのまま留任した。＊印を付した省がそれである。更迭がなされた省も含めて、全体の四分の三に近い八つの省は、旧体制の権力機構やそれを支えてきた市民《ブルジョア》政党の代表者たちによって占められた。両社会主義政党には各分野の専門政治家が（軍事はひとまず別として）少なくないにもかかわらず、両党が行政長官のポストを占めたのは三つの省に過ぎなかった。また、旧政府の「植民地省」を廃止し、その代わりに「経済動員体制解除担当省」という新しい部門を設けた以外には、政府機関の構造そのものに変更は加えられなかった。したがってまた、官僚機構と官僚たちも、そのほとんどが帝国時代のまま生き続けることになったのである。労兵評議会の「執行評議会」代表として臨時政府の施策と激しく対立したリヒャルト・ミュラーは、回顧録のなかでつぎのように記している――「七〇年前、カール・マルクスは、一八四八年のブルジョア革命のもっとも重要な経験として、勝利したプロレタリアートは旧来の国家機構を自分たちの目的のためにそのまま受け継ぐことなどできない、それを「破壊」しなければならない、というテーゼを立てた。そして、一八七一年のパリ・コミューンのあと、その理由をきわめて詳細に説明した。人民代理委員評議会の六名の社会民主主義者たちは、理論のうえではマルクスの教えに心服していたのだろうが、実践のうえでは正反対のことをやって、旧来の国家機構を継承したばかりでなく、それをさらにいっそう強化することに貢献したのだ。」

しかし、それは、臨時革命政府が間違って犯した誤りではなかった。それは、定められた針路のうえでなされた確信的な実践だったのである。旧体制の代表者たちに委ねられた省は、いずれも、これから変革を実行するにあたって基本的に重要な領域を担当する部署である、ということが、それを物語っている。既存の政治体制と社会体制を根本から改変しようという意志は、この人事配分からは見られない。そして、臨時政府たる「人民代理委員評議会」がまず最初に着手した変革の実践は、政府発足の翌々日、一一月一二日に発せられたひとつの行政命令によって、開始されたのである。[31]

ドイツの経済活動を平時に移行するため、全国最高位の官庁が「経済動員体制解除担当省（動員解除省）」の名称のもとに設置された。本省の指揮は、軍事大臣の承諾を得て、これまで陸軍中佐で戦時原料調達局長の任にあったケートに委託された。同人は、経済動員体制解除の業務総体をただちに掌握し、そのさい問題となる全国および連邦諸邦の中央、諸州および地方のあらゆる官庁とこの目的のために連絡を取り、それら諸官庁と合意のうえ、ないしは必要な場合には独自に、必要な措置を取らなければならない。すべての文民および軍の官庁は、経済動員体制解除の件に関するケート氏の指示に対しては、拒む余地なくかつ最大限速やかに従い、かくして我が人民の福利にとってきわめて重要な同氏の任務の遂行をあらゆる方面で支援することを、要請されるものである。

〔強調は原文のまま〕

戦争遂行のために国家、とりわけ軍部の専制支配のもとに置かれてきた戦時統制経済を、平時の経済活動に移行させることは、緊急かつ困難な課題だった。しかしそれはまた、戦前の経済活動と、その基盤である国家社会の経済構造とは別の経済のありかたを導入するための、文字どおり千載一遇の機会でもあったのである。戦時経済体制は、それまでの経済構造を破壊し再編して形成された。重工業の経営者を始めとする大資本家たちは、戦争によって莫大な利潤を得たことは別として、私企業の論理と実践を大幅に制限されることを余儀なくされていた。戦時統制経済は、事実上、大規模私企業をある種の社会化、公有化に服従させていたのだった。その戦時経済を戦前の状態に戻すのではなく、戦前とは別の経済に移行させるという選択肢が、別の状況のもとでとは比較にならないくらい大きな現実性をもって存在していたのである。それゆえ、「経済動員体制解除担当省」の最高責任者がどのような視点と展望をもってその任に当たるかは、革命の進路と、その結果としての将来の社会のありかたそのものを左右する問題だった。

この省の行政長官に任命されたヨーゼフ・ケートは、一八七〇年七月にバイエルンに生まれた職業軍人だった。一九〇〇年にバイエルン軍からプロイセン陸軍の野戦砲聯隊に移り、一九〇九年からはプロイセン軍事省勤務となった。一九一四年八月の世界大戦勃発とともに大隊長として西部戦線に赴いたが、わずか二カ月で軍事省に召還され、翌一五年の二月末からは、軍事省の「戦時原料局」（K《カー》R《エル》A《アー》）に配属された。この部局は、開戦直後に、ドイツ最大の総合電気機械製造会社「アルゲマイネ電気会社」（A《アー》E《エー》G《ゲー》）の経営者、ヴァルター・ラーテナウの発案によって新設されたもので、イギリス海軍による北海の海上封鎖がもたらすはずの原料物資不足に対処することを任務としていた。この部局が設置されて以来、ラーテナウ自身がその局長の任にあったのだが、それまでまったく未経験だったケート少佐が、ラーテナウの信頼を得て後任に任命されたのである。最終的には二五〇〇人のスタッフを擁することになるこの部局で、ケートは、戦時生産に必要な原材料の調達、新原料の開発、廃品の再生利用など、軍隊と国民生活を支えるための工業原料資材の調達に邁進した。一九一七年三月に中佐に昇進した彼は、軍隊での経歴以上に、経済動員体制の中心を担うこの任務によって、多くのものを得たのだった。軍部と産業界との橋渡し役を果たし、産業界の大資本家たちの人脈をしっかりつかんだのである。(32)

一九一八年一一月一一日の休戦協定調印とともにその軍務を退いたケートに、臨時政権の人民代理委員たちは、経済動員体制解除の指揮を委ね、しかもそのための独裁的ともいえる権限を彼に与えた。それよりさき、一一月一〇日夜、「ブッシュ曲馬館《サーカス》」で行なわれたベルリン労兵評議会の全体会議は、共和国樹立を宣言する布告を満場一致で採択していた。「働く人民に告ぐ!」と題して全国に送られたその布告は、「血がたっぷり浸《し》み込んだ瓦礫から新しい経済秩序を建設するためにも、人民大衆の経済的な奴隷化や文化の没落を防ぎ止めるためにも」、「資本主義的生産手段の迅速かつ完全な社会化」が「ぜひとも必要」な課題であることを明言し、しかもその社会化は「ドイツの社会的構造と経済的および政治的組織に応じてなされるなら、強度の衝撃なしに実行できる」と指摘していた。ケートに与えられた絶対的な権限をもってすれば、この課題の実現に向けて努力を傾けることは、困難ではあっても不可能ではなかっただろう。だが、彼がその努力をすることなどあり得ないことが、彼を任命した人民代理委員たちには明らかだったのだ。大資本家たちの思惑と利益に反する新しい経済への道は、このとき、意図的に閉ざされたのである。六名の人民代理委員から成る臨時革命政府は、これによって、革命の針路をはっきりと定めたのだった。

(3) 革命政府と軍部

戦時体制から戦後の体制に移行しなければならなかったのは、経済・産業の分野だけではなかった。何よりもまず軍隊がこの問題に直面していた。国外の戦線に送られていた野戦部隊を、休戦とともに支障なく本国へ引き揚げさせることが、当面の重要な課題だった。だが、野戦部隊の帰還は、軍の首脳部にとって、さらには革命政府にとっても、重大な危険を孕んでいた。復員した兵士たちが革命の状況にどう対応するか、その動向によっては、軍隊の存立そのものが問われることになりかねないからであり、彼らが革命に対して取る態度如何が、革命政府の命運を左右するからである。帰還する野戦部隊についてだけでなく、国内に駐屯する部隊についても、この危惧は同様にいだかれた。

エーベルトは、彼が旧ドイツ帝国の宰相だった一一月一〇日の時点ですでに、国内駐屯軍に対する布告を発していた。連合国との休戦協定が結ばれる前日のその布告は、軍事大臣(プロイセン軍事大臣)ハインリヒ・シェーウフ、およびその半月後にプロイセン軍事省次官となるSPDの帝国議会議員パウル・ゲーレとの連名で、つぎのように述べていた。[33]

> 国内軍に対する布告
>
> 休戦は目前に迫っている。それに続いて講和が訪れるであろう。流血の惨事が終わる瞬間が近

づいている。

国内においても、深刻な激変にもかかわらず流血の惨事はほぼ完全に回避された。新政府の構成員一同は、いかなることがあろうとも平穏と秩序が守られなければならないことを明言する。そのための協力を、野戦軍および国内軍もまた全力を尽くして行なわなければならない。そうすることによってのみ、秩序ある野戦軍の送還と兵の除隊が実行可能となる。

その場合にのみ、人民および軍隊への食糧供給がふたたび確保可能となる。内戦は避けられなければならない。

軍のすべての勤務部署は、その勤務遂行を従来と変わりなく続けなければならない。勤務の続行のかたわら兵士評議会を形成し、これらの兵士評議会に参加することは、すべての部隊で行なうことができる。

それら兵士評議会の主要任務は、秩序および安全のために貢献する方策に協力し、兵とその指揮官たちとのあいだの緊密な協調関係を構築することである。

自国人民の構成員に対する武器の使用は、正当防衛の場合もしくは凶悪犯罪の場合もしくは略奪の阻止のためにのみ行なうことができる。

帝国宰相　エーベルト　　軍事大臣　シェーウフ
帝国議会議員　ゲーレ

この段階ですでにエーベルトが平穏と秩序の維持を最重要課題としていたことは、その前日に帝国宰相就任と同時に出された「同胞市民」への布告を、彼が「同胞市民のみなさん！　私は皆さんのすべてにお願いします。街頭から立ち去ってください、平穏と秩序をもたらすよう配慮してください！」という呼びかけで結んでいたことからも、明らかである。だがそれにもまして、国内軍に向けたこの布告が、兵士評議会の活動について断定的な口調で指示を与えていることに、注目せざるを得ない。帝国宰相には軍隊に対する命令権はなかったので、この命令口調の指示は、軍事大臣シェーウフの連署によって初めて可能だった。このことは、民衆の蜂起によって政権を握ったSPD幹部が、帝国軍隊の首脳部と手を握ることによってしか政権を維持できないことを認識し、その認識を実行に移したことを、意味している。そして、この認識とその実行は、エーベルトが臨時革命政府の主要な一員となったとき、さらに大幅な一歩を踏み出すのである。それを物語っているのは、一一月一二日に臨時政府が発信した一通の電報だった(34)。

陸軍最高司令部　御中

人民政府は、わが兵士たちの誰もが、筆舌に尽くせぬ苦しみと未曾有の窮乏ののちに近く郷里へ帰還することを、衷心より願望するものである。しかしながらこの目標が達成され得るのは、動員解除が秩序ある計画に即して行なわれる場合でしかない。個々の部隊が我勝ちに帰ろうと殺到するなら、自身をも、戦友たちをも、郷里をも、きわめて重大な危険にさらすことになる。飢餓と困窮の混沌状態が、その結果として生じざるを得ない。

人民政府は、貴職が不測の被害を防止するため厳しい自己抑制を講じられるよう期待する。

――我々は、陸軍最高司令部が人民政府の従前の声明を野戦軍に周知させ、以下のことを指示されるよう、懇請するものである。

1. 将校と兵とのあいだの関係は相互の理解に基づかなければならない。将校に対する兵の自発的な服従と、将校による戦友にふさわしい兵の扱いが、その必要条件である。

2. 将校が上官であるという関係は存続している。勤務中における絶対服従は、ドイツの郷里への送還にとって決定的な意義を持っている。軍紀および陸軍における規律は、それゆえ、いかなる状況においても維持されなければならない。

3. 兵士評議会は、将校と兵とのあいだの信頼の維持のために、糧食、休暇および懲戒処分の決定などの諸問題にさいして助言することができる。それら兵士評議会の最高の義務は、無秩序と暴動を阻止すべく努めることである。

4. 将校、軍属および兵員に対する食糧給付の平等。

5. 賃金に加算する賞与の平等。将校と兵員に対する野戦手当の平等。

6. 自国人民の構成員に対する武器の使用は、正当防衛の場合および略奪の阻止のためにのみ行なうことができる。

ベルリン、一九一八年一一月一二日

エーベルト、ハーゼ、シャイデマン、ディットマン、ランツベルク、バルト

ここで自明のこととして述べられている兵と将校との上下関係は、蜂起した海軍水兵たちが何より

もさきにその廃止を要求してきたものだった。一一月九日にベルリンで革命側の民衆に合流した陸軍兵士たちがまっさきにしたことも、自分の軍服から階級章を剝ぎとり、将校たちのそれをもむしり取ることだった。軍隊の非人間性は、階級の差別、とりわけ将校と兵とのあいだの踏み越えることのできない差別関係によって、象徴されていたのである。臨時革命政府の人民代理委員たちは、まったくの独断によって、これを旧秩序に戻した。しかもあろうことか、陸軍最高司令部に、それを指示したのである。陸軍最高司令部（略称＝ＯＨＬ）は、陸軍参謀本部が公的な意思表示を行なうさいに用いる別称で、参謀総長であるヒンデンブルク元帥が依然として最高司令官としての権限を掌握していた。人民代理委員たちは、プロイセンの軍国主義を、その軍隊制度もろとも維持し、しかもその軍隊によって「無秩序と暴動を阻止」しようとしたのである。

だが、それだけではなかった。この陸軍最高司令部あての電報から七年の歳月が過ぎたのち、それまで隠蔽され続けていたひとつの事実が明らかになったのである。一九二五年一〇月から一二月にかけてミュンヒェンで行なわれたある裁判で、ルーデンドルフの後任として革命当時の陸軍最高司令部第一参謀次長だったヴィルヘルム・グレーナーが、証人として出廷し、そこで歴史上のひとつの事実を明らかにしたのだ。

フリードリヒ・エーベルトは、一一月一〇日の夜、「ブッシュ曲馬館《サーカス》」での労働者・兵士評議会の全体会議で臨時政府の一員に選ばれたあと、ふたたび旧帝国宰相官房に戻った。夜半近くに、そこの電話のベルが鳴った。その思いがけない電話は、ベルギーのスパーに置かれた陸軍参謀本部のグレーナー中将からだった。エーベルトはまったく知らなかったのだが、参謀本部（陸軍最高司令部）と帝国宰相官房とは、秘密の専用電話回線で結ばれていたのである。その電話の内容と目的を、グレーナーは一九二五年の秋に、証人としての宣誓を行なった裁判の証言のなかで、初めて明らかにしたのだった。(35)

一一月一〇日における我々の目標は、秩序ある政府権力を導入すること、この権力を軍隊の力と可能なかぎり速やかな国民議会とによって支えることでした。わたしはまず陸軍元帥〔ヒンデンブルク〕に、革命を制圧するのに武器を用いて戦うことはしないようにという助言を行ないました。軍隊の現状からしてそのような戦いは破綻をきたす恐れがあったからです。陸軍最高司令部が多数派社会民主党と同盟を結ぶのがよい、とわたしは元帥に進言しました。なんらかの政府権力を陸軍最高司令部とともに再構成するのに充分なだけの影響力を人民のなかに、とりわけ大衆のあいだで持っている政党が、さしあたり存在しなかったからです。右翼政党はどれも完全に姿を消していましたし、極端な過激派と行動を共にすることは論外でした。

グレーナーが「我々」と呼んでいる密約当事者のひとり、多数派社会民主党の党首エーベルトは、この証言がなされたとき、すでにこの世の人ではなかった。その年の二月二八日に、密約が明らかになることも知らぬまま、五四歳で生涯を閉じていたのである。盗聴される恐れのない秘密の専用回線を使った電話で、いかにして革命を制圧するかという謀議を、革命政権の主席と帝国陸軍の最高首脳とが夜ごとに行なっていたのだった。革命政府が陸軍最高司令部あての電報で軍隊の階級を復活させることに言及したのも、この謀議でエーベルトがそれをグレーナーに約束していたからだった。停戦によって参謀本部が国内に移されてからも、この密約の謀議は毎夜半、十一時半ごろから定期的に続けられた。そしてその一方で、革命の臨時政府は、「筆舌に尽くせぬ苦しみと未曾有の窮乏ののちに郷里へ帰還」した野戦軍の兵士たちに向けて、革命の名において――軍隊の力と、可能なかぎり速やかに召集されるべき国民議会とによって、ほどなく殲滅されるはずの革命の名において――一一月二一日、美辞麗句にあふれた告知を発したのである。(36)

帰還兵士への告知

戦友たち！　ドイツ共和国は諸君にこころから、郷里へようこそお帰り！　と言おう。自分には何ひとつ発言権もなく、ほんの一握りの権力者たちが権勢と所有とを分かち合っていたような祖国のために、諸君は外地へ出動した。諸君はただ黙って戦うことしか許されなかったし、そのあいだにも諸君のかたわらで何十万人もが黙って死ななければならなかった。きょう諸君が帰ってきたのは、自分自身の国だ。そこでは今後、人民自身以外の誰ひとり、何かを言ったり決めたりすることはできない。諸君がいまふたたびその一員となるのは、その国なのだ。革命が呪縛を打ち破ったのだ。諸君と我々、ドイツは自由だ。我々の社会主義共和国は、もっとも自由な一員として諸民族民衆の同盟に加わることになるのだ。諸君はしかし、これまで諸君に与えられぬままだったすべての政治的権利を見出すだけではない。郷里は経済的にもまた諸君の所有する大地とならねばならぬ。我々の意図するところでは、そこではもはや誰も諸君を搾取し酷使してはならないのだ。諸君の戦友たちと労働者たちとの信頼によって任命され支えられている全国政府は、諸君のために労働を創出するつもりである。労働にさいしての安全保護と労働からの収入の上昇、八時間労働制、失業者援助、労働の創出、健康保険の拡充、住宅難の抑止、その機の熟している企業の社会化。すべては始まったばかりだが、一部はすでに法制化された！ 来たれ、そして新しい共和国とその未来の担い手たるべき一員として迎えられよ。もちろん、諸君はここに食料品やあらゆる経済的資材の不足を見出すに違いない。国内を困窮と欠乏が支配している。我々の助けとなり得るのは、共同の労働と連帯の行動だけである。ただひとつ、労働者と兵士たちにしっかり根ざした確固たる政府を持つドイツだけが、諸君が四年間にわたってそれのために戦い、それをひたすら願ってきたものを、これまでの我々の敵たちから獲得することができるのだ――すなわち、平和を！

人民代理委員評議会

エーベルト、ハーゼ、シャイデマン、ディットマン、ランツベルク、バルト

この告知は、内容から推測すればエーベルト以外の人民代理委員、おそらくＵＳＰＤのメンバーによって起草されたのだろう。しかしエーベルト以下のＳＰＤメンバーは、字句の修正を要求することもせずに、これを公布した。「社会主義共和国」も「企業の社会化」も、彼らにとっては、この告知の紙のうえでのことでしかなかったからだ。それがまったくの空言であり虚偽の公約であることを承知のうえでこれを公布する革命政府が、ドイツ革命を代表していたのである。

この告知が公布された翌日、一一月二二日に、ベルリン労兵評議会の「執行評議会」は、臨時政府である人民代理委員とのあいだで、当面の政治権力の行使について合意した。合意事項はつぎの三点だった。（一）政治権力は、ドイツ社会主義共和国の労働者・兵士評議会《レーテ》が掌握する。（二）ベルリン執行評議会が、当面、ドイツ労働者・兵士評議会の機能を果たす。（三）人民代理委員は、共和国の執行機関である。大ベルリン労働者・兵士評議会は、人民代理委員を任命し監督する。――だが、すでに既成事実を先行させて自分たちの道を突き進んでいた人民代理委員たち、とりわけＳＰＤの三委員は、この合意をいささかも意に介さなかった。

III 革命の現場

略年表 Ⅲ

1918.11. 3	軍港都市キールで武装蜂起　→「労働者兵士評議会《レーテ》」結成
11. 4	全国諸都市で蜂起,「労兵評議会」結成あいつぐ
～10	→11.10までに全国99の都市で結成
11. 7	バイエルン王国の首都ミュンヒェンで大衆デモ, 市を制圧
	→「バイエルン共和国」宣言, 首班クルト・アイスナー
11. 9	首都ベルリンで民衆蜂起, ドイツ帝国の崩壊
11. 9	ザクセン王国で「社会的共和国」の宣言
11. 9	ヴュルテンベルク王国で, 臨時政府樹立,「共和国」の宣言
11.10	オルデンブルク大公国で「共和国」樹立宣言
11.13	プロイセン新政府, 新選挙制度での制憲議会選挙を予告
11.14	バーデン大公国で「自由人民共和国」の宣言　→大公退位
11.16	大ベルリン労兵評議会執行評議会,「国民議会」選挙を容認
11.17	バイエルン革命祝典, アイスナー「評議会《レーテ》」について演説
12. 6	ベルリンで軍のクーデター, 民衆の抗議行動で敗退
12.16	ドイツ労兵評議会第1回総会,「ハンブルク条項」を決議
～21	(軍隊内での評議会権力の確保) →ヒンデンブルクが拒否
12.24	近衛師団,「人民海兵師団」を武力攻撃 (クリスマス危機)
	→民衆の反撃で敗退, エーベルト政権への非難高まる
12.29	USPD,「クリスマス危機」を画策したSPDとの連立解消
	→臨時革命政府からUSPD委員脱退し, SPD単独に
12.30	「ドイツ共産党」(KPD) 創立大会 (～1919.1.1)
1919. 1. 5	ベルリン警視総監アイヒホルン (USPD) 罷免反対デモ
1. 6	ベルリン「1月闘争」開始, 市街戦展開 (～1.12)
	→ノスケ,「血を追い求める犬」として闘争を武力殲滅
1. 9	「義勇軍団《フライコール》」志願者募集はじまる
1.10	「ブレーメン・レーテ共和国」樹立
1.15	ローザ・ルクセンブルクとカール・リープクネヒトの虐殺
1.19	戒厳令と軍による首都占領下で「国民議会」選挙を実施
2. 4	ベルリン政府軍・義勇軍団, ブレーメン革命を殲滅
2. 6	憲法制定の「国民議会」, ヴァイマルで開会
2.21	クルト・アイスナー暗殺　→バイエルン革命の混迷へ
4. 7	「バイエルン・レーテ共和国」宣言, 首班＝E・トラー
	→4.13　オイゲン・レヴィネ (KPD) 首班となる
5. 2	ベルリン政府軍・義勇軍団, バイエルン革命を殲滅
8.14	「ドイツ国憲法」(ヴァイマル憲法) 公布・施行

1 平和から変革へ——革命のさまざまな道

（1）破砕した統一国家

ドイツ帝国は、二二の君主制邦国と、君主ではなく市民階級《ブルジョアジー》が統治する三つの自由ハンザ同盟都市、それにひとつの帝国直属州から成っていた。そのために、プロイセン以外の各地で平和の実現と体制の変革を求めて蜂起した民衆が前にする支配権力は、首都ベルリンの場合とは異なっていた。ベルリンは、プロイセン王国の国王であると同時にドイツ帝国の皇帝でもあるホーエンツォレルン家当主、ヴィルヘルム二世の本拠地だった。そこでは、旧支配権力を打倒する戦いはそのままドイツ帝国打倒の戦いを意味した。しかし、それ以外の諸邦では、国家権力の掌握者はそれぞれの邦国の君主であり、ハンザ同盟都市の場合は、有産市民階級《ブルジョア》の代表である市参事会《ゼナート》（Senat）と呼ばれる統治機関だった。各地での革命は、それぞれの地方の権力者が取る対応によって、それぞれ異なる展開をたどることになる。そしてこの展開は、プロイセンの支配下で成立したドイツ帝国という統一国家が、一時的にであれ、ふたたび破砕して小国分立状態となる過程でもあった。いくつかの邦国や都市で、それぞれ独自に「共和国」の樹立が宣言されたからである。

そのうちのひとつ、バーデン大公国は、軍部と皇帝によって敗戦処理内閣の首班として利用されたマックス・フォン・バーデンの膝元《ひざもと》だった。そこでは、一一月九日、ベルリンでの民衆蜂起を知った君主の大公フリードリヒ・フォン・バーデンが、ただちに国民に向けた布告を発した。この布告で彼は、一一月一五日に国会を召集してそこで新しい憲法（すなわち新しい国家体制）について審議することを、約束した。しかし、事態はすでに動き始めていた。バーデンは、地理的には大国ではなく、その面積はプロイセンの二〇分の一、バイエルンの五分の一に過ぎなかったが、ライン川右岸の都市マンハイムは、対岸に位置するバイエルンの飛び地領ルートヴィヒスハーフェンとともに、ドイツ有数の近代的工業都市だった。USPD（独立社会民主党）が労働者運動のイニシアティヴを握るこの両都市で、すでに一一月七日に、ストライキと街頭での示威行動が始まっていた。そして翌八日には、マンハイムで労働者評議会が結成された。さらに九日には、バーデン国内のすべての都市で労兵評議会が結成され、それらのいずれもが、大公の退位を要求した。

一一月一〇日の早朝、マンハイム労兵評議会の行動委員会は「共和国」樹立を宣言した。一方、SPD（社会民主党）が主導権を握っていた首都カールスルーエでは、この日、両社会民主党と、国民自由党、進歩党、中央党の三リベラル政党とから成る新政府、「臨時人民政府」が構成された。大公はこれに対し、カールスルーエだけで形成された政府には憲法上の見地から同意できないが、当面の状況によってそれが生まれたという事情を考慮して、自分はそれを妨げない、と言明した。こうして連立政府は新憲法制定のための議会の開催に向けて動き始めた。だがもう一方では、別の道を切り開こうとする試みが続けられていた。一一月一二日、カールスルーエの兵士評議会は、「バーデン社会主義共和国」樹立の声明を行なうことを反対一票で可決し、労働者評議会も反対三の圧倒的多数でそれに同調した。首都ベルリンでと同様に、ここでも、労兵評議会と臨時政府という革命の二重権力状態が生まれたのである。この状況のなかで、大公は一三日、制憲議会が新しい国家体制を決定するまで自分は国家権力を行使しない、と声明し、その翌日、「臨時人民政府」は権力掌握を宣言する布告を発表した(37)。

布　告

大公は施政権の行使を断念した。

すべての国家権力はバーデン臨時人民政府が掌握している。

我々はここに、バーデンは自由人民共和国であることを宣言する。

国家形態についての最終的な決定は、バーデン国民議会が行なう。

国民議会の選挙は、一九一九年一月五日に行なわれるであろう。同議会は、選挙後一〇日以内にカールスルーエで開会される。

国民議会の選挙は、平等、直接、秘密の普通選挙権により、選挙当日バーデン国民である二〇歳以上の男女全員による比例代表制に基づいて行なわれる。

臨時人民政府

〔強調は原文のまま〕

この声明に対して、カールスルーエで開かれた労兵評議会の全邦代表者会議は、つぎのような決議を全会一致で行なった。「労働者・兵士評議会は、バーデンは自由人民共和国であるとするバーデン臨時人民政府の告知について、当面の目的という点で満足すべきものであることを、ここに言明する。」

――革命の二重権力は、ここでは、「社会主義共和国」への道のまず第一段階として「自由な人民共和国」に同意した評議会側《レーテ》によって、衝突を回避したのだった。一一月一二日、すでに妃とともに有名な温泉地、バーデン・バーデンへ隠退していた君主バーデン大公は、自発的な退位を表明し、併せて、大公位継承者である従弟マックス・フォン・バーデン（前・帝国宰相）の継承権放棄の意思をも発表した。「自由人民共和国」のバーデンは、その名のとおり、もはや君主を持たなくなった。そして、バーデンの臨時人民政府が共和国を宣言する三日前の一一月一〇日には、もうひとつの大公国、オルデンブルクでも、共和国の樹立が宣言されていたのだった。

ベルリンを中心とするプロイセンのブランデンブルク州と境を接してその南に位置したザクセン王国では、すでに一一月五日から、ドレースデン、ライプツィヒ、ケムニッツなどの都市で大規模な大衆デモが続発し、それには兵士たちも参加していた。これら三都市では、八日から九日にかけて相次いで労兵評議会が結成され、九日には、SPDとUSPDによって合同で形成された統一の労兵評議会が、国王の廃位と邦議会両院の廃止を決定し、「社会的共和国」を宣言した。さらに、一一月一四日の労兵評議会の声明「ザクセン民衆に告ぐ！」では、「資本主義体制は崩壊するに至った」こと、「ブルジョア的君主制の政府は打倒され、革命的なプロレタリアートが公的な権力を引き継いだ」こと、「その目的は社会主義共和国」の建設であることが宣言され、生産の社会化や基幹産業・交通・銀行などに関わる私有財産の没収などが、これからなされるべき課題として示されていた。このような社会主義的方針が、諸都市での個別の労兵評議会権力によってではなく一王国を包括する「共和国」の規模で提起されたことは、ザクセンのきわだった特色だった。

こうしたさまざまな展開を、ベルリン以外の諸地域における革命は、ベルリンとは別個にたどっていたのである。このような過程は、ドイツ帝国がじつは有機的な統一国民国家ではなく、プロイセンの強権力、とりわけ軍事力による強圧的な統合支配の国家機関だったことを、物語っていたと言えるだろう。

とりわけ、プロイセン、バイエルン、ザクセンと並ぶもうひとつの王国、ヴュルテンベルクの崩壊は、その独特の経過によって、ドイツ革命の歴史のなかで異彩を放っている。

SPDのシャイデマンとスパルタクス・グループのリープクネヒトが、ベルリンにおいて、いずれも個人で共和国の宣言を行なったのと同じ一一月九日午後、南西ドイツのヴュルテンベルク王国の首都シュトゥットガルトでは、臨時政府が樹立され、その政府によって「共和国」を宣言する布告が発せられた。それより三日前の一一月六日、ヴュルテンベルクでは、迫りくる革命の波に対処するため、国王ヴィルヘルムが、これまでの内閣を解任して、新たにSPDの一名を加えた新内閣を発足させるとともに、憲法制定のための議会選挙を行なうことを決定していた。その選挙では二四歳以上の邦国民男女すべてに選挙権が与えられること、選挙によって選ばれたその制憲議会が今後の国家のありかたを決定すること、そしてその決定に国王は無条件に従うこと――このような内容を明記した布告が、一一月九日朝、国王と内閣との連名で公布された。けれども、これが公布されたときにはすでに、王宮前の広場とその近隣は集会の群衆で埋められていた。両社会民主党と労働組合の連合組織とが、この日にゼネストを決行するよう、呼びかけていたのである。

シュトゥットガルトでは、一一月四日に大機械産業のダイムラー・モーター工場で大規模なストライキが開始され、そこで労働者・兵士評議会の結成と共和国の宣言を要求する決議が採択されていた。九日のゼネストは、その提起を受けて決行されたのだった。午前一〇時前から集まった労働者たちに、赤旗を掲げた兵士の集団が加わり、参加者たちの要求で「共和国」が宣言された。集会はその後、市内のデモ行進に移ったが、一部の兵士たちは王宮の守備兵を武装解除して王宮に入った。彼らは国王ヴィルヘルム二世（ドイツ皇帝とは別人）に向かって王の廃位を宣告し、自分の手で国王旗を降ろして赤旗を掲げるよう王に要求した。国王がこれを拒むと、兵士たちは自分たちでそれを実行して引き揚げた。巨大なデモの波は、市の目抜き通りを埋め尽くした。兵営内の兵士たちがデモ隊に合流した。軍隊の刑務所が襲撃され、囚人が解放された。軍事裁判所ではちょうど審理が行なわれていたが、そこへ踏み込んだ群衆は、裁判書類を街路に放り出し、被告の兵士たちを釈放した。流血を見ることなく、その日のうちに、USPD五名とSPD四名の活動家から成る臨時革命政府が発足した。USPDのうちのひとりで財務担当の人民委員となったのは、スパルタクス・グループの一員で、のちにドイツ共産党（KPD）の最高幹部となるアウグスト・タールハイマーだった。臨時政府はただちにヴュルテンベルクの人民に呼びかける布告を発表した。(38)

> ヴュルテンベルクの人民に呼びかける！
>
> ひとつの壮大な、だが幸せにも無血の革命が、きょう遂行された。共和国が宣言されたのである。
>
> 民主主義と自由との新しい一時代が始まる。古い強権力は退場する。そして、革命を成し遂げ

た人民が政治権力を引き継ぐのだ。

人民の代表をさしあたり構成するのは、自由労働組合、社会民主党、独立社会民主党および労働者・兵士評議会それぞれのうちから任命された行動委員会であり、この委員会が公共の安全を維持するために必要な処置を講ずるさいには、フォン・エッビングハウス将軍とその将校団が任に当たることとなった。上記の諸団体は、行政事務を継続するための専門の適任者を、政治上あるいは宗教上の思想信条にこだわることなく招致するであろう。

政府は臨時のものであり、政府綱領において明らかにする選挙制度に基づいた憲法制定のための全邦集会を準備することが、みずからの第一の任務であると見なしている。〔……〕

包括的な社会的改革が準備されている。

邦国内の他の市町村の住民には、シュトゥットガルトの住民によって示された実例に倣《なら》うよう、そして邦首都との経済的その他の関係に停滞を生じさせないよう、要請する。我々は、本邦の全住民とあらゆる自営業階層の利益をきわめて強く受け止めることこそ、我々の特別の義務であると見なすであろう。

我々は万国の労働者と兵士に兄弟の挨拶を送る。そして諸君が革命的なドイツ人民と連帯行動を取ることによって、公正にして即時かつ永続的な平和を招来する助けをされるよう、要請する。

シュトゥットガルト、一九一八年一一月九日
臨時政府〔以下、九名連名〕

けれども、この社会民主主義者だけの政権は、わずか四八時間しか続かなかった。布告が述べていたとおり、旧体制の代表者を「専門の適任者」として入閣させたのである。一一月一一日、財務担当のスパルタキスト、タールハイマーと、法務担当のSPDのマットタートが臨時政府から退き、代わってブルジョア政党の三名が迎え入れられた。しかも、共和国の臨時政府は、治安維持のために既存の軍隊と手を結んだのだった。こうして、旧制度の代表者たちと帝国軍隊とが、延命し、それどころか革命の針路を左右することになった。この経過は、ドイツ革命総体がそののち歩む道を予言するものだった。再構成された政府は、革命はさしあたり完遂され、すべての公的な権力は臨時政府が掌握している、と言明した。ヴュルテンベルクのSPDはそれを全面的に支持し、労兵評議会は臨時政府の上にあるのではなく政府の単なる一機関に過ぎない、という見解を表明した。これによって、この王国での旧体制打倒の運動は、既存の国家機関と経済構造をすべてそのまま存続させて、鎮静化に向かった。――ただ、国王はもはや居るべき場を持たなかった。一一月三〇日、国王ヴィルヘルム二世は退位した。これに対して革命政府は、国王に感謝状を贈ったのである。(39)

> 臨時政府は国王の退位を歓迎いたします。ヴュルテンベルク憲法第七条の意味における王位継承は、一一月九日の激変によって創出された状況ののちとなっては、もはやあり得ません。臨時政府は人民の名において、国王がすべての行動にあたり郷土と人民とに対する愛情に依拠しておられたこと、そして自発的な退位によって今後の自由な発展のための道を平坦たらしめるのに貢献されたことを、感謝いたします。ヴュルテンベルク人民は、国王がその妃とともに、隣

人愛の仕事においてつねに高貴なかつ救いに満ちた行動をなされたことを、忘れません。
シュトゥットガルト、一九一八年一一月三〇日
臨時政府〔以下、八名連名〕

（2）バイエルン共和国とクルト・アイスナー

一九一八年一一月九日に首都ベルリンを民衆が制圧したとき、すでにドイツ帝国各地の八〇を超える都市で、労働者と兵士たちが評議会《レーテ》を結成して旧体制の打破に着手していた。なかでも、プロイセンに次ぐ大邦国だったバイエルン王国の首都ミュンヒェンでは、革命は急速な進展を見せた。一一月七日に両社会民主党の呼びかけで行なわれた平和と自由を求める集会とデモが、そのまま現体制打倒を要求する行動となった。参加した二〇万人の民衆の一部が、流れ解散を拒否して、その日の夕方に労働者・兵士・農民評議会を結成した。それだけでなく、有名な古いビアホール、「マテザー」（Mathäser）を革命本部にして、夜を徹して革命の遂行をめぐる議論をつづけ、翌八日未明にはその労兵農評議会によって「バイエルン共和国」の樹立宣言が発せられるところまで進んだのである。そのときにはすでに、国王はミュンヒェンの王宮から密かに立ち去っていた。

ベルリンの「人民代理委員評議会」は、みずからがドイツ帝国に代わる新しい「共和国」の政府であることを当然のように自任していたが、それとはまったく別の共和国が、しかもそれよりも二日前に、旧帝国内で樹立されていたのである。それは、フランス革命の衝撃を受けて一七九三年三月にラ

イン川沿岸のマインツ選帝侯領に誕生し、わずか三カ月間だけ存続した「マインツ共和国」に次いで、ドイツ史上で二番目の共和国だった。

歴史における個人の役割を過大視する英雄史観は、誤謬である以前に滑稽でしかない。だが、丸半年のあいだ変転を重ねながら新しい社会への模索をつづけたバイエルン共和国の歴史は、その第一期におけるクルト・アイスナーというひとりの人物の思想と実践がなかったとしたら、まったく別のものになっていただろう。それどころか、ドイツ革命そのものの歴史的な意味が、大きく変わっていたに違いない。

一八六七年五月にベルリンで生まれたアイスナーは、一八九一年からSPDの中央機関紙『フォーアヴェルツ』（前進）の編集部員となり、ほどなくSPDに入党した。一九一〇年からはミュンヒェンに移住して、党の地方機関紙『ミュンヒェナー・ポスト』（*Münchener Post* ＝ミュンヒェン報知）の編集者として働くとともに、文化評論の筆をふるった。一九一四年夏の開戦にあたっては、ロシア・ツァーリズムの侵略に抗するためとして戦争を支持する立場を取り、やがてその誤りを悟ってUSPDの結党に加わることになる。戦争末期の一九一八年一月二八日にドイツ全土で大規模な反戦のストライキと街頭デモが始まり、その「一月闘争」にミュンヒェンの民衆もまた加わったとき、かねて当局から目を付けられていたアイスナーは叛逆罪の容疑で逮捕され、そのまま長期拘留された。八月末になって、ミュンヒェン選出の帝国議会議員であり邦議会議員でもあったSPDの一幹部が辞職し、もうひとつの社会主義政党であるUSPDは、予定される補欠選挙にアイスナーを党の候補として擁立することを決定した。そのためようやく一〇月一五日に、帝国最高裁判所が未決拘留中のアイスナーの釈放を命じたのだった。だが、選挙が行なわれる以前に、革命の波がミュンヒェンを呑み込んだ。一一月七日に結成された労働者・兵士・農民評議会によって、アイスナーは評議会政府の第一議長、すなわち政府首班に選ばれたのである。

バイエルン革命は、労働者と兵士だけでなく農民の代表もともに評議会政府を構成したという点で、それ以外のドイツ各地の革命とは大きく異なっていた。農民たちのなかに根を下ろし、「バイエルン農民同盟」（Der《デァ》 Bayerische《バイエリッシェ》 Bauernbund《バウアーンブント》 ＝ ＢＢ《ベーベー》）の左派メンバーとして農民運動を担ってきたルートヴィヒとカールのガンドルファー兄弟が、アイスナーら労働者運動の活動家たちと緊密に連携したのである。だが、バイエルン革命を、その初期においてくっきりと特徴づけたのは、クルト・アイスナーという社会主義者のきわめて個性的な思想と実践だった。

革命政府が構成されてから一〇日後の一一月一七日、政府は、ミュンヒェン国立劇場の大ホールで、革命を祝う式典を開催した。赤い腕章や赤いリボン以外に何の飾りもない普段の服装で参加した住民たちは、すべて抽選によって入場券を得た人びとだった。普通なら壇上に並ぶはずの政府閣僚たちの姿も、そこにはなかった。それぞれが、会場のあちこちで、抽選で当たった席に坐っていたからである。満場の拍手で迎えられて壇上に立ったアイスナーは、まず、こう叫んだ、「友人たちよ！」（Freunde!《フロインデ》）——それは、ベートーヴェン『第九交響曲』の合唱に先立つアリアの冒頭の一句だった。ベートーヴェンの曲ではそのあと「この響きにあらず」（nicht《ニヒト》 diese《ディーゼ》 Töne《テーネ》）とつづくところを、彼はこう語ったのである、「たったいまあなたがたの魂にのしかかった音色は、専制政治の妄想のおぞましさを描いています。世界は奈落の底に沈み、粉々に打ち砕かれているようです。そこに突如として、暗闇と絶望のなかからトランペットの合図が鳴り響き、新しい大地、新しい人類、新しい自由の登場を、予告します。これが、ベートーヴェンの見ていた世界の運命でした。このような心を、憧憬によって重くなった心を、彼は、抑圧された彼の生涯のどんなときにも、抱《いだ》きつづけたのです(40)」。

友人たちよ！　我々がいまこの数日間に体験してきたことは、現実となったお伽噺《とぎばなし》なのだ。運命がわずかな数の人間たちを選び出したのは、我々が四年半にわたって耐え忍ばなければならなかった恐ろしい出来事を一気に乗り越えるという使命を与えるためでした。我々はもはや後ろを振り返る必要などないのです。前を見ることが許されるのであり、もっとも実りある創造の一時代が待ちかまえていることを、確信できるのです。〔……〕／何を我々はしようとしたのか？／何を我々はしようとするのか？／我々は、ドイツが、バイエルンが、崩落の恐れに瀕していたそのときに、それを救う軍勢を人民大衆のなかから形成しようとしたのです。それが、この転覆の意味だったのです。／しかし友人たちよ、我々はさらにもっと別のこともしようとしているのだ。ついにこうしてひとつの革命が、ひょっとすると世界史で最初の革命が、理念、理想と、現実とを、合一させるという実例を、世界に示そうとしているのです。〔……〕我々はいま、逆行や障害や暴力なしに新しい自由への道を見出すことに成功するだろうという確信を抱いています。我々は民主主義者であり社会主義者です。我々は、何年かに一度すべての市民が選挙権を行使し、新しい大臣たちと新しい議会とによって世の中を支配することが民主主義だ、などとは考えません。新しい形の革命を見出した我々、その我々はまた、新しい形の民主主義を発展させることを、試みるのです。我々は、都市と農村のあらゆる働く人びとの恒常的な共同作業を行なおうとしているのです。（嵐のような喝采《ブラボー》）〔……〕

我々は社会主義者です。というのはつまり、我々は、大衆のうえにも個々人のうえにも重くのしかかっている経済秩序を除去しようとするのであり、生まれてきた人間の誰しもが自分の天分を発揮することができるということを、そして生存を確実に保証されながらこの地上の生命のわずかな年月を、理想に満ち、労働の喜びを味わいつつ生き尽くすことができるということを、そのことを達成しようとするのです。我々がきわめて犯罪的に人間生命を弄《もてあそ》んできたほかならぬまこそ、人間生命のどれひとつもが我々にとって神聖なのです。〔……〕純粋な心と、明澄な精神と、強固な意志とを持つすべてのものが、新しい仕事のためにともに働くことを呼びかけられている。かつてあったことは忘れよう。これからあるであろうことを信じよう。新しい年号が始まるのです。そして、ほんの手助けをした我々は、人類を導く暗い運命に対する謙虚な畏敬の念をもって、こう告白するのです――世界を自由ならしめるために我々が力添えすることを許してくれたこの謎に満ちた諸力に、我々は感謝している、と。自由が頭を上げた、その呼び声に従おう！（嵐のような拍手）

理想と現実とを合一させるということこそは、すべての革命の目標であり課題であるはずだった。しかし、遠い理想が近い現実によって遮蔽され、近い現実が遠い理想よりも重視されるということが、ドイツ革命の実践においてもまた、さまざまな局面で、自明のこととしてなされた。だが、アイスナーが志を同じくするものたちとともにバイエルンで実現しようとした自由の共和国、民主主義と社会主義との合作による人間解放の試みは、理想と現実との合一があたかもお伽噺《メールヒェン》の世界でのように実現できる、という確信に根ざしていた。この確信を、彼は革命の最初期に、労働者・兵士・農民評議会の会議のなかでの体験から得たのだった。「いまだになお昨日の精神が支配しており、いまだになお舌は何を話すかを知らず、いまだになお脳は何を考えるかを知らず、意志は何をなすべきかを知らない。しかしこれはみな、明らかに当面の混迷であり、過去の残響なのだ。きのうバイエルン兵士評議会の会議に出たものは、そのときのことを忘れない。突然召集されたきのうの兵士評議会会議におけるほど多くの新しい考えが浮かんだことは、議会では一度としてなかったし、多くの提案に対してあれほど熱心に耳が傾けられ、それらがあれほど理解に満ちた受け取られかたをしたことも、議会ではかつて一度もなかった。これが新しい時代だったのだ。この地味な集会のなかで、新しい時代の心臓が鼓動していたのだ。」――この体験を、アイスナーは評議会《レーテ》制度についての彼の確固たる思想に高めたのだった。一二月一二日にUSPDの党員たちを前にした演説のなかで、彼はつぎのように語っている。

革命のなかでわたしと肩を並べて闘ってきた友人について書いたのを読んでくださったと思うが、その友人は、裾《すそ》のほつれたズボンをはいた仕事嫌いの機械工職人だった。ところが、その彼がいまは大臣で、彼より前のどんな大臣にも引けを取らないくらいよく任務を果たしている。(拍手)〔……〕評議会《レーテ》が民主主義の学校とならなければならない。そこからいろいろな人物たちが政治的および経済的な仕事へと育っていかなければならない。これこそは社会主義のもっとも深い意味なのだ。すなわち、全員が自発性を持つこと。「大衆」の「代表者」たち――彼らがどれほど有能であろうが、どれほど有益な仕事を成し遂げようが、所詮は成り上がった連中だ。労働者・兵士・農民評議会のなかでは、都会でも農村でも、そこでは誰もが学ぶことができ、政治的および経済的な活動をすることができる。それゆえに、党員同志諸君、その民主主義的な組織が、大衆自身にとって将来は直接すべての発展の基盤となるに違いないというこの考えを、わたしはどんなことがあっても手放さない。（拍手）そこでは、理想主義が働きを発揮し、そこでは、自由な開かれた活動が可能だ。そこでは、どんな指導者も、どんな服従者もいない。そこでは大衆自身が生きるのだ。これもまた革命の成果だ。とてつもなく大きな成果だ。〔……〕全体のために働き、全体の利益のために自己を犠牲にするという政治的な能力が、ドイツ民衆のなかにも生きているということについて、わたしはもはやなんの疑

ベルリンでの各邦代表者会議（本書188ページ）に出席するクルト・アイスナー（左）。右は、ベルリン駐在のバイエルン臨時公使フリードリヒ・ムックレ。出典：S. Haffner：*Die deutsche Revolution 1918/19.*（A-6）

いも持っていない。評議会は民主主義の土台であり、国民議会は、国の議会は、建物の頂点の屋根である。だがこの屋根は、もしもそれが労働者評議会なり労働者部会なり、まあ名前はどうでもよいが、それの力と意志とによって支えられているのでなければ、君主制の頂点たる王冠とまったく同じように崩落するだろう。（拍手）それゆえわたしは、国民議会をも恐れない。それがどんなものになろうと。しかしその国民議会には、この議会が過去を完全に清算したものとなり、新しい精神がそこに入ることになるよう、助力されることをお願いする。

この演説は、一カ月後の一月一二日に予定されているバイエルン国民議会の選挙に向けたUSPDの集会で、なされたものだった。それゆえ、ここで語られている国民議会は、労働者・兵士・農民評議会と同じく、アイスナーが「自由国家」と呼ぶバイエルン共和国のそれであり、アイスナーの構想はバイエルン独自のものにほかならなかった。しかし、この彼の理念は、ドイツ革命の総体がたどる道のなかで、ひとつの選択肢を明確に提起していたのである。そして、みずからこの選択肢を選んだバイエルンの革命は、こののち、まったく予期されなかった展開をたどることになったのである。

（3）専制と独占支配に終止符を……

帝国政府の終焉とともに、プロイセン王国の政府も崩壊した。首都ベルリンを民衆が制圧する前日、一一月八日にはすでに、革命の津波がベルリンに迫っていることを察知したプロイセン政府の大臣たちから、辞任の申し出が相次いだ。国王である皇帝がスパーの大本営に逃避している状況下で、あわただしく内閣の再構成が試みられたものの、ほどこすすべもないままに、プロイセン王国政府は終息した。プロイセンでも、新しい政府はSPDとUSPDとの合意によって成立し、まず両党それぞれ三名の人民委員によって政権が構成されたのち、一一月二七日にようやくすべての閣僚が確定することになる。

まだ未完成の新政権は、一一月一三日、「プロイセン人民に告ぐ！」と題した政策綱領《プログラム》を「プロイセン政府」の名で発表した。(41)綱領は、プロイセンが帝国および他の諸邦と同じように人民の意志によって自由な国家となったことを宣言し、「新しいプロイセン国政府の任務は、根本から反動的な古いプロイセンを、可能なかぎり迅速に、統一的な人民共和国の完全に民主主義的な一構成部分に変えることである」（強調は原文のまま）として、そのための当面の課題を列挙していた。その課題のひとつが憲法制定議会の選挙だった。ここでもまた、SPDとUSPDがその留保を合意していたはずの議会制度が、自明のこととされたのである。

だが、その制憲議会の選挙について、綱領は「それの選挙は、すべての男女の平等な選挙権に基づき比例選挙制度によって行なわれる」と述べていた。これは、ほかならぬプロイセンの民衆にとっては、革命がもたらした画期的な改革だった。なぜなら、プロイセンの国政選挙は、ドイツ帝国議会の選挙制度とさえも比較にならないくらい非民主的な制度によって行なわれていたからである。SPDはすでに一九世紀末から、民衆の声を代表してその改革を要求しつづけていた。大戦末期に近い一九一七年四月七日には、高まる反戦運動に対処するため、皇帝が「復活祭教書」でプロイセン選挙制度の見直しを示唆したが、それが実行されないまま敗戦を迎えていたのだった。

プロイセン王国の国会は、皇帝によって貴族階級のうちから議員が任命される「貴族院」(Herrenhaus《ヘレンハウス》=上院)と、選挙で議員が選ばれる「衆議院」(Abgeordnetenhaus《アブゲオルドネテンハウス》=下院)との二院制になっていた。問題の選挙制度はもちろん衆議院に関わるものである。そのプロイセン国会衆議院の選挙制度は、一八四八年「三月革命」の敗北後に制定されたのち、本質的な改定なしに存続してきたもので、一般に「三階級選挙制度」と称される限定的で不平等で非直接かつ非秘密の方式によっていた。その仕組みの概略を記せば、つぎのようなものだった。

①有権者は、満二四歳以上の男性のプロイセン国民。

②選挙は二段階で行なわれる。第一段階では、有権者が投票によって「選挙人」を選出。第二段階では、選出された「選挙人」が議員候補者に投票して議員当選者が決定される。

③第一段階の「原選挙区」には、人口二五〇人ごとに一名の「選挙人」定員が割り当てられ、各原選挙区は三名ないし六名の選挙人を選出する(一選挙区の人口が七五〇人ないし一七四九人となる)。

④各原選挙区では三部(三階級)に分けて投票が行なわれ、候補者はそのいずれかの部(階級)で立候補する。その選挙区で選出される選挙人の定員が三名なら、各部(各階級)ごとに一名を選出。四名なら第二部で二名、第一、三部で各一名を選出。定員五名なら、第一、三部で各二名、第二部で一名を選出。定員六名なら各部で二名を選出する。

⑤各選挙区の有権者がどの部(階級)に割り振られるかは、以下のようにして決まる。——その選挙区内で納められる国税(営業税・土地税・所得税)の納入総額の三分の一に達するまで、納税額が多い順に各納税者を第一階級の有権者(投票資格者)として割り振る。例えば、納税額の順に上から

一〇人目の有権者で、選挙区の納税総額の三分の一に達すれば、つぎの順位、一一人目以下の有権者は第二階級に割り振られる。こうして、第二階級でも同様に納税総額の三分の一に達するまで、納税額の順に有権者を割り振り、三分の一に達すれば、それ以下を第三階級に割り振る。

⑥選挙人立候補者は、自分が割り振られた階級で投票するが、立候補はどの階級でしてもよい。つまり、納税額では第一階級であっても、例えば第三階級の候補者として立候補できる。

⑦原選挙区での投票は、第一、二、三階級とも同時に同じ投票所で行なわれ、投票者は立会人と他の有権者との面前で、声によって自分が投票する候補者を定員の数（一名もしくは二名）だけ申告する。

⑧投票は第三階級、第二階級、第一階級の順で行なわれる。各階級とも、有権者は納税額が高い順に投票する。各階級の投票が終われば、その階級の有権者はすべて退場しなければならない。したがって、多額納税者は最後まで投票を見届けることができるが、低額納税者が高額納税者の投票を知ることはできない。

⑨それぞれの階級で過半数の得票を得た選挙人候補者が当選者となる。過半数に達する候補者がない場合、もしくは定員二名で第二位の候補が過半数に達していない場合は、決戦投票を行なう。

⑩原選挙区で選ばれた「選挙人」は、第二段階の各選挙区で議員候補者に投票し、約四四〇名（有権者数によって変動がある）のプロイセン国会衆議院議員が選出される。

――この選挙制度によって、多額納税者の意思が反映される度合いは、低額納税者とは比較にならないほど大きくなる。第一階級で一名の選挙人を選ぶ有権者の人数は、第三階級で同じ一名を選ぶさいの有権者の人数とは、比べものにならないくらい少数だからだ。例えば一九〇六年の選挙の場合、第一階級は全有権者の三・三六％、第二階級は一二・〇七％、そして第三階級はじつに八四・五七％に上ったのである。また、一九〇八年の選挙では、全国で二万九〇二八あった原選挙区のうち、二二八三の選挙区で、第一階級の有権者はたった一名だった。上院が貴族階級の代表である一方、選挙制度に基づく下院は、文字どおり有産階級の代表機関だった。どちらの階級とも無縁な社会の下層の人びとの声と思いは、政治に反映されるべくもなかった。[42]——まさしく「金権政治」(Plutokratie《プルトクラティー》)と呼ぶにふさわしいこの不合理な選挙制度が、革命によって初めて見直されることになったのである。この改革は、全国規模の暫定政府、「人民代理委員評議会」が、一一月一二日の布告（八〇～八一ページ）によって初めて一連の基本的人権を認めたことと並んで、ドイツの歴史上、これまでに例のないくらいきわめて重要な出来事だった。選挙制度の改革は、プロイセン一国に関わることとはいえ、そのプロイセンは、面積においてドイツ全土の六一・五％、人口においてその六二・七％を占める大国であり、政治と経済と軍事との中心でもあったからだ。

　基本的人権の保障や選挙制度の改革は、社会の構成員である個々人の側からの、人間解放の一過程である。他方、国家社会の経済構造の改革の側から試みられる人間解放の一過程が、社会の基礎設備《インフラ》および基幹産業の「社会化」(Sozialisierung《ゾツィアリジールング》)だった。交通機関や電気・水道などの基礎設備と、炭鉱・鉱山や製鉄・鉄鋼業、重化学工業、電気機械産業などを重点的に社会化すること——つまりそれらの企業を国有化、あるいは公営化して社会の共有企業とすることは、資本主義経済体制によって成り立つ社会を社会主義体制に移行させるうえで、避けて通ることのできない一過程なのだ。ベルリン労兵評議会の執行評議会だけでなく、「人民代理委員評議会」という名の臨時革命政府もまた新しいドイツを「社会主義共和国」と称する以上、政府は諸企業の社会化に着手しないわけにはいかなかった。しかし、それは、従来の国家において巨大な利益を得てきた大企業――クルップ、テュッセンなどの鉱山・鉄鋼コンツェルン、ボッシュやボルジヒその他の機械工業、ジーメンスやアルゲマイネ電機コンツェルンなどの電気機械産業、バーデン・アニリン＝ソーダ工業などの重化学工業、等々――を、根底から解体することを意味したのである。軍需産業でもあったこれら大企業、とりわけ日本の財閥にほぼ相当するコンツェルン（銀行・持株会社を中核とする大規模企業結合体）の大資本家たちがこれに必死の抵抗を試みることは、自明の理だった。

人民代理委員評議会のＵＳＰＤ委員たちの強い要求によって、政府は一一月一八日に、それにふさわしい産業部門の社会化を審議するために「産業社会化準備委員会」（略称＝社会化委員会）という専門委員会を設置することを決定した。しかしＳＰＤ側は、その委員会に産業界の代表を加えることを主張し、それを実現したのだった。ＵＳＰＤ右派の理論家であるカール・カウツキーが座長となって開かれたその委員会には、ＳＰＤからはハインリヒ・クーノー、ＵＳＰＤからはルードルフ・ヒルファーディングなど、世界的に著名な経済学者も参加した。一二月一一日に、委員会は以下の計画案をまとめた。

①それに適した成熟を遂げている経済部門を、補償付きで国有化し、または国の管理下に移す。②信用銀行（一般の市中銀行）および輸出関連産業は、従来の所有関係のままとする。③生産が再び活性化することが、いかなる社会化にとってもまず第一の前提である。

この計画案そのものが、ＵＳＰＤ側の委員たちからすれば不本意なものだったが、これについてさえも、産業界の代表委員たちと、臨時政府で経済担当行政長官の位置にあるアウグスト・ミュラーらSPD委員たちとの抵抗によって、具体的な改革案を作成する作業は遅々として進まなかった。委員会はようやく「炭鉱の社会化」、「一定の基礎設備《インフラ》の自治体による公有化」、「漁業と保険業の国有化」について検討を行ない、年を越した一九一九年一月七日の委員会で、「炭鉱の社会化」だけが実現目標として示された。

SPDは、重要産業部門の社会化には、消極的どころかむしろ否定的だった。大企業を敵に回せば、ただでさえ危機的な国民への食糧供給がますます困難になる、というのがその公式の理由だった。しかし、社会化に対するSPDの否定的な態度が、革命による変革ではなく資本主義体制の枠内での社会改良こそが現実的である、とするベルンシュタインの「修正主義」と共通した観念に基づく方針だったことは、否定できないだろう。それは、USPDの左派、オプロイテやスパルタクス・グループの目標とは、真っ向から対立する構想だった。とりわけ、これまでその機関誌名によって「スパルタクス」を自称してきたグループ——一一月一一日に「スパルタクス同盟《ブント》」(Spartakusbund)を正式に結成し、やがて「ドイツ共産党」となるグループは、社会構造総体の社会主義化を要求して、SPDに対する批判をいっそう激しく展開しはじめるのである。

こうして、旧帝国の二二に及ぶ君主国のすべてで、ひとりの君主も処刑することなく成し遂げられた旧政体の打倒は、そのあとにどのような政治社会制度を構築するのかをめぐって、新たな闘争の段階に移っていくことになる。

2 「平穏と秩序」はどのように実現されたか？

（1） ベルリン、一二月危機

臨時政府の主導権を握ったのは、傘下の労働組合組織を強力な後ろ楯とする多数派社会主義政党、SPDの人民代理委員たちだった。彼らは、臨時政府の成立によって革命は達成されたのであり、その政府のもとで具体的な改革を進める段階である、と考えていた。その改革のまず第一段階が、憲法を制定するための国民議会の招集だった。これに対して、政治・経済・社会のありかたを根底から変えることを目指し、そのために政治の主体である民衆の意思決定の形態そのものを変革しなければならないとする評議会《レーテ》革命派は、全国各地の職場や軍隊の各部隊に評議会を構成して民衆の主体的な意思決定を行なう過程がこれから始まるのであり、その過程が革命そのものなのだ、と考えていた。臨時政府と並ぶもうひとつの政治機構である大ベルリン労働者・兵士評議会の「執行評議会」が、彼らにとってはその評議会革命の第一歩であり、これをまず変革の拠り所にしなければならなかった。

けれども、その評議会革命派の主力である「革命的オプロイテ」は、この執行評議会でわずか四分の一の力しか持たなかったのである。この力関係を、具体的な実践のなかで変えていくしかなかった。彼らは革命の現段階における当面の獲得目標を定め、それらについて「執行評議会」で合意を形成することに努力を傾けた。オプロイテのメンバーたちが設定した獲得目標は、以下の三点だった。――一、「赤衛軍」の創設。二、国民議会の招集を阻止する闘争の展開。三、国政諸機関を執行評議会が

管理統制すること。(43)

第一点の「赤衛軍」創設は、変革を実行するうえで革命行政を防衛する軍事力が必要である、との考えにもとづいていた。一一月一〇日の「ブッシュ曲馬館《サーカス》」での労兵評議会全体集会における兵士たちの態度が、オプロイテの活動家たちの目には無自覚で無責任なものとして映り、既成の軍隊の兵士たちは信頼できないという確信をいだかせたのだった。意外なことに、固有の革命軍を持つというこの提案には、執行評議会のSPDメンバーたちも賛同した。早くも一一月一二日の会議でそれが決定され、翌日の新聞で公表された。ところが、これを知ったベルリンの各兵営の兵士たちが反対の声を上げたのである。兵士たちは、自分たちが信頼されていないことに強い怒りを表明したのだった。これは、絶対に反対派を武装させてはならないと決意している臨時政府のSPD委員たちにとって、きわめて好都合なことだった。執行評議会は、兵士たちとの衝突を避けるため、この構想を撤回せざるを得なかったのである。

第二点の国民議会反対については、激しい議論のすえ、オプロイテのエルンスト・ドイミヒが提出した決議案が、一一月一六日の執行評議会で採決された。その案は、憲法制定国民議会を招集するのではなく、労兵評議会が新たに選出する「中央評議会」によって「プロレタリア民主主義の諸原理に即した憲法」を決定する、というものだった。この案は否決されたが、一〇対一二という僅差だった。しかもSPDの数名が賛成したのである。——とはいえ、もしもこれが可決されていたとしても、各地の労兵評議会で相次いでいた国民議会の招集を求める圧倒的な声には、抗し得なかっただろう。現にある各地の労兵評議会で多数派を占めていたのは、やはりSPDだったのだ。そしてさらに、オプロイテが目標とした第三点、行政機関に対する管理統制は、あらゆるところでの事実が、それが不可能であることを示したのだった。臨時革命政府樹立によっても手を付けられないままだった旧体制の行政官僚機構が、一歩も動かなかったからだ。

こうして、労兵評議会と人民代理委員政府という革命の二重権力は、労兵評議会執行評議会の左派メンバーにとって、評議会側の全面的な敗北に終わった。一二月一六日から二一日までベルリンで開かれた「ドイツ労働者・兵士評議会第一回総会」（通称＝第一回全国評議会《レーテ》会議）は、一九一九年一月一九日の国民議会選挙の実施を、三四四対九八の圧倒的多数で決定した。この総会に出席した代議員四八九名のうち、ＳＰＤは二九一を占め、ＵＳＰＤはわずか九〇（うち、スパルタクスが一〇）に過ぎなかった。スパルタクスのローザ・ルクセンブルクやカール・リープクネヒトは、代議員に選ばれてさえいなかった。ＳＰＤが労兵評議会のイニシアティヴをも完全に掌握していることが、この全国総会で歴然たる事実となった。総会は、労兵評議会の側から政府を補助しつつ政府を監督・制御するために、「中央評議会」（Zentralrat《ツェントラールラート》）を新たに設置することを決めたが、その権限をめぐって議論は紛糾し、政府に対する強い権限を求めたオプロイテなどの左派は「中央評議会」に加わらなかった。そのため、「ドイツ社会主義共和国中央評議会」という名称の最高評議会権力は、これまたＳＰＤが握る結果となった。オプロイテなど左派の拠点だったベルリンの「執行評議会」は、もはや実質的な権限を持たなくなった。

この総会では、逸早く蜂起に加わった兵士たちの強い要求によって、陸海軍に対する命令権を中央評議会の管理下で人民代理委員評議会に委ねること、軍隊におけるあらゆる階級章の廃止、兵士たちのなかから指揮官を選ぶ権利、常備軍の廃止と人民防衛軍の設立など、「ハンブルク条項」と呼ばれる諸項目が決議された。旧帝国軍隊を新しい政治体制の管理下に置くための労兵評議会の最低限の権限が、合意されたのである。だが、陸軍参謀本部の参謀総長、すなわちドイツ陸軍最高司令部の最高司令官という地位を革命によっていささかも揺るがせられることのなかったヒンデンブルク元帥は、一二月一九日、すべての軍司令部あての電報で、全国評議会《レーテ》会議の軍指揮に関する決議を拒否する、と通達したのだった。内部におけるイニシアティヴの問題以前に、労兵評議会そのものが、もはや革命の機関としての力を持っていなかったのである。

革命の機関としての力を持っていなかったのは、労兵評議会だけではなかった。こと軍隊に関するかぎり、エーベルトを筆頭とする人民代理委員の臨時革命政府もまた、何ひとつ手を下すことができず、また何ひとつ手を下す意思もなかった。こうして、「皇帝は去った――が、将軍たちは残った」という現実――ヴィルヘルムスハーフェンで水兵として蜂起に参加し、のちにプロレタリア文学作家となったテーオドーア・プリーヴィエは、ドイツ革命を主題にした一九三二年の長篇小説(44)をそう名付けた――そういう現実が、革命を生き延びて、その後のドイツの歴史を決定的に方向づけることになったのである。

そして、その後の歴史の幕開けは、早くもすでに一九一八年一二月上旬に訪れた。

一二月六日、ベルリンの「市司令官」に任命されていたSPD幹部会員オットー・ヴェルスの命令によって、治安維持の名目でベルリン守備隊と近衛師団の一部部隊がベルリン中心部に進軍し、スパルタクス同盟《ブント》の機関紙『ローテ・ファーネ』(赤旗)の編集部建物を占領した。「市司令官」(Stadtkommandant)《シュタットコマンダント》

と連携を取りながら、ベルリンの安全維持の役割を担うことになったのだった。彼らには、それにふさわしい給与が支給された。しかし、SPD幹部たちは、政府が制御できない武力を持つ集団をいつまでも容認するつもりはなかった。とりわけ市司令官であるオットー・ヴェルスにとっては、自分に対して従順でないこの人民軍部隊は、一日も早く消滅させなければならない存在だった。

当初は約六〇〇人だった「人民海兵師団」は、一一月末の最大時には三〇〇〇人以上に達し、王宮の一部と王室の厩舎との二カ所を兵営として、その建物に駐屯していた。ところが、それらの建物から貴重な品々が紛失している、もしくは盗み出されている、との告発がなされたという理由で、ヴェルスは一二月初旬、人民海兵師団に建物からの退去を命じ、さらに給与の支給停止を言い渡した。そしてその後の交渉の過程で、一二月二三日、ヴェルスは人民海兵師団側に身柄を拘束され、人質として勾留された。こうしてついに一二月二四日の早朝、近衛師団総司令官レクヴィス大将に指揮された近衛師団の一二〇〇人の部隊が、人民海兵師団の立てこもる王宮と厩舎に対して、総攻撃を開始したのだった。

攻撃は予想外の展開を遂げた。占拠者たちの多くはクリスマスで郷里に帰っているだろう、という近衛師団総司令官の予測ははずれ、当時ほぼ一二〇〇名を数えた占拠水兵たちは、ほとんどがそこにいた。彼らは、大砲を含む政府軍の総攻撃に、機関銃と小銃で頑強に抵抗した。政府軍はどうしても建物に突入できなかった。攻撃側にとって、これが第一の誤算だった。第二の誤算がこれに続いた。砲声と銃声によって事態を知った男女の労働者たちが、市の東部と北部の労働者居住地区から、大挙して市の中心部の現場に押し寄せたのである。工場では急を告げるサイレンが鳴らされた。王宮と厩舎を包囲して攻撃を続ける政府軍の背後を、民衆が包囲した。「兄弟、殺すな！」という叫びが、攻撃側の兵士たちに浴びせられた。こうして、政府軍は多数の陸軍兵士の死骸を残して撤退を余儀なくされたのである。政府軍によって殺された人民海兵師団の水兵は一一人だった。一方、政府軍の死者は五六人に及んだ。

翌一二月二五日、ベルリンで三万人の労働者・兵士たちが軍のクーデターに抗議する大衆行動を起こした。ＳＰＤ機関紙『フォーアヴェルツ』（前進）の建物が占拠され、『赤色フォーアヴェルツ』（*Der*《デア》 *rote*《ローテ》 *Vorwärts*《フォーアヴェルツ》）なる新聞が発行された。その新聞は、革命の弾圧を煽動する『フォーアヴェルツ』を糾弾し、軍隊を使って血の弾圧を重ねる「エーベルト＝シャイデマン政府」の打倒を労働者に呼びかけたのである。(45)

民衆は知るよしもなかったが、それどころか臨時政府のＵＳＰＤ側委員でさえも知らなかったのだが、革命政府を防護するためのこのクリスマスの軍事行動こそは、臨時革命政府が誕生した一一月一〇日の深夜に、秘密の直通電話を通じて、陸軍参謀本部のヴィルヘルム・グレーナー中将と臨時政府首班のひとりフリードリヒ・エーベルトとが結んだ密約が、実行に移された最初だったのである。これを公表することができない政府は、相次ぐ軍事クーデタに対する非難を鎮めるため、責任者としてベルリン市司令官ヴェルスを解任し、一二月六日のクーデターのあと提出されていたプロイセン軍事大臣ハインリヒ・シェーウフの辞表を受理することで、決着を図ったのだった。

だが、一般に「クリスマス危機」と呼ばれるこの出来事は、革命の進展に大きな影響を及ぼした。軍隊の介入とそれを認めたＳＰＤに抗議して、臨時革命政府のＵＳＰＤ委員――ハーゼ、ディットマン、バルトの三名は、一二月二九日に連立政府を脱退した。だがそれは、SPDにとっては願ってもないことだった。両社会民主党の「平等」な連立を望む民衆の声を吸収して、摩擦なしに政権の座に就いたSPDには、いまさら両派の「平等」を防具にして身を護る必要もなかった。エーベルトは、ただちに党幹部のルードルフ・ヴィッセルとグスタフ・ノスケを後任の人民代理委員に任命した。こうして、エーベルト政府はSPDの単独政権となった。キールの水兵叛乱を平定したノスケに与えられたのは、陸海軍を統括するポストだった。

(2) ベルリン、一月闘争

一九一八年一二月三〇日から一月一日までの三日間、スパルタクス同盟《ブント》は、ベルリンのプロイセン衆議院議事堂で総会を開き、名称を「ドイツ共産党（スパルタクス同盟）」〔Kommunistische《コムニスティッシェ》 Partei《パルタイ》 Deutschlands《ドイッチュランツ》 (Spartakusbund《スパルタクスブント》) 略称＝KPD《カーペーデー》〕と改めた。KPDの創立大会となったこの会議に出席した全国各支部からの代表は、開会の時点では八三名だったが、大会が終了するまでに一二七名となった。[46] 選出された一二人の党中央委員には、カール・リープクネヒト、ローザ・ルクセンブルクのほか、一月九日に樹立されたヴュルテンベルク共和国の革命政府人民委員を二日間だけ務めたアウグスト・タールハイマーや、三〇年後にドイツ民主共和国（東ドイツ）の初代大統領となるヴィルヘルム・ピークも含まれていた。

大会では、党の綱領《プログラム》をめぐる討議と、すでにドイツ労兵評議会第一回総会が決定している一月一九日の国民議会選挙にどう臨むかという問題とが、中心議題とされた。とりわけ、すぐ目前に迫った国民議会選挙に対しては、参加を決定してただちに選挙運動にとりかかるか、不参加を決めてボイコットを呼びかける反対運動を展開するかで、激しい論議が重ねられた。党綱領の起草者であるローザ・ルクセンブルクは、参加すべきだという意見を強く主張した。民衆に党の主張や方針を伝える媒体となり、民衆との実質的な接点となる制度や機構は、積極的に活用しなければならない。これは、議会主義に屈服することではなく、ブルジョア的な制度である議会を革命的に利用することだ、というのが彼女の主張だった。カール・リープクネヒトも、選挙に参加することに賛成した。党大会は、六二対二三でこの意見を斥けて、憲法制定のための国民議会選挙に反対し、それをボイコットする運動を進める、という方針を決定した。

ＵＳＰＤは、一二月二九日の臨時政府からの脱退につづいて、一月三日にはプロイセンの連立政府からもすべての大臣と次官を引き揚げた。その翌日、プロイセン政府内務省は、ＵＳＰＤ党員であるベルリン警視総監アイヒホルンの罷免を発令する。これに対してアイヒホルンは、自分を任命した労兵評議会「執行評議会」の決定以外には従わない、として退任を拒否した。アイヒホルンを支持する革命的オプロイテ、ＵＳＰＤの大ベルリン中央幹部会、ＫＰＤ中央委員会は、翌五日の日曜日にアイヒホルン罷免撤回を求める大規模なデモを行なうことを、共同で呼びかけた。

一月五日の午後、数十万人の労働者と兵士たちが、反革命の武装解除、プロレタリアートの武装、赤衛軍の創設、エーベルト＝シャイデマン政府の打倒を要求しながら、ベルリンの街路を警視庁に向かって行進した。庁舎のバルコニーからは、Ｅ・ドイミヒ、Ｅ・アイヒホルン、Ｇ・レーデブーア、K・リープクネヒトが演説した。激しいデモンストレーションから受けた印象にもとづいて、革命的オプロイテ、USPD大ベルリン中央幹部会およびKPD代表たちは、状況判断を誤まり、翌六日にエーベルト＝シャイデマン政府の打倒と「革命的プロレタリアートの権力」の奪取のための闘争を呼びかける、という決定を行なったのである。闘争の指導部として、三三名から成る革命委員会が構成され、それには、革命的オプロイテ、USPD、人民海兵師団、海軍中央評議会、鉄道労働者、ベルリン兵営の各代表、およびKPDからはカール・リープクネヒトとヴィルヘルム・ピークが加わった。一方SPDは、これに対抗するデモンストレーションを六日に行なうことを呼びかけた。労兵評議会の中央評議会は、エーベルト＝シャイデマン政府に、革命的労働者に敵対する闘争のための異例の全権を委任した。一月五日の夕刻および夜、労働者と兵士たちは、ベルリンの新聞社が集中する区域のさまざまな建物を占拠した。『フォーアヴェルツ』は、新しい編集部のもとに、一月六日から一一日まで、大ベルリンの革命的労働者たちの機関紙として発行されることになった。

一九六〇年代半ばにドイツ民主共和国（東ドイツ）の公的研究機関によって刊行された日録形式の労働者運動史は、ベルリンの「一月闘争」の発端について、こう記している。[47] KPDやオプロイテを支持する立場で書かれているこの資料でさえも、一月六日に始まる武装闘争がリーダーたちの「状況判断の誤り」にもとづくものだったことを、あらためて指摘しなければならなかったのである。一九一七年のロシア革命の進行過程——二月革命によってツァーリズム権力を打倒したあとに樹立されたブルジョア民主主義政府を、ボリシェヴィキなどの評議会派が一〇月革命によって打倒した過程――が、権力奪取の闘争に踏み切った彼らの念頭にあったことは、想像に難くない。しかし、それにもまして、彼らに判断を誤まらせる原因となった事実そのものを、看過することはできないだろう。アイヒホルン罷免反対を理由とするデモの呼びかけに、左派の活動家たちも予期していなかった厖大な数の民衆が応《こた》えたのである。アイヒホルン罷免は、人びとのなかに醸成されていたエーベルト政府への批判と怒りと不満が一気に噴出するきっかけを与えたに過ぎなかった。とりわけ、政府が人民海兵師団を軍隊によって殲滅しようとしたことに対して、五日のデモの参加者たちはきびしい糾弾の声を上げた。人びとのこの感情を、左派の活動家たちは過大評価し、革命的状況が熟したと判断したのだった。他方、政府SPDは、これが過激派を一挙に撃滅するための最大で最後の機会であることを、的確に見抜いた。この叛乱を軍隊の戦力によって鎮圧する、という方針を逸早く決定し、これ以上の民衆が敵側に加わることを阻止するために、民衆の敵意と憎悪をロシア「ボリシェヴィキ」の手先である「スパルタクス」に向けさせる宣伝に、全力を傾けることになったのである。

一月六日の月曜日、週日にもかかわらず、政府打倒と革命的プロレタリアートの権力樹立の呼びかけに応えた労働者や兵士たちは、前日よりもさらに多かった。しかも、少なからぬものが武器を携えていた。前夜のうちに、市の中心部に近い新聞社街の主要な新聞社社屋は反政府側によって占拠され、警視庁と、人民海軍師団の拠点である旧王室の厩舎とともに、要塞の様相を呈していた。SPD首脳部は早朝から首相官房に集まり、プロイセン軍事大臣のヴァルター・ラインハルトを交えて対応を協議した。のちに有名になるそのときのひとこまを、辞任したUSPD委員のあとを埋めて人民代理委

員となったグスタフ・ノスケは、つぎのように描いている。(48)

軍事大臣ラインハルト大佐は、政府と中央評議会が、若干の部隊を率いてベルリンから遠くないところにいたフォン・ホフマン中将を総司令官に任命する、という命令書を作成した。これに対して、労働者たちは将軍なるものにきわめて大きな疑念をいだくのではないか、という異論が出た。／なにしろ時間が迫っており、外の通りではこちら側の連中が武器をくれと叫んでいたので、みんなはかなり興奮した状態でエーベルトの執務室のあちこちに立ちつくしていた。わたしは、とにかく決断を下すよう求めた。するとそれに対して誰かが「じゃあ、きみがそれをしろよ！」と言ったのだ。それに答えてわたしは手短にきっぱりとこう返答した、「よかろう！　誰かが血を追い求める犬にならねばならぬのだ。わたしはその責任をいとわない！」　ラインハルトは、じつは自分はこの申し出をずっと期待していたのだ、と述べた。ひとつの決定が口頭で述べられたが、それによれば、政府と中央評議会はベルリンにおける秩序ある状況を回復する目的でわたしにきわめて大幅な全権を委託する、ということだった。ラインハルトは命令書のホフマンの名前を抹消し、その代わりにわたしの名前を記入した。わたしの総司令官任命は完了した。わたしに与えられた全権の明文化されたものを、わたしは一度も読んだことがないし、司令官としての辞令を手にしたことも一度もない。／時間を無駄にするわけにはいかなかった。ひとりの私服の若い大尉と一緒に参謀本部の建物へ向かった。そこで幾人かの将校と必要な措置について協議するためだった。路上に出るとわたしは嵐のような歓声に迎えられた。高々と担ぎ上げられて、司令官に任命されたことを手短に報告した。これからどうしたらよいのか、わたしにはまだ分からなかったが、それでも自信たっぷりにこう宣言した、「安心して任せてくれたまえ、わたしは諸君のベルリンに秩序をもたらすから」。

ここで「血を追い求める犬」と訳した「ブルートフント」(Bluthund)は、英語では「ブラッドハウンド」(bloodhound)と呼ばれる猟犬の一種である。猟師が狙った獲物《えもの》や逃亡した奴隷の血の臭いを嗅ぎながらどこまでも追うところから、この名称が付けられたとされている。血の臭いを嗅ぎつけてそれを追うのみか、流血の惨事をみずから引き起こすことを喜びとするかのようなイメージが、これからあとのノスケには付きまとうことになるのである。

ノスケの総司令官任命とは、具体的には、プロイセン陸軍、すなわちドイツ陸軍のすべてに対する命令権を持つ「マルク方面軍最高司令官」にノスケが任命されたということを意味する。この任命は、エーベルト政府がすべての陸軍部隊を指揮下に置くということ、そしてそれ以前に、軍隊が政府側に与《くみ》するということを、既定の前提としていた。参謀本部第一参謀次長グレーナーとSPD政府主席エーベルトとの密約が、いよいよ本格的に成果を発揮するのである。「一九一九年一月五日から六日にかけての晩に占拠された建物が明け渡されたのちにしか、我々はいかなる協定にも同意できない」という声明を政府が逸早く一月六日に出したのも、蜂起側が制圧した新聞社街や、占拠された多くの建物を、最後には軍隊によって奪回することができるという見通しがあったからだった。政府は、反政府側の不当な暴力を非難し、「こちらが先に攻撃することはない。防御のためにのみ武力を行使する」

という発表を行なった。だが早くも翌七日には、占拠されていた鉄道局を、軍隊が先制攻撃した。こうして、市の中心街と北東部の労働者居住地区を始めとして、ベルリンのほぼ全域が、一一月九日の帝政打倒の蜂起のさいとはまったく異なる市街戦と建物をめぐる激しい攻防戦の舞台と化した。蜂起した反政府側には、これら全域での戦闘を指揮し統率するだけの力はなかった。総司令官ノスケに指揮され職業軍人たちによって統率された「近衛騎兵・狙撃兵師団」と、個々ばらばらに小銃やわずかな数の機関銃で武装した労働者や兵士たちとの戦闘は、断続的に一月一二日まで続けられた。

ＵＳＰＤの長老たち——ディットマン、ブライトシャイト、カウツキー、コーンが、政府側と反政府側の仲介役として何度か折衝を試みたが、政府側の強硬姿勢は変わらなかった。また、オプロイテと労兵評議会中央評議会とのあいだでも交渉が続けられ、八日にはオプロイテ側が、占拠した建物から撤退する条件としてＳＰＤ機関紙『フォーアヴェルツ』の廃刊を要求したが、これはＳＰＤ政府によって拒否された。その同じ八日に、政府は五名の人民代理委員の連名で「同胞市民に告ぐ」と題する布告を発した。この布告は、「スパルタクスがいま全権力を奪おうとして戦っている」、「スパルタクスが支配するところでは、いかなる個人の自由も安全も廃絶される」として、「暴力は暴力によってしか打ち勝つことができない」と武力鎮圧の決意を表明し、のちに有名となった「決着をつける時が近づいている」という一句で結ばれていた。ほぼ同じころ、「労働者、兵士、市民の諸君！」と題するもうひとつの布告も配布された。「本日一時、重砲と機関銃を装備した三〇〇〇名の部隊が、ベルリンとシャルロッテンブルクを行進した。政府はこれによって、強盗沙汰と流血との終結を政府に求める諸君の意志を貫徹する力があることを、示したのである。」——こういう書き出しに始まるそ

ベルリン「1月闘争」――1919年1月6日、ベルリンのライプツィガー・シュトラーセ（ライプツィヒ街）をデモ行進する武装した労働者たち
出典：*Illustrierte Geschichte der deutschen Novemberrvolution 1918/1919.*（A-8）

の布告は、「ひとりの労働者が、いまこうして、社会主義共和国のその力の先頭に立っている」と訴え、その「ひとりの労働者」は、「わたしがしようとするのは粛清であって、殲滅ではない」と記したあと、つぎのように布告を結んだのである、「民主主義と社会主義が滅亡するようなことがあってはならないとすれば／労働者の一致団結がスパルタクスに対して立ちはだからねばならないのだ。／最高司令官　ノスケ」。

一月一一日には、『フォーアヴェルツ』の建物が軍隊の度重なる総攻撃のすえに陥落した。立てこもっていた約三〇〇人の反政府派が捕虜となった。攻撃部隊の指揮官は、捕虜をどうすべきか首相官房に電話で問い合わせた。「全員射殺せよ」というのがエーベルトの返答だった。軍律を重んじる指揮官は、捕虜を殺すなどということを夢にも思っていな

ベルリン「1月闘争」の市街戦――ベルリンの新聞社街を占拠した労働者たちが、新聞印刷用のロール紙をバリゲードにして政府軍との銃撃戦をつづけた
出典：*Illustrierte Geschichte der deutschen Novemberrvolution 1918/1919.*（A-8）

かった。彼はその命令に従わないことを選んだ。それでも、捕虜たちは政府軍によってすさまじい暴行を受けた。一月一二日、日曜日の早朝、最後に残った警視庁を、近衛狙撃兵部隊が重機関銃と榴弾砲で攻撃し、これによって、のちに「スパルタクス週間」と呼ばれることになる一週間の内戦は、およそ二〇〇人の犠牲者を残して終結したのである。USPD幹部のゲオルク・レーデブーアは蜂起の首謀者のひとりとして逮捕された。アイヒホルンとリープクネヒトとルクセンブルクは逮捕を免れて身を隠した。

(3) 舗装された「国民議会」への道

蜂起を鎮圧した翌日の一月一三日、政府は、すべての銃器および弾薬の引き渡しを命じる行政命令を布告した。従わないものには、五年以下の禁錮刑または一〇万マルク以下の罰金が科せられることになった。そしてその同じ日、ドイツ人民に向けた政府の声明が発表された[49]。

ドイツ人民に告ぐ！

重大な混乱の一週間ののちに、ベルリンに秩序が戻りつつある。共和国の勇敢な部隊は、革命がもたらした自由のための成果をすべて無に帰せしめかねなかった蜂起を、住民の支援によって自力で、首尾よく鎮圧した。誤った道に誘い込まれた狂信者たちが、この大都会の暗黒分子と手を組んだのであるが、それは、かかる分子の援助と某外国勢力の援助によって、いかなる政府にとっても唯一正当な委託者である人民が自由意思によっては決して彼らに委ねることなどないであろう権力を、奪い取るためであった。人民の抵抗、とりわけ、犯された不法行為をその圧倒的多数が断罪した労働者たちの抵抗によって、邪悪な企ては破綻した。

政府は、同様の残虐行為が繰り返されるのをあらゆる手段を用いて阻止する決意を固めるにあたって、人民の同意と助けが得られることを、確信している。当初においては政治的なものであったひとつの運動が、荒《すさ》んだ犯罪策動にまで頽落したあととなっては、生命の安全に対する新たな暗殺計画や、財産に対する新たな恣意的攻撃や、我々の自由で共和主義的な秩序の妨害などの首謀者たちには、もはやいかなる寛大な措置もあり得ない。

一月一九日、ドイツ人民は、みずからの自己決定権を行使するために選挙に赴く。ドイツ共和国の人民は国家主権の担い手である。その人民の自由な意思表示を暴力的に侵害するものは、重大な国事犯罪を犯すことになり、きわめて厳しい処罰を科せられなければならない。〔……〕

一月一四日、ハインリヒ・フォン・ホフマン中将に率いられる「近衛騎兵・狙撃兵師団」が、一般人の武装解除を遂行し国民議会の選挙を防衛するために、ベルリンの占領を開始した。この部隊が、「重砲と機関銃を装備した三〇〇〇名の部隊」、すなわち蜂起を鎮圧した政府軍だったのである。選挙まで五日を残すのみだった。「最高司令官　ノスケ」による布告は、あの蜂起と武装闘争が「スパルタクス」によるものと断じ、政府の声明も、「暗黒分子と某外国勢力」、つまりベルリンのギャング集団とソ連ボリシェヴィキの援助を示唆していたが、じつはきわめて広範な民衆の意思が「スパルタクス週間」の原動力となっていたことは、ひとつの事実を見るだけでも明らかだった。――スパルタクスたちがドイツ共産党創立大会を行なったとき、その代議員は全国四六の市町村支部から派遣されていた。キールの蜂起に始まる革命初期の一週間だけで全国のほぼ一〇〇に及ぶ都市で労兵評議会が結成されたにもかかわらず、スパルタクスはその半分をさらに下回る数の支部しか持っていなかったのだ。さらには、ベルリンを始めとする主要都市でＵＳＰＤに加入していた労働者たちのうち、結成されたＫＰＤに移ったものは、わずか五％に過ぎなかった。蜂起の時点でのベルリンの党員はおよそ五〇人、全国では二～三〇〇〇人というのが実情だったのである。(50)

この取るに足りない少数派がきわめて多くの民衆の共感を得ているということを、一週間にわたる内戦は示したのだった。これは、ＳＰＤにとって恐怖すべき現実だった。ＳＰＤが、そしてＳＰＤの幹部たちと手を組んだ軍部が、もっとも恐れたのは、一握りの「スパルタクス」ではなく、それに共感を寄せる多数の民衆だった。一般にドイツ革命の歴史におけるもっとも残虐で悲惨な所業とされるローザ・ルクセンブルクとカール・リープクネヒトの殺害は、民衆に対するこの正当な恐怖から生まれたのである。すでに前年の年末から、ベルリン市中には、「労働者、市民たち！　祖国は没落に瀕している。祖国を救え！」と呼びかけるポスターが貼られていた。「前線兵士たち」の名によるそのポスターは、「祖国は外部からではなく内部から脅かされている、スパルタクスによって」と述べたあと、「そいつらの指導者どもを叩き殺せ！　リープクネヒトを殺せ！」と大書し、「そうすれば諸君は平和と仕事とパンとを得るだろう」と結ばれていた。一月一五日、それが実行されたのである。一月一六日の新聞『ベルリン新聞　正午版』（*B.*《ベー》 *Z.*《ツェット》 *am*《アム》 *Mittag*《ミッターク》）は、第一面トップでこう報じた、「リープクネヒト、逃走を企て射殺さる／ローザ・ルクセンブルク、群衆によって殺害さる」(51)。

のちに下手人たちに対する裁判の過程で、二人には軍隊内部で各々五万マルクの賞金が懸けられていたことが明らかになった。軍隊の占領下に置かれたベルリン市内で、ある知人宅にいる二人を発見した将校と下士官たちは、ベルリン占領軍の本部が置かれていた「エデン・ホテル」に連行し、そこで暴行を加えたあと、自動車の車中で二人を殺害した。リープクネヒトは「身元不明の死体」として死体公示所に引き渡され、ローザ・ルクセンブルクは市中のラントヴェーア運河に投げ込まれた。リープクネヒトの葬儀は、一月二五日に数十万の民衆によって行なわれ、彼の棺のかたわらには、ひとつの空《から》の柩《ひつぎ》が埋葬された。ローザ・ルクセンブルクの遺体がようやく運河から発見されたのは、殺害の四カ月半後、五月三一日のことだった。五月八日から一四日まで行なわれた殺人犯たちの裁判は、最高で禁錮二年四カ月の判決を下していた。

殺害当時の政府人民委員であり、軍隊を統率する最高司令官だったグスタフ・ノスケは、回顧録でつぎのように記している。[52]

ベルリンがほとんど摩擦もなく占領できたことについての内閣の満足感は、一月一六日木曜日、カール・リープクネヒトとローザ・ルクセンブルクの殺害についての知らせによって、きわめて強く害されることになった。わたしが午前中に内閣官房に行くと、次官のバーケとわたしの同職ランツベルクとがまったく取り乱しているのに出くわした。二人とも、この困難な事態を切り抜けることはまったく不可能だ、という見解だった。わたしはそれよりもずっと冷静に事態を判断した。スパルタクスの両指導者が生命を落としたそのありさまは、もちろん衝撃的であった。それに加えて、独立社民とスパルタクス一派とによる煽動と挑発が最大限にくりひろげられることも、予期された。結局のところ、心情の興奮は、エデン・ホテルでの行為について煽情的な作り話を報じた一部のブルジョア新聞報道によって、かき立てられたのである。／ローザ・ルクセンブルクの謀殺とリープクネヒトの殺害は、ベルリンにおけるあの数日間の気ちがいじみた興奮の気分からしか説明できない。まるでじっとしていられない人間のように、リープクネヒトはこの数週間のあいだこの都市を荒れ廻っていた。彼とルクセンブルク女史は、流血もなく始まった転覆をあらゆるおぞましいことを伴った内戦へと頽落させてしまった主犯なのだ。ベルリンの数十万人の人びとが、不安と恐怖のうちに一月の第一週と第二週とを生きたのであった。一月闘争にさいして多数の人間が生命を失った。じつは、いったいこの不幸の張本人たちを無害な存在にしてくれるものは誰もいないのかという問いを、あの恐怖の日々に何千もの人びとが提起していたのであった。そう問うたものたちの誰ひとりとして、その行為を実行しはしなかったであろう。その行為が怖気《おぞけ》をふるわせるやりかたでなされると、死者たちに対する同情がふたたび優勢を占めたのである。いかなる殺害もわたしは嫌悪する。しかし、リープクネヒトとルクセンブルクの死については、それに劣らず邪悪なケースの場合にはあっけらかんとして良心の安らかさを見せてきた連中が、不当にも一番大きな声で憤激したのである。／殺害が殺害であることに変わりはない！　犯罪的にもつねにくりかえし人命をかける賭けをやってきた独立社民とスパルタクスたちが、憤激と苦痛のために口角泡を飛ばすのは、彼らと同じ思想を持った連中が革命によって食い尽くされたときだけだったのである。

ローザ・ルクセンブルクが殺害される前日、ＫＰＤ機関紙『ディ・ローテ・ファーネ』（赤旗）は、彼女の絶筆となった論説を掲載していた。「秩序がベルリンを支配している！」と題されたその長文の論説は、「一月闘争」のなかでの指導部の無力さを自己批判しながら、軍隊の力で叛乱を鎮圧しベルリンの秩序を維持する政府に対して、新たな闘争を宣言していたのだった。(53)

指導部は機能不全に陥った。だが、指導部は大衆によって、大衆のなかから、新たに創出されることができるのであり、新たに創出されなければならない。大衆こそが決定的な要因であり、それこそが革命の究極の勝利を達成するために依拠すべき岩盤なのである。その大衆が先頭に立ったのだ。大衆はこの「敗北」を、国際社会主義の誇りであり力である歴史上の数々の敗北の一環に作り変えたのだ。だからこの「敗北」からは未来の勝利が花開くだろう。「秩序がベルリンを支配している！」だと。 おまえたち鈍感な手先どもよ！ おまえたちの「秩序」は砂上の楼閣だ。革命は明日《あす》にも物の具の音を轟かせながらふたたび立ち上がり、最後の審判のラッパを吹き鳴らして、おまえたちの驚愕を尻目にこう告げるだろう——

わたしはかつていた、いまいる、今後もいるだろう！

憲法制定のための国民議会選挙は、一月一九日、軍隊による首都占領と各地での戒厳令状態のなかで行なわれた。その結果は、ＳＰＤに大きな驚愕と落胆をもたらすものだった。

	議席数	得票率
ＳＰＤ（社会民主党）	一六三	三七・九％
ＵＳＰＤ（独立社会民主党）	二二	七・六
ＤＤＰ（ドイツ民主党）	七五	一八・六
中央党（キリスト教人民党）	九一	一九・七
ＤＶＰ（ドイツ人民党）	一九	四・四
ＤＮＶＰ（ドイツ国権人民党）	四四	一〇・三
ＢＢ（バイエルン農民同盟）	四	〇・九
その他	三	〇・七

議席総数四二一のうち、ＳＰＤはその四割近くを獲得したが、これは、単独過半数を確信していた党幹部たちにとって、きわめて意想外の結果だった。旧帝国議会の最後の選挙となった一九一二年の総選挙でＳＰＤが第一党に躍進したときと比較して、議席数こそ、三九七議席のうち一一〇議席から、今回は四二一議席のうちの一六三議席へと増大したように見える。しかし得票率では、今回の三七・九％というのは、一九一二年の三四・八％と比較してわずかに三・一％の増加に過ぎなかった。帝国の崩壊によって党主席のエーベルトが宰相の地位に就き、そののち臨時政府の単独与党となる、という実績を重ねながら、そして「革命がもたらした自由のための成果をすべて無に帰せしめかねなかった蜂起」を首尾よく鎮圧したにもかかわらず、ＳＰＤは民衆の三八％弱の支持しか受けていなかったのである。女性が初めて選挙権を得て投票に加わり、しかも不合理な旧選挙制度と比べれば遥かに公平に民意を反映する比例代表制の選挙での結果が、これだったのだ。

国民議会選挙の投票（1919 年 1 月 19 日）は戒厳令下で行なわれた――ウンター・デン・リンデン街の秩序を維持する政府軍
出典：W.Ruge: *Novemberrevolution.*（A-17）

選挙の翌日、ＤＤＰ幹部で内務行政委員のフーゴー・プロイスは、憲法起草のための専門委員会に彼の憲法草案を提出した。

3 虐殺が生んだ「ヴァイマル共和国」

(1) 反革命義勇軍団の創設

アイヒホルン警視総監の罷免に反対する大衆行動が始まる前日の一月四日、政府主席エーベルトと軍事担当の人民代理委員ノスケは、ベルリンの南西約五〇キロに位置するツォッセンで、ある陸軍部隊の閲兵を行なっていた。敗戦によって軍隊の士気と軍紀が地に落ちるのを見てきた両人は、ふたたび本物の兵士たちを眼前にして驚喜したという。ノスケは兵士たちに対する訓示のなかで、「指揮官の命令は、たとえ銃や手榴弾の使用が命じられる場合でも、実行されなければならない」と強調した。――それは、いわゆる正規の陸軍兵士たちではなかった。ドイツ陸軍第二一四師団の司令官、ゲオルク・メルカー少将が、エーベルトら政府委員との合意にもとづく陸軍最高司令部の示唆によって、前年一二月上旬から個人的に編成してきた「義勇軍団」の部隊だったのである。

敗戦のあと国外の戦線から復員した陸軍将兵や、革命によって離散した海軍の軍人たちのうちの相当数が、郷里に帰らぬままベルリンその他の都市に滞留していた。兵役義務によって召集された一般の兵士たちは、郷里に家族があり、そこで本来の職業に戻ることができたが、所属していた部隊が消滅して帰る場を失った職業軍人の将校・士官や下士官たち、さらには学業の中途で志願して軍人となった元・大学生たちにとっては、軍籍を離れることがそのまま大失業状況のなかに無一物で身を投じることを意味した。他方、軍当局にとっては、従来の軍隊組織が敗戦によって事実上解体したあと、軍の体制を早急に立て直すことが緊急の課題だった。正規の軍隊組織を再編成し、補充を必要とする一部の部隊を新たに義勇兵、つまり志願兵によって構成する、という方針が固められた。その志願兵部隊が「義勇軍団」（Freikorps《フライコール》）と呼ばれたのである。自由《フライ》な意志《ヴィレ》にもとづいて、自発的（freiwillig《フライヴィリッヒ》）に志願したものたちの軍団、文字どおりのボランティア部隊だった。ちなみに、英語の「ボランティア」（volunteer）は、古代ローマで奴隷身分から脱するために軍隊に身を投じた志願兵（voluntarius《ウォルンターリウス》）に由来する語にほかならない。

メルカー少将の義勇軍団《フライコール》、「地方狙撃兵軍団」をエーベルトとノスケが閲兵してから五日後、ノスケが「マルク方面軍最高司令官」となってから三日後の一月九日、ベルリンで市街戦がつづくさなかに、義勇軍団への志願者を募集する最初のポスターが各地に貼り出された。その結果、一月末までに、バイエルンを除くドイツ全土で、早くも二八の軍団が構成されたのだった。これらにはいくつかの形態があった。ひとつは、メルカー義勇軍団のように、敗戦後に指揮下の部隊が四散したり大幅に人員が減じてしまった旧軍隊司令官が、従来の正規部隊とは別の新たな私的部隊を義勇兵によって設立した場合である。これには、部下たちに人気のあった司令官が将兵たちから担がれて義勇軍団の司令官となったケースもあった。結成された義勇軍団は、固有の名称を持つ独立した部隊として行動したが、また、独自に組織された義勇軍団が、正規軍の師団や聯隊の一部として編入されることもあった。さらには、やがて離合集散を重ねることになる群小義勇軍の構成員たち自身が、気の合った戦友同士で新たな義勇軍を結成する、という例も見られた。いずれの場合でも、じっさいの活動にあたってはドイツ軍の命令権限を持つ司令官の指揮下に入ることになる。義勇軍団の隊員たちは、一般の兵士の給与（基本給）が月額三〇マルクだったのに対して、一日五マルクを支給された。もちろん賄《まかな》い付きで兵営に起居してのことである。特に困難な地域への出動の場合は、一日九マルク、つまり月額では二七〇マルク以上を得ることができた。同じ一九一九年当時の下級公務員の税金・保険料などを控除した実質給与は、月額一四〇マルク程度、中級公務員では一八七マルク程度だった。義勇兵として雇われた彼らが、外に向かっても自分自身の内面に向かってもモットーとして掲げたのは、祖国ドイツとドイツ民族に対する愛と忠誠であり、祖国と民族を裏切る個人や集団に対する仮借ない戦いだった。

反政府の武装蜂起を鎮圧して「スパルタクス週間」の内戦を平定したのち、エーベルト政府によってベルリンの占領を命じられたフォン・ホフマン中将麾下《きか》の「近衛騎兵・狙撃兵師団」は、三つの司令部の指揮下に置かれた各三箇聯隊、合計九箇の聯隊から成っていた。だが、じつは、これらのうち内戦平定と首都占領の主力となった一聯隊は、「リュッツォー義勇軍団」という名の部隊だった。ナポレオンの支配に対する「解放戦争」の時期に義勇軍を組織して戦ったプロイセンの将軍の名にちなんで、こう名付けられたのだが、すでに一月初旬の段階で、このようにかなり大規模な義勇軍団が組織されていたのである。この部隊のほかにも、近衛騎兵・狙撃兵師団の各聯隊には、いくつかの大隊規模の義勇軍団が編入されて、近衛師団の名のもとに軍事行動を行なっていたのだった。義勇軍団の投入は、それまでにはなかった措置を伴っていた。たとえば、民衆が兵士たちに肉薄して「兄弟たち、撃つな！」と呼びかけるのを阻止するために、ある一線を決めて、ここから先へ入るものは即座に射殺する、という立札を設置することが常態となった。義勇軍団の傭兵たちは、もはや、徴兵制によって強制的に軍隊に取られた兄弟たちではなかったのだ。彼らにとっては、国家や軍や政府に楯突く民衆は、祖国を内部から脅かす敵だった。ローザ・ルクセンブルクとカール・リープクネヒトを暴行のすえに殺害した主犯たちと共犯者たち合計九名は、このホフマン中将の近衛騎兵・狙撃兵師団に属する義勇軍団の将校と下士官だったのである。

一九一八年末から一九二三年までにドイツ各地で構成された義勇軍団の数については、歴史家によって説が分かれる。およそ四〇〇という説から、二八六団体、八五団体、最少では六八団体という説もあるが、『ドイツの内戦――ドイツとオーストリアの義勇軍団《フライコール》　一九一九～一九二三年』の著者、ハンスヨアヒム・コッホは、八五から一二〇が妥当な数だろうとしている。(54)その規模は、小さなものでは二～三〇人から、大規模なものでは二～三〇〇〇〇人に及んだ。すべての義勇軍団の隊員の合計数は最大時で約四〇万人というのが通説になっている。この厖大な数の義勇軍将兵を雇うには、もちろん巨額の資金が必要だった。まだベルリンで市街戦が続いていた一九一九年一月一〇日、ドイツ最大の金融資本である「ドイツ銀行」の主催によって、国内の主力企業五〇社の代表者会議が開かれ、「世界に危険を及ぼすボリシェヴィズム」からいかにしてドイツを防衛するか――すなわちいかにしてドイツの独占資本主義体制を防衛するかが、協議された。石炭業と海運業を軸として製紙・パルプ業、ホテル業、印刷業、新聞業などから成る一大「シュティンネス・コンツェルン」の資本家、フーゴー・シュティンネスは、内部の危険を排除するための基金として五億マルクを拠出することを、即座に申し出た。この基金は義勇軍団の創設と維持のために使われたが、そののち政府が同じ目的のために支出した国費は、総額で三三億マルクに達したのである。これは、たとえば一九一九年度のドイツの国

義勇軍団の傭兵たちに訓示を行なうグスタフ・ノスケ――「1月闘争」鎮圧のためノスケの指揮下に置かれた義勇軍団は約８万人だった
出典：*Illustrierte Geschichte der deutschen Novemberrvolution 1918/1919.*（A-8）

家予算の総額が六三〇億四三七〇万マルクだったのと比べれば、それのほぼ一九分の一に相当する。

こうして、人民代理委員評議会からＵＳＰＤメンバーが脱退したのちに、ＳＰＤ政府と財界と軍部とが手を携えて創製し育成した義勇軍団は、ドイツ革命にひとつのきわだった特色を与える要因となった。バルト海沿岸の軍港で最初の蜂起に参加し、兵士評議会を結成した水兵たちや、彼らと連帯して労働者評議会を各地に構成した労働者たちは、革命の機関である労兵評議会が、政党によって握られた政府と、それと結託する軍部との下位に置かれ、実権を奪い去られることになろうとは、しかも最初の蜂起からわずか五〇日でそうなろうとは、想像もしなかっただろう。それと同じように彼らには、革命を殲滅するために自分たちの前に立ちはだかるのが旧帝国軍隊そのものではなく、自由意思によって、自発的に、反革命軍兵士を志願した義勇兵という名の傭兵たちであろうとは、予想もできなかっただろう。――だが、評議会《レーテ》は、政党政府と軍部との画策によってもなお息の根を止められることがなかった。その画策の手先となった義勇軍団は、個々の評議会革命を鎮圧しても、評議会運動そのものを抹殺することはできなかった。しかし、義勇軍団はその戦いによって、歴史の歩みに介入したのである。評議会《レーテ》の運動がこののちさらに新たな生命を獲得しながら生き続けるのが、ドイツ革命の顕著な特色だったとすれば、突如として登場した反革命の義勇軍団が、こののち変転を重ねて歴史の新たな一時代を切り開くことになるのも、ドイツ革命の特異な現実だった。

早期に形成されていたメルカー少将の義勇軍団、「地方狙撃兵軍団」は、フォン・ホフマン中将の「近衛騎兵・狙撃兵師団」を補佐してベルリン占領の一翼を担ったのち、ヴァイマルへの移動を命じられた。SPD政府は、二月六日に開会式が予定されている憲法制定国民議会を、首都ベルリンの議事堂で開く見通しを立てることができなかったのだ。軍隊の占領下にあるとはいえ、「一月闘争」は埋《うず》み火《び》となって民衆の胸の底に燃えつづけていることを、彼らは知っていたのである。ベルリンから南西へ約二二〇キロの距離にあるヴァイマルが、開催地に選ばれた。ヴァイマルは、旧ザクセン大公国の宮廷所在地で、かつて音楽家のバッハやリスト、詩人・劇作家のゲーテやシラーが活動の地とした文化都市として知られていた。メルカーの義勇軍団は、ヴァイマルの邦立劇場（旧・宮廷劇場）で行なわれる新国家の憲法制定を、軍事力で支えるために、市を軍事占領し、労兵評議会の動きを抑止するという任務を与えられたのだった。占領は二月一日に開始された。

開会前日の二月五日、SPDはUSPDに対して、「議会制民主主義にもとづいて連立政権に加わる用意があるかどうか」問い合わせた。これに対してUSPD議員団は、「現在なされている暴力支配」を理由に、拒否の回答を送った。選挙で過半数を得ることができなかったSPDは、旧「進歩人民党」と「国民自由党」の左派とが合併して生まれた「ドイツ民主党」（Deutsche《ドイッチェ》 Demokratische《デモクラーティッシェ》 Partei《パルタイ》　略称＝DDP《デーデーペー》）と、カトリック政党の「中央党」（Zentrum《ツェントゥルム》　別名＝キリスト教人民党 Christliche《クリストリッヒェ》 Volkspartei《フォルクスパルタイ》）とともに、連立内閣を構成することを余儀なくされた。これが、歴史上「ヴァイマル連合」（Weimarer《ヴァイマラー》 Koalition《コアリツィオーン》）と呼ばれることになる連立政権の始まりだった。

（2）ひとつの国民議会、いくつもの異論封殺

国民議会は、二月一一日、フリードリヒ・エーベルトを臨時大統領に選出した。無記名投票での有効投票総数三二八のうち、エーベルトが獲得したのは二七七票だった。彼はただちにフィリップ・シャイデマンを首相に指名し、議会はそれを承認した。こうして、人民代理委員評議会の臨時政府に代わる新しい政権が発足した。翌々日に成立した新内閣で、グスタフ・ノスケは防衛大臣に任命された。

憲法制定のための国民議会は、SPDとその連合政党の意図によれば、革命の到達点《ゴール》であるはずだった。だが、それが現実とは懸け離れた幻想に過ぎないことは、首都から逃亡したうえ義勇軍団による暴力的制圧のもとでしか議会が開けないという一事実だけからでも、明らかだった。国民議会が開会されたその同じ日、二月六日には、ドイツ最大の鉱工業地帯であるライン・ヴェストファーレンのルール地方で、労兵評議会が、炭鉱の社会化と評議会の権限とについての要求を政府に提示し、それ

が容れられない場合はゼネストに突入すると宣言していた。ルールの労兵評議会は、USPDとKPDとSPDの三社会主義政党から「平等に」三名ずつ選出される労働者代表の「九人委員会」が炭鉱社会化の実施を主導することを、要求していた。そこでは、党幹部たちの意に反してSPDの労働者たちもこれに与《くみ》していたのである。これに対して政府は、軍事力の行使を示唆して、要求の撤回を迫った。そしてついに二月一五日、二日前に成立したばかりのシャイデマン政府は、ルール地方を本拠地とする「リヒトシュラーク義勇軍団」に出動を命じた。翌日、ゼネストが開始され、ルールの炭鉱労働者の半数以上にのぼる一八万人がそれに加わった。一六日にミュールハイムで行なわれた評議会《レーテ》会議は、大統領エーベルトと首相シャイデマンの罷免を要求し、義勇軍部隊と武装した労働者との戦闘が二二日まで続いたのである。

労働者たちの抵抗はそれで終わらなかった。ルールのゼネストが鎮圧された直後の二月二四日、今度は中部ドイツ工業地帯のハレでゼネストが始まった。労兵評議会と企業内評議会との権限の保障・拡大、および大企業の社会化を要求するこのゼネストには、中部ドイツの炭鉱労働者のほか、食糧関連企業を除く全工場、交通会社、鉄道、発電所の労働者と、大農場の農業労働者たちが参加し、ザクセンの広い範囲とテューリンゲンの多くの都市に波及した。三月五日、メルカー少将の義勇軍団がストライキ運動の中心地、ハレを占領し、住民との間に流血の衝突が起こった。危機感をいだいた政府は、ストライキ指導部との交渉を開始し、企業内評議会の権利拡充、労兵評議会を憲法に明記、社会化の法制化、軍事裁判の廃止、食料配給を地方自治体に委託、などを約束した。これを信頼した労働者側は三月七日に労働に復帰したが、もちろん約束は反故にされた。

この中部ドイツでのゼネストに連帯する行動が、三月三日にベルリンで開始されていた。大ベルリン労兵評議会の全体会議が、圧倒的多数でゼネストを決定したのである。前年一二月の「第一回全国評議会《レーテ》会議」で議決された「ハンブルク条項」（一五六ページ）の即時実行、労兵評議会の承認、すべての政治犯の釈放、軍事裁判の廃止、義勇軍団の解体、ソヴィエト・ロシアとの外交・経済関係の樹立などが、要求項目として掲げられた。プロイセン政府はベルリンに戒厳令を布《し》き、中央政府の防衛大臣であるノスケに指揮権を委託した。義勇軍団を主力とする政府部隊が市中に進撃し、「一月闘争」の再現ともいうべき市街戦が首都で展開された。大砲までも使用した政府軍は、三月九日、圧倒的な軍事力でベルリンを制圧した。労兵評議会側は、なおも義勇軍団との戦いを続けたが、三月一二日に最後の抵抗を終え、「ベルリン三月闘争」と呼ばれる反政府闘争は鎮圧された。

　このあとも、労働者たちと労兵評議会の反政府闘争は終わらなかった。三月五日から一三日までは上部シュレージエン（現在のポーランド南西部）の炭鉱労働者が、三月三一日から四月八日まではヴュルテンベルクの重工業地帯の工場労働者が、三月三一日から四月二八日までは再度ライン・ヴェストファーレンの炭鉱労働者が、いずれも労兵評議会の認知を含む政治的な要求を掲げて、ゼネストを決行する。(55)――だが、新政府と国民議会は、じつは、これら内部の反対勢力に直面していただけではなかった。政府としての資格と権限、そしてそもそも憲法を制定する議会としての権能そのものが、現実には問われていたのである。なぜなら、国民議会選挙と議会開会の時点で、ドイツは単一の国家ではなかったからだ。

　一月一〇日、まだベルリンで「一月闘争」の内戦が続いているさなかに、北ドイツの自由ハンザ同盟都市ブレーメンで、市政府である市参事会の即時退陣と人民委員政府の設立を要求する大規模なデモが開始された。それを受けて労働者・兵士評議会が、USPDとKPD、および兵士評議会から各一名の人民委員を任命した。さらに一五名から成る執行評議会が設置され、「ブレーメンは自立した社会主義共和国である」という宣言が行なわれた。これは、ベルリンのSPD政府との絶縁と、独自の評議会《レーテ》共和国の樹立を意味したのである。人民委員は、電報でドイツの全労兵評議会に連帯を要請した。ヴァイマルでの国民議会開会の二日前、マルク方面軍最高司令官ノスケの命令によって、義勇軍団「ゲルステンベルク師団」が、独立の共和国となった自由都市ブレーメンに進攻した。同じくハンザ同盟都市であるハンブルクの労働者たちが、共和国防衛に赴こうとしたが、SPDが主導権を握っていたハンブルクの労兵評議会はそれを阻止した。二月四日、義勇軍団は住民たちとの戦闘のすえにブレーメンを武力で制圧して、独立共和国は二六日間の生命を終えた。

独立の動きはそれだけではなかった。ドイツ最大の鉱工業地帯であるライン・ヴェストファーレンのルール地方の一都市ケルンで、一九一八年一二月四日、カトリックの中央党が集会を開き、「ラインラント・ヴェストファーレン共和国」の宣言と、ドイツからの分離独立を、要求していたのである。同党幹部のケルン市長で、のちに第二次世界大戦後のキリスト教民主同盟(CDU)党首としてドイツ連邦共和国(西ドイツ)の初代大統領となるコンラート・アーデナウアーが、この要求の中心的な推進者のひとりだった。分離独立は、革命の推進によって炭鉱や重工業の社会化がルール地方にも及ぶことを恐れた大資本家たちの意図にもとづくものだったのである。これに対して一二月一五日には、同地方の四万人の労働者が、分離に反対し「単一の社会主義共和国」を支持するデモを行なった。しかし、ライン・ヴェストファーレンの分離独立は、制憲国民議会での憲法審議のなかでもなお要求され続けたのだった。

この独立要求の対極には、もちろん、ドイツ帝国が他民族を支配していた広大な領域に、ドイツからの独立回復を求める人びとが残されていた。これらの地域の帰属は、このあと講和條約によって決定されるはずだった。それとは逆に、旧オーストリア・ハンガリー帝国のドイツ人居住地域、いわゆる「ドイツ・オーストリア」には、ドイツとの合併を求める動きがあった。国民議会選挙では、ドイツ国内に居住するオーストリア国籍のドイツ人にも選挙権が与えられたが、合邦が実現される場合のオーストリア・ドイツ人の主権と意思は、国民議会にも政府にも反映されていなかった。

だが、さらにそれらの地域以外にも、ベルリン政府や国民議会によって代表されていない人びと、あるいはむしろ、それらによって代表されることを拒否する人びとがあったのである。一月二八日、「ヴェンデ人国民委員会」が、何世紀にもわたる残虐なゲルマン化政策に抗議し、自立したヴェンデ人国家の形成を要求する声明を発表した。ヴェンデ人(Wende)は、「ゾルベ人」(Sorbe)とも呼ばれ、現在のドイツ東部、ザクセン州とブランデンブルク州の限られた地域に住んで、ソルビア語を母語とし独自の文化を持つ西スラヴ系の少数民族である。旧ドイツ帝国領のポーランドやアルザス＝ロレーヌの住民が非ドイツ民族として意識されるのと比べて、人口の〇・一%にも満たない極小民族のヴェンデ人は、異民族としてのその存在さえ意識されぬまま同化政策によって自立性を奪われてきたのだった。この人びとの存在さえ眼中にない政府と議会が、全ドイツを代表しているはずはなかったのである。——ちなみに、第二次世界大戦後のドイツ民主共和国(東ドイツ)は、歴史上はじめて憲法と法律でゾルベ人の民族主権を保障した。一九九〇年の西ドイツによる東ドイツの併合に先立って、東ドイツの民主化運動のなかで生まれた「円卓会議」が、内部からの改革の拠り所として作成した憲法草案には、その第三四条として、東ドイツ憲法（第四〇条）よりさらにいっそう具体的にゾルベ人の自治権を保障し支援することを規定した条項が盛り込まれた。しかし、西ドイツが一方的に東を併合した結果、現行のドイツ連邦共和国憲法にはそれが生かされぬままに終わった。現在では、ゾルベ人の居住地域である二つの州が、州憲法でその民族的権利を保障しているのみである。

ドイツ各地で燃えつづける自立闘争は、首都ベルリンにとっても無関係ではなかった。ここでは、直接的に、エーベルト＝シャイデマン政府からの、すなわち「ヴァイマル体制」からの自立を求める労働者の闘争が、一月闘争の敗北後も絶えなかった。それらのうちで最大のものが、前述の「ベルリン三月闘争」である。一九一九年三月三日、前年一二月の「第一回全国レーテ会議」による軍の命令権・兵士評議会の権限に関する決議の実行と、反革命義勇軍団の解体などを要求して、KPDのイニシアティヴのもとにゼネストと武装闘争が開始された。政府はベルリンに戒厳令を布き、ヴァルター・フォン・リュトヴィッツ大将の軍隊をベルリンに進駐させた。軍隊は躊躇なく革命側を砲撃し、闘争は一週間後に鎮圧された。防衛大臣ノスケが即決裁判による処刑を容認したことによって、一〇〇〇人以上の労働者と、二九人の「人民海兵師団」の兵士たちが処刑された。殺された人びとのなかには、KPDの中央委員でローザ・ルクセンブルクの親密な同志だったレーオ・ヨギヒェスも含まれていた。三月一二日、政府軍はベルリンを制圧し、三月闘争は終わった。

独立のブレーメン共和国を義勇軍団の軍事力によって打倒し、ヴェンデ人の独立要求を黙殺し、首都の闘争を鎮圧した政府と国民議会は、それでもなお、ドイツにおける単一の国家権力とはならなかった。南部の旧バイエルン王国では、ベルリンにおけるよりも二日早く樹立された共和国が、なお独自の革命を推進する途上にあったのである。

バイエルン共和国の革命政権主席となったクルト・アイスナーが、当面、ドイツからの分離独立を考えていなかったことは、疑いない。バイエルンの革命政府は、国民議会選挙をボイコットせず、それに参加した。それ以前のアイスナーの言動からも、彼が、旧ドイツ帝国と同様の国家形態、すなわちドイツという連邦国家のなかでバイエルンがひとつの邦国、あるいは州として自立性を持つことを考えていたのは、明らかだった。ドイツ帝国が崩壊してから半月後の一九一八年一一月二五日に、君主制を排除したドイツ各邦の政府代表者の会議がベルリンで開かれたとき、バイエルン共和国の代表として出席したアイスナーは、エーベルトが代表する中央政府を厳しく批判した。(56) この批判は、エーベルトの政府と決別するためではなく、今後みずからがその一翼を担わなければならない国家社会のありかたに関わることであればこその批判だったのである。アイスナーは、人民代理委員評議会の政府が、現在の時点で社会主義を実践しようとするのは間違いだ、と批判したのだった。同席していた人民代理委員シャイデマンは、アイスナーのこの発言に同意を表明した。いま社会主義革命を主張する労兵評議会は、結局は非民主的な「階級議会」になってしまうのだ、という自説を援護してくれる意見だと解したのである。だが、アイスナーが言おうとしたのは、まったく逆のことだった。彼は、評議会こそが未来の仕事のための土台である、という原則を主張したのである。建物の冠《かんむり》たる屋根に過ぎない政府と国民議会が、現時点で社会主義を実践することはできない。評議会《レーテ》運動のなかから社会主義が育っていくのだ、というのが、エーベルト＝シャイデマンの「社会主義政府」に対するアイスナーの根底的な批判だった。
それゆえ、いわゆる中央政府とアイスナーとのあいだには、革命と新しい社会のありかたについての根本的な相違があった。その相違は、今後どのような展開を遂げるか、まったく未定だった。バイエルン共和国が国民議会選挙に参加し、国民議会に代表を送っているということは、バイエルンにおける革命の今後の進展を制約するものではなく、むしろ今後の進展によって変更され得るものだった。国民議会を革命の到達点にしようとするベルリン政府の意図とは逆に、バイエルンでは革命が進行中だったからだ。——そして、ヴァイマルの国民議会が開会した半月後、バイエルンの革命はまったく予想されなかった展開を迎えたのである。

（3）バイエルン共和国の打倒とヴァイマル憲法の制定

ブレーメンで評議会《レーテ》共和国が樹立された翌日、ノスケ指揮下の義勇軍団がベルリンの「一月闘争」を鎮圧した。その同じ一九一九年一月一二日、バイエルン共和国では、アイスナーが建物の屋根にたとえたバイエルン国民議会の選挙が行なわれた。その結果、各党の獲得議席数は以下のとおりだった。

バイエルン人民党＝六六、SPD＝六一、ドイツ国民党＝二五、バイエルン農民同盟＝一六、バイエルン中間党＝九、USPD＝三　（議席総数＝一八〇）

これらのうち、「バイエルン人民党」は、シャイデマン内閣の連立与党となった「中央党」のバイエルンにおける活動家たちが前年末に結成した地方政党である。そして「ドイツ国民党」は、「ドイツ民主党」（ＤＤＰ）のバイエルンにおける党名だった。議席を獲得した六党のうち、ＳＰＤとＵＳＰＤ以外は、バイエルンという地元との強い結びつきを党名でも強調していたのだった。そして、この選挙で、革命政府主席クルト・アイスナーのＵＳＰＤは、一八〇議席中わずか三議席という惨敗を喫したのである。得票率も五％に過ぎなかった。二月二一日に開会される国民議会の冒頭で臨時政府の全人民委員が辞任することを、アイスナーは決意しなければならなかった。

二月二一日、辞任のために議事堂に向かう途中の路上で、アイスナーは、二二歳のバイエルン軍将校によって射殺された。

同志アイスナー殺害さる！

本日午前一〇時少し前、同志アイスナーが邦議会に赴かんとしていたところ、外務省の庁舎前の遊歩道で、彼を狙った銃撃がなされた。同志アイスナーは三発の銃弾を頭部に受け、即死した。下手人の予備役少尉、アルコ・ヴァリイ伯爵なるものは、警備員たちによって即座に撃ち倒され、瀕死の重傷を負っている。

労働者兵士諸君！　反革命は、憎んでも余りある社会主義革命の指導者を打ち倒すことによって、最初の大きな打撃を加える身構えを見せたのだ。

市民自警団、白衛軍、水曜クーデター、これらはみな社会革命を圧殺するための行程である。

掘り崩しの陰謀は、報道機関の誹謗中傷に充ちた煽動のなかに自己表現の場を見出していた。カネで買われたそれらは、偽善的に平穏と秩序を説教しながら、卑劣な暗殺をよしとする空気を作り出したのだ。

労働者兵士諸君！　諸君は再び以前の軍国主義、資本主義の桎梏に屈従させられようとしている。

いまこそ、革命を救うために行動するときだ！　ゼネラルストライキに起て！　職場から出よう！　ブルジョアジーとその犯罪的な手先どもを打倒しよう。社会主義革命万歳！

ミュンヒェン、一九一九年二月二一日
ドイツ独立社会民主党〔以下、署名略〕

バイエルンのUSPDがただちに発した声明は、アイスナー暗殺を報じるとともに、抗議のゼネストと革命の防衛をこのように呼びかけた(57)。文中で言及されている「市民自警団」とは、革命に抵抗する市民階級や農業資本家たちが、治安の悪化を理由に、労兵農評議会と革命政府の反対を押し切って結成した武装自警集団である。「白衛軍」と呼ばれているのは、革命打倒を目的として構成された軍隊組織のことで、この名称は、ロシア革命のなかで革命側の軍隊「赤衛軍」（「赤軍」）に対して反革命側の軍隊を「白衛軍」（白軍）と呼んだことに由来する。まさに、バイエルンにおける反革命の義勇軍団《フライコール》にほかならなかった。そして、これらの反革命軍事組織が革命の進行を脅かしはじめるなかで、アイスナー暗殺の二日前、二月一九日の水曜日に、ヴィルヘルムスハーフェンから復員してきていたバイエルン出身兵を中心とする水兵六〇〇名の部隊が、革命政府と労兵農評議会メンバーを逮捕するために武力行動を起こした。このクーデター計画は二時間たらずで革命政府側によって鎮圧されたが、クーデターの指揮者だった海軍上等兵コンラート・リッターは、革命政府の内務大臣で反アイスナーの急先鋒であるSPD幹部エーアハルト・アウアーから、あらかじめ指示を受けていたのである。アウアー内相は、アイスナーや評議会の反対を押し切って「市民自警団」の構成を許可した責任者でもあった。

アイスナーを暗殺したアントン・グラーフ・フォン・アルコ・アウフ・ヴァリイという人物の行動もまた、バイエルン革命が直面していた根強い抵抗と妨害のなかから生まれたものだったのだ。この人物の姓の一部となっている「グラーフ」というのは、貴族の称号で「伯爵」を意味する。「フォン」(von)は英語のofに対応する前置詞だが、英語のSirと同様に姓の前につけて貴族の出自を表わす語として用いられる。「自由共和国バイエルン」における革命の進展は、あらゆる階級差別を、もちろん貴族の特権も、廃絶するはずだった。労働者や徴兵された兵士たちが、「再び以前の軍国主義、資本主義の桎梏に屈従させられ」ないためには革命を防護しなければならないとすれば、伯爵アントン・フォン・アルコ・ヴァリイは、身分的特権を防護するためには革命を打倒しなければならなかったのである。

警備隊員たちに銃撃された暗殺者は重傷を負いながら一命を取り留めたが、バイエルン共和国における革命は、その最初の段階でアイスナーというひとりのリーダーを失うことになった。しかし、アイスナーを失った瞬間に、バイエルンの革命は第二の段階に足を踏み入れたのである。アイスナーの到着とともに開会されるはずだった国民議会は、内相アウアーがアイスナーへの哀悼の辞を述べたあと、開会延期を決定した。その瞬間、労働者評議会のメンバーであるひとりの人物が議場に乗り込んで、アウアーに向けて拳銃を数発発射した。アウアーは重傷を負い、さらに続けて発射された銃弾で二人が死亡、数名が負傷した。この予期せぬ出来事が断絶と新たな始まりの合図でもあったかのように、ただちに革命推進のための「行動委員会」が結成された。行動委員会は、SPD、USPD、KPDの社会主義三党と、労働者・兵士・農民評議会の執行評議会との各代表、合計一一名から成り、この新しい行動委員会が「バイエルン共和国中央評議会」として革命政権を引き継いだ。これが、バイエルンにおける第二革命の始まりとなった。中央評議会は午後三時にミュンヒェン全市に戒厳令を布き、USPDはアイスナー暗殺に抗議する三日間のゼネストを呼びかける声明を発した。圧倒的に多くの公的機関や住民たちが、暗殺を非難する意思表示を行なった。

　一九一八年一一月七日の共和国宣言のあと、バイエルンでの革命は首都ミュンヒェンからたちまち諸都市に拡大波及していた。数日のうちに、ニュルンベルク、アウクスブルク、ヴュルツブルク、ルートヴィヒスハーフェンなどで評議会《レーテ》が形成され、ミュンヒェンと歩調をそろえたのだった。アイスナー暗殺の四日後、二月二五日から三月八日までミュンヒェンで開かれたバイエルン労働者・兵士・農民評議会は、三月一日、SPDのマルティン・ゼーギッツを首班とする新しい政府を選出した。ここから革命の新たな段階が始まるはずだった。だが、九人の閣僚のうち四人しか占めることができなかったSPDが政府から脱退した結果、革命政府は消滅した。この危機に対処するため、労兵農評議会の決議によって、休会していたバイエルン国民議会が三月一七日に再開され、議会はSPDのヨハネス・ホフマンを満場一致で首相に任命した。新政府は翌一八日に発足し、SPDのホフマンが首相と外相と教育文化相を兼任したうえ、内務相、法務相、軍事相のポストをSPDが握った。USPD

は社会福祉省、商工産業省を、バイエルン農民同盟は農林省を担当し、交通運輸省は無党派の閣僚に委ねられた。同日、議会は、バイエルンの貴族制度を廃止する法案を圧倒的多数の賛成で可決した。これにもとづいて、貴族の称号を用いることを禁止する政令が四月五日に公布された。

しかし、バイエルンの革命はなおも変転を重ねなければならなかった。四月六日から七日にかけての夜に、「中央評議会」のミュンヒェン在住メンバーと、社会主義三党によって構成された「ミュンヒェン革命的労働者評議会」との合同集会が開催され、そこで「バイエルン評議会《レーテ》共和国」の宣言が決定された。バイエルンは、この第三次革命で初めて正式に評議会《レーテ》共和国となったのである。革命の最高執行機関である臨時革命評議会の首班には、のちに後期表現主義の代表的な劇作家・詩人となるエルンスト・トラー（USPD）と、「中央評議会」議長のエルンスト・ニーキッシュ（SPD）が任命された。当初は共同行動を予定していたKPDは、全国各地で労働者の闘争がベルリン政府の軍事力によって圧殺されているなかでいま評議会《レーテ》共和国を樹立するのは適切ではない、としてこれに参加しないことを決定した。革命評議会のメンバーとして、名高いアナーキストのグスタフ・ランダウアーとエーリヒ・ミューザームが加わったことも、KPDがこの共和国を「ニセ評議会《レーテ》共和国」（Scheinräterepublik《シャインレーテレプブリーク》）と呼んで批判する理由のひとつだっただろう。さらにSPDも、党内左派のニーキッシュと決別して不参加を決定した。革命評議会は、国民議会の解散を宣告して評議会に権力を集中するとともに、革命防衛のため「赤軍」の形成を決定し、三月二一日に「評議会《タナーチ》共和国」を樹立していたハンガリーと、連合国の干渉出兵と国内反革命との戦いをつづけるソヴィエト・ロシアとに対する連帯を決議した。ホフマンの政府は、ニュルンベルクへ、さらにはバンベルクへ所在地を移した。
四月一三日早朝、古い貴族の出であるアルフレート・フォン・ザイファーティッツによって組織された義勇軍団「共和国防衛軍」が、革命評議会のメンバーたちを急襲し、エーリヒ・ミューザームその他を逮捕して、そのまま市外へ拉致した。ホフマン政府の復権を告げる掲示が出される一方、KPDを支持する労働者や歩兵聯隊の兵士たちと反革命軍との市街戦が開始された。日没までに市民を含む一七名の死者と多数の負傷者を出して、反革命軍は敗走した。新たな「バイエルン評議会《レーテ》共和国」の樹立が宣言された。この第四次革命は、KPD、SPD、USPDの一五名から成る「行動委員会」に革命の最高権力を委ねた。そのなかから四名の「執行評議会」が選ばれ、KPDのオイゲン・レヴィネがその首席となった。だが、大企業や生活のための基盤《インフラ》企業、大農場経営などの社会化を始めとする革命の実践に着手することを、この新しい革命政権は許されなかった。共和国の打倒を目指しているのは、「共和国防衛軍」だけではなかったのだ。すでにバイエルンの各地には、ベルリン政府によって送り込まれた反革命の義勇軍団《フライコール》を主軸とする軍隊が、進駐を始めていた。ミュンヒェンの革命政府は、防衛のためただちに赤軍を組織し、この日に満二三歳になったばかりの海軍兵士ルードルフ・エーゲルホーファーを最高司令官に任命した。このとき、彼の生涯はあと二〇日しか残されていなかったのである。ミュンヒェンに近いダッハウの町では、前日まで革命評議会の議長だったエルンスト・トラーが、赤軍の指揮官となって反革命軍の進撃を迎えようとしていた。

四月二三日、ベルリンで防衛大臣ノスケが、みずからバイエルン攻略の総指揮を取ることを決め、基本戦術に関する命令を発した。二七日には、バイエルンを本拠地とするフォン・エップ大佐の義勇

「バイエルン・レーテ共和国」を支持する大衆デモ、ミュンヒェン1919年4月22日——先頭（手前中央）の白いカッパを羽織った横向きの人物が赤軍最高司令官ルードルフ・エーゲルホーファー
出典：*Illustrierte Geschichte der deutschen Novemberrvolution 1918/1919.*（A-8）

軍団「バイエルン義勇狙撃軍団」（略称＝「エップ義勇軍団」）が、国防軍の指揮下に入った。四月三〇日、六万の兵力の反革命軍がミュンヒェン包囲を完了し、市内への突入を開始した。「リュッツォー義勇軍団」、「エーアハルト海兵旅団」、「グラーフィング義勇軍団」、「ヴェールデンフェルス義勇軍団」、「オーバーラント義勇軍団」「バイエルン義勇狙撃軍団」などの義勇軍団は、ミュンヒェンの「市民自警団」とともに、圧倒的な兵力でつぎつぎと革命側の抵抗を撃破し、五月二日の夕方には、ミュンヒェン市内を完全に制圧した。犠牲者は、市内の戦闘だけで六二五人に達した。クルト・アイスナーとともに多くの民衆に敬愛された無政府主義《アナーキズム》思想家のグスタフ・ランダウアーは、政治的・思想的な立場を異にするKPDが指導権を握ったのちも、評議会《レーテ》革命

ミュンヒェンに侵入した「ゲルリッツ義勇軍団」の部隊——兵士たちの鉄兜には鉤十字(ハーケンクロイツ)、軍用自動車のボンネット前面には髑髏が描かれている
出典：G. Schmolze：*Revolution und Räterepublik in München 1918/19.*（B-10）

の活動家として働きつづけ、五月一日に義勇軍に逮捕されたのち、これらベルリン政府の傭兵たちによって翌二日に刑務所内でなぶり殺しにされた。革命政府主席のオイゲン・レヴィネは、市内に潜伏しているところを逮捕され、軍事裁判所で死刑を宣告されたのち、六月五日に銃殺された。

　理想と現実との合一をあたかもお伽噺《メールヒェン》の世界でのように実現しようとしたバイエルン革命は、現実の壁を突破できなかったのである。SPDミュンヒェン支部と占領軍司令部は、進攻してきた軍隊は「白軍」ではなく「社会主義政府の軍隊」であるとの告示を公布した[58]。

　二月二八日から憲法原案の逐条審議を継続していたヴァイマルの憲法制定国民議会は、一九一九年七月三一日の本会議で採決を行ない、賛成二六二、反対七五、保留一で新憲法を可決した。八月一一日、大統領エーベルトと政府閣僚がこれに署名し、新憲法は八月一四日に公布と同時に施行された。ブレーメンに次いで最後のレーテ共和国バイエルンを軍事力で粉砕した「ヴァイマル連合」政府のドイツは、歴史上もっとも民主主義的とされる憲法を持つことになったのである。

Ⅳ 革命の文化

略年表 Ⅳ

1849. 3.28	フランクフルト国民議会，憲法草案を採択　→施行されず
1871. 4.16	「ドイツ帝国憲法」（ビスマルク憲法）発布
1905. 6.	芸術家集団「ディ・ブリュッケ」（橋），ドレースデンで結成　→ドイツ表現主義の誕生
1907.	ヴィルヘルム・ヴォリンガー『抽象と感情移入』を発表
1916. 2.	チューリヒ「キャバレー・ヴォルテール」で「ダダ」誕生
7.	W・ヘルツフェルデ，『ノイエ・ユーゲント』（新青年）の刊行を引受ける　→「マリク書店」とベルリン・ダダの萌芽
1917. 3.	ヘルツフェルデ，「マリク書店」を設立
9.	反戦文芸雑誌『煉瓦を焼く人』，ミュンヒェンで創刊
1918.11. 8	「精神労働者評議会」結成，文化革命の綱領を採択
12. 3	革命芸術家集団「11 月グループ」，ベルリンで創立集会
12.25	「芸術労働評議会」，綱領を発表し「アンケート」を送付
1919. 1.10	「ブレーメン・評議会《レーテ》共和国」樹立，表現主義画家ら参加
2. 6	「国民議会」開会　→ 2.11 エーベルトを大統領に選出
2.13	シャイデマン（SPD）内閣成立　→「ヴァイマル連合」政府，ノスケは国防相に就任
2.15	マリク書店，『誰もが自分のフットボール』を発刊
3. 3	ベルリンでゼネストと武装闘争（KPD のイニシアティヴ）
～ 12	→ノスケ，即決裁判による 1000 人以上の死刑を容認
4. ～ 5.	『煉瓦を焼く人』のレート・マルト，バイエルン・レーテ共和国の革命法廷設立準備委員会議長に選出される
6. 2	『デア・ダダ』発刊　→ベルリン・ダダの登場
7.31	国民議会，憲法草案を可決　→ 8.14 新憲法を公布・施行
12.	『デァ・ゲーグナー』（敵対者），版元をマリク書店に移す　→ユリアン・グンペルツと W・ヘルツフェルデの編集
1920. 2.24	ベルリン・ダダのライプツィヒ巡業公演に聴衆 2000 人
3.13	「カップ・クーデター」　→ゼネストにより敗走
4. ～ 6.	ジョーン・ハートフィールド，ショルシュ・グロスと G.G.L・アレクサンダーとの「芸術ヤクザ論争」
6. 6	ヴァイマル憲法下で最初の国会選挙，KPD も参加
10.14	「プロレタリア劇場・大ベルリン革命的労働者舞台」の旗揚げ公演開幕　→ G.G.L・アレクサンダーが批判
1921.12.21	『煉瓦を焼く人』の最後の号（第 13 冊）発行される　→発行人レート・マルト，指名手配のまま行方不明に

1 「ヴァイマル民主主義」とは何か？

（1）君主制打倒がもたらした自由人権

一九一九年一月一九日の投票で選ばれた憲法制定国民議会は、二月六日に開会式を行なったのち、翌一九二〇年の五月二一日まで、一年三カ月半にわたって活動をつづけた。議場がヴァイマルの州立劇場からベルリンの修復された国会議事堂に移されたのは、新憲法が制定された翌月の一九一九年九月三〇日だった。そのために、新憲法は、それが審議され制定された都市にちなんで「ヴァイマル憲法」とも呼ばれることになったのである。

国民議会は、その会期中に、戦勝国である連合国側との講和条約の具体的な内容を承認するなど、憲法と直接には関わりのない案件についても審議と議決を行なった。しかしその主要な任務は、君主制を打倒したのちに生まれた国家社会とそこに生きる人間たちの将来を決定する、新しい憲法の制定だった。すでに、帝政崩壊から間もない一九一八年一一月一四日、臨時革命政権である人民代理委員評議会は、ドイツ民主党（DDP）の創立メンバーでもあった法学者のフーゴー・プロイスを内務行政長官に任命し、憲法草案の起草を委託していた。当初は、社会学者のマックス・ヴェーバーも草案作成に加わるはずだったが、革命の方針をめぐる意見の相違から実現しなかった、とされている。

プロイスはわずか五週間で草案を書き上げ、国民議会選挙の翌日、一月二〇日にそれを臨時政府に提出した。これを受けて、一月二五日に、プロイスの草案のうち全国政府と各邦政府との関係についての諸条項をめぐって討議するため、ドイツ各邦の革命政府代表者による会議が、エーベルトを座長として開かれた。そこで早くも、エーベルトおよびプロイセン首相のパウル・ヒルシュと、バイエルン共和国主席のクルト・アイスナーを始めとする南部諸邦の代表とのあいだで、相互の権限をめぐって激しい意見の対立が生じたのだった。中央政府の強い権限のもとでドイツの中央集権化を進めようとする側と、各邦国が大幅な自治権を持つ共和国として独自の未来を切り開く可能性を重視しようとする側との隔たりは、依然として残されたままだった。そのあと、議論の場は、二月六日にヴァイマルで開会された国民議会に移り、まず議会の憲法委員会に付託されることになる。

DDPのコンラート・ハウスマンを委員長とする憲法委員会は、二月二四日に委員会に提出された草案をめぐって四カ月にわたる審議を重ね、修正をほどこした原案を本会議に上程した。七月二日から逐条審議を開始した本会議でも、条文によってはかなり激しい論議が交わされた。いくつかの条項については採決で可否を問うという手続きを踏んで、修正が加えられたのち、七月三一日の本会議で最終的な採決が行なわれた。採決の結果、憲法法案は賛成二六二、反対七五、保留一で可決成立した。賛成の比率は七七・五%だった。

けれども、じつは、八三人もの議員が、採決のさいに欠席して投票に加わらなかったのである。もちろん法的に問題はなかった。この憲法自身のなかでも憲法改定の手続きに必要な条件とされている「議員総数の三分の二以上の出席、出席議員の三分の二以上の賛成」という条件は満たされていた。だが、賛成票は、圧倒的多数とはほど遠く、議員総数の三分の二に当たる二八一にさえも、達していなかったのだ。この事実は、新しい憲法が国民の総意を体現しているとは言い難いものとして生まれたこと、それゆえにこの憲法の前途もまた容易ではないことを、物語っていた。

新憲法の制定によって、一八七一年以来の旧「ドイツ帝国憲法」は廃止された。新しい憲法と旧憲法との最大かつ本質的な差異は、約言すれば、つぎの点にあったと言えるだろう。——旧憲法の諸条項は、もっぱら帝国と帝国を構成する諸邦との権限の配分、事実上はプロイセン王国とそれ以外の諸邦との権力関係を、明文化したものだった。すべての条文が、この権力関係にもとづく帝国と諸邦との具体的な政治運営の規定だったのである。帝国の構成員であるはずの人民に関する条項は、この憲法にはまったく存在しなかった。強いて言えば、下院である「帝国議会」の選挙と運営についての諸条項が人民に関わる部分だが、これらも、人民の権利・義務には何ひとつ言及していない。それに対して新憲法は、国の中央政府と国を構成する諸州との立法・行政・司法上の権限の規定に加えて、この国家社会を形成し運営する主体としての「ドイツ人」たち（die《ディ》 Deutschen《ドイッチェン》）の基本権、つまり基本的人権を、条文で具体的に規定し、明確に保障していた。そればかりか、それら諸権利を実現する義務と責任を、国家およびドイツ人自身に課していたのである。

新憲法は全体が二部から成り、そのうちの第一部「帝国の構成と任務」では、主として旧憲法の内容だった国家権力に関する諸条項が規定されている。国と諸州との権限配分については、バイエルン州にいくつかの自由裁量権が残されたが、旧帝国憲法がバイエルン王国に認めていた鉄道・郵政・軍備などに関する一定の自治権を廃止し、文化行政に至るまでの広範な領域で中央集権を大幅に進めたほか、旧プロイセン王国の諸州を統合し再編することによって、それ以外の旧邦国との均衡が図《はか》られた。その結果、二院制の議会の上院に当たる新しい「全国参議院」（Reichsrat《ライヒスラート》）においては、旧「連邦参議院」(Bundesrat《ブンデスラート》)でプロイセンが保持してきた過大な権限が撤廃された。また、学校に対するキリスト教会の監視・命令権を原則として州の権限に移し、学校での宗教活動に参加するかどうかは児童の保護者の意思に委ねるなど、個々人の信教の自由とも関わる変革がなされた。

だが、この憲法がしばしば、歴史上もっとも民主主義的な憲法として称揚されてきたことの根拠は、その第二部「ドイツ人の基本権と基本義務」にあるだろう。新憲法は、第二部の五七カ条によって、じっさいに施行され運用された憲法としてはドイツの歴史上はじめて、基本的な人権を具体的な条文のなかで明文化し、それらの人権の実現を国とその構成員に義務づけた。とりわけ、人間の自由と平等、そして自由と平等を享有する人間たちの社会的連帯という、フランス革命によって目標に掲げられながらまだ実現に至っていない理念が、この憲法であらためて、実現すべき近い目標として、宣言されたのである。

法律によるほかは自由を制限または剝奪されないという「個人の自由」(第一一四条)を始めとして、新憲法は以下のような諸権利を保障していた。

「移動・居住と職業の自由」(第一一一条)、「住居の不可侵」(第一一五条)、「通信の秘密の保護」(第一一七条)、「思想信条・表現の自由、検閲の禁止」(第一一八条)、「集会の自由」(一二三条)、「団体・結社の自由」(一二四条)、「投票の自由、投票の秘密」(第一二五条)、「芸術および科学の自由と、それらを教授する自由」(第一四二条)、「所有財産の保護、財産没収の制限」(第一五三条)、「外国語を常用する人民の民族独自の発展と、教育、国内行政、司法における母語の使用の権利」(第一一三条)など。

これらの諸権利は、帝政時代には、憲法で保障されるどころか実質的に人民とは無縁だった。新憲法はそれを明確に保障した。だが、それ以前に、これらの自由と権利に関する諸規定に先立つ条文で、これまでこれらの人権を大多数の人びとから奪う根拠となってきた社会的な不平等を禁止することが、定められたのである。

第一〇九条（平等の原理、同等の権利、称号、勲章）　すべてのドイツ人は、法の前に平等である。／男性と女性は、原理的に同一の、国家公民としての権利と義務を有する。／出生もしくは身分による公法上の利益もしくは不利益は、廃絶されねばならない。貴族の名称は、名前の一部という意味を持つに過ぎず、今後は授与されてはならない。／称号は、それが職務もしくは職業を表示するときにのみ、授与することを許される。学位は本項に該当しない。／勲章および栄誉賞は、国家によって授与されてはならない。／いかなるドイツ人も、何らかの外国政府から称号もしくは勲章を受けてはならない。

個人の自由、思想信条・表現の自由など、新憲法が認めた基本的人権は、従来まったく存在せず、まったく保障されていなかった、というわけではない。それらは、ある特定の人間たちにとってだけ、自明のものとして、あたかも自然によって与えられた「自然権」であるかのように、存在していたのである。旧憲法のもとでは、選挙権は男性にしかなかった。帝国議会の上院は、貴族階級だけのものだった。公爵《ヘルツォーク》や侯爵《フュルスト》や伯爵《グラーフ》や男爵《フライヘル》や騎士《リッター》たちは、名前に付した「フォン」（von）という三文字によって、社会構成員のうちわずか二パーセント弱の貴族階級だけが持つ特権を、社会生活のあらゆる局面で誇示し行使していた。そして、その人間の職業や役職とは関わりのない「枢密顧問官」（Geheimrat《ゲハイムラート》）その他の称号は、権力との近さを表わす位階であり、それを与えられた人間の社会的等級のしるしだった。これらのしるしによって、社会的な差別は自明のものとして定着させられ、日常化させられてきた。新憲法の第一〇九条は、そのような特権が許される根拠そのものを、すなわち社会的な差別の根を、断ち切ろうとしたのだった。それを断ち切る具体的な方途として、既存の身分的特権を廃止しただけでなく、今後の差別の根を絶つために、国家による人間の等級的価値づけである勲章と栄誉賞を、禁止したのである。国家にその授与を禁じただけでなく、ドイツ人がそれを受けることを禁じたのである。

基本的人権の保障や社会的差別の撤廃がヴァイマル憲法で規定されたことは、疑いもなく、ドイツ革命によって君主制という国家社会の体制が打倒された結果にほかならなかった。君主制の廃絶は、皇帝と諸邦の王侯たちを頂点とする国家社会の果てしない差別関係が、なんら自明のものでも不変のものでもないことを、目に見えるかたちで示した。それだけではなく、出自や社会的地位による差別が自明の既成事実とされている現実のなかでは考えることもできなかったそれらの差別の廃止を、はじめて可能にしたのである。国家社会の構成員には、どのような社会的位置で生きていようが、固有の基本的人権があるのだということ——これが理念や理想ではなく現実のこととして宣言され、実現されるためには、革命によって君主制が崩壊させられなければならなかったのだ。ヴァイマル憲法を特徴づける人権条項に目を向けるとき、それらが君主制打倒によってこそ獲得されたという事実を度外視することはできない。

なぜなら、それらの人権理念そのものは、それどころかそれらの人権を保障する条文そのものも、ヴァイマル憲法のなかで初めて掲げられたのではなく、七〇年前に敗北した革命のなかで、すでに声を発していたからだ。一九一八年一一月に始まるドイツ革命は、ついに現実に君主制を打倒することによって、この声に肉体を与えたのである。

(2) 憲法に刻印されたドイツ革命

一八四八年のドイツにおける「三月革命」は、プロイセンとオーストリアという二大強国を延命させ蘇生させたまま、敗北した。革命の主力となった市民階級《ブルジョアジー》は、国家権力を直接的に握ることには失敗したが、そののち彼らの上層部は、資本主義経済体制の発展を領導する役割を担い、国家社会の支配階級へと変身を遂げることになる。しかし、一八四八年の革命が残したものは、旧体制の存続とブルジョア階級の勃興だけではなかった。決定的に新しいものが、その革命のなかで芽生えていたのである。

封建的な君主制を打倒するはずだった革命が、既存のドイツ諸邦、とりわけプロイセンとオーストリアでの部分的改革によって鎮静化させられていくなかで、一八四八年五月一八日、諸邦から選出された代表者たちによる「国民議会」が、ドイツ中西部、マイン河畔のフランクフルト(フランクフルト・アム・マイン)で開会された。ドイツ諸邦を新しい連邦制の統一国家へと再編することを目的として、その新国家の憲法を起草することが、国民議会の主要な目的だった。この改革の試みは、オーストリアとプロイセンがそれに敵対したことによって、最終的には挫折した。一八四九年三月二八日に採択された憲法は、この憲法のもとに統一国家を形成するはずだった三九の諸邦のうち二八の小邦国がこれに同意しただけで、新しい国家の成立には至らなかった。国民議会は、無為のまま、二カ月後に消滅した。しかし、成立した憲法は、じっさいには施行されないまま、「三月革命」の理念、それが実現しようとした理想を体現するものとして、後世に残された。

フランクフルト国民議会の会場となった「聖パウロ教会堂」にちなんで「パウロ教会憲法」(Paulskirchenverfassung《パウルスキルヒェンフェアファッスング》)と呼ばれるこの憲法は、正式には「ドイツ帝国憲法」(Die《ディ》 Verfassung《フェアファッスング》 des《デス》 Deutschen《ドイッチェン》 Reiches《ライヒェス》)という表題を持っている。従来のドイツ諸邦による国家連合、「ドイツ連邦」(Der《デア》 Deutsche《ドイッチェ》 Bund《ブント》)を基礎としながら、しかし統一国家としての単一の帝国を建国するという理念が、憲法の表題の国名にも表わされている。しかし、もちろんそれはあくまでも「帝国」としてのドイツだったのである。この憲法によれば、帝国の「元首」は、帝国を構成する諸邦の君主のうちのひとりである「皇帝」だった(第六八条)。「帝国」である以上、皇帝の存在とその権力は自明の理だったのだ。それどころか、この憲法には、「皇帝の人格は侵すことができない」(第七八条)という一条さえあった。もちろん、この場合の「人格」(Person《ペルゾーン》)とは、単なる個人の人格ではなく、ある役割や権限を持つ公人を意味する。当然のことながらこの条文は、皇帝個人ではなくその地位の不可侵を定めている。とはいえ、あたかも「大日本帝国憲法」の第三条、「天皇ハ神聖ニシテ侵スヘカラス」を思い起こさせるようなこの条文からも、この憲法を起草し採択した人びと、つまり三月革命の主体たちが、君主政体を不可侵のものとしてしかとらえることができなかった、という事実は歴然としている。

それにもかかわらず、あるいはその国家観念とは対照的に、この憲法は、全七部一九七カ条のうちの第六部六〇カ条（第一三〇～一八九条）を、「ドイツ人民の基本権」の規定に充《あ》てているのである。その最初の条項である第一三〇条には、こう記されている――「（無制限の基本権）ドイツ人民には、以下各条の諸基本権が保障されていなければならない。それらは、ドイツの個別諸邦国の憲法に基準として採用されなければならず、ドイツの個別諸邦国のいかなる憲法もしくは法律も、およそこれらを撤廃し制限し得ることはないとされなければならない。」

この一条によって人民の基本的人権の保障を帝国と各邦とに強く義務付けたうえで、憲法は以下のような個々の基本権を明記したのである。

「（個人の自由）個人の自由は侵すことができない。」（第一三八条）

「（住居の不可侵）住居は侵すことができない。家宅捜索は以下の場合にのみ許される〔以下、三項目略〕。／家宅捜索は、できるかぎり同居人の立会いのもとに行なわれなければならない。」（第一四〇条）

「（信書の秘密）信書の秘密は保障される。」（第一四二条）――通信の秘密については、電信その他の通信技術がまだなかった当時は、郵便による信書（私人の手紙）だけが問題になったのである。

「（思想および出版報道の自由）いかなるドイツ人も、口頭、文書、印刷物、および図画《とが》表現によって自己の見解を自由に表明する権利を有する。／出版報道の自由は、いかなる事情のもとでも、またいかなる方法であれ、事前の措置、すなわち検閲、認可、担保設定、国家上納金や、印刷所もしくは書籍業者の制限、郵送禁止もしくはその他の自由な交通を妨げる措置によって、制限、一時停止、もしくは撤廃されてはならない。」（第一四三条）

「（信教および良心の自由）いかなるドイツ人も、完全な信教および良心の自由を有する。／何人《なんぴと》も、自己の宗教上の信念を公表する義務を負わない。」（第一四四条）

「（科学と教授の自由）科学とその教授は自由である。」（第一五二条）――ここで述べられている「科学」（Wissenschaft《ヴィッセンシャフト》）は、「学問」と訳すこともできる。いわゆる異端学説が厳しく禁じられた中世はもとより、従来の国家社会では、反体制的な学説や革命思想が弾圧されることは、いわば常態だった。ヴァイマル憲法では、この「科学」と並べて「芸術」の自由も保障されることになる。

「（官吏の訴追）公職にある官吏をその職務上の行為について裁判で訴追するためには、当局の事前の許可を要しない。」（第一六〇条）

「（集会の自由）ドイツ人は、平和的にかつ武器を携えることなく集会する権利を有する。これについての特別の許可は必要としない。／野外における人民集会は、公共の秩序と安全にとって切実な危険がある場合には、禁止されることができる。」（第一六一条）

「（結社の自由）ドイツ人は、結社を結成する権利を有する。この権利は、いかなる事前の措置によっても制限されてはならない。」（第一六二条）

「（国の裁判権）すべての裁判権は国によって行使される。領主による裁判は存在してはならない。」（第一七四条）――以下、第一八三条までの諸条項は、大地主貴族など封建領主による恣意的な裁判から人民を保護し、裁判官の中立性を確保するための規定である。ここでの「国」は、帝国全体ではなく諸邦国を意味している。

「(言語を異《こと》にする民族の人民) ドイツ語を話さないドイツの民族人民には、それらの民族独自の発展が保障されている。すなわち、その言語領域が及ぶかぎりでの、教会活動、教育、国内行政および司法における言語上の同権である。」(第一八八条)

これらの条項は、ほとんどすべてが、七〇年後のヴァイマル憲法の人権条項のなかに生かされたのである。ヴァイマル憲法がこれらの基本権を明記したということにもまして、それらがすでに七〇年前に明文化されていたことに、後世は驚きを禁じ得ないだろう。世襲の王侯が支配する邦国の連合体としてドイツ帝国を構想し、その帝国の元首である皇帝の不可侵を認めながら、その国家の構成員である「ドイツ人」がこれらの基本的な人権を獲得しなければならないことを、「三月革命」の担い手たちは信じていたのである。そしてこの信念を、彼らは条文のなかに明確な文言で記したのである。とりわけ、つぎの一条は、すべての人権の基礎である社会的・人間的平等の明確な宣言だった。

「(平等の原理、公職に就く権利、兵役義務) 法の前で身分の違いは認められない。身分としての貴族は廃絶されたものとする。/すべての身分的特権は廃止されたものとする。/ドイツ人は法の前に平等である。/すべての称号は、それがなんらかの職務と結びついているのでないかぎり、廃絶されたものとし、以後ふたたび導入されてはならない。/国のいかなる構成員も、外国から勲章を授与されてはならない。/公職に就く権利は、それにふさわしい能力を持つすべてのもの

が平等に有する。／兵役義務はすべてのものにとって平等である。兵役義務についての代理は行なわれない。」（第一三七条）

これらの条文から疑いの余地なく明らかなように、「ヴァイマル憲法」によって宣言された基本的人権の諸条項は、少なからぬ文言と文脈に至るまで、「パウロ教会憲法」から受け継がれたものだったのである。第二次世界大戦後のドイツ連邦共和国（西ドイツ）の憲法がヴァイマル憲法に多くを負っていることについては、しばしば語られる。だが、ヴァイマル憲法の基本精神、とりわけその人権思想の源泉は、パウロ教会憲法にあった。このことは、二つの重要な事実に後世の目を向けさせずにはいない。ひとつは、七〇年前の「三月革命」が、君主制打倒を回避したがゆえに実現できなかった理想を、一九一八年の「一一月革命」は、君主制を打倒したことによってついに実現することができた、という事実である。そしてもうひとつは、疑いもなく「一一月革命」の成果であるヴァイマル憲法が明文化した民主主義的な自由と人権は、七〇年前の市民《ブルジョア》革命の理想でしかなかった、という事実なのだ。

この二つの事実によって、ヴァイマル憲法が定めた人権の意義と価値とが傷つくものではない。もちろん、現実には施行されなかったことによって、パウロ教会憲法の理念が価値を失うものでもない。だが、これら二つの憲法には、それを生んだ二つの革命が、深く刻印されているのだ。その刻印は、輝かしい成果を物語るものばかりではない。革命の挫折や不徹底さ、あるいは悲惨ささえもが、そこには刻印されているのである。

（3）「ドイツ国憲法」の誕生と「ドイツ帝国」の再生

ドイツの「一一月革命」がみずからの姿を新憲法のなかに刻印したのは、人権の保障や差別の撤廃を定めた条文においてだけではなかった。これらの条文に付された除外規定、つまり人権の制限や剥奪を部分的に許し、差別を例外的に容認するなど、条文の根本的な精神に反する規定のなかにもまた、この革命のありのままの姿が刻印されていた。

さきに引用したヴァイマル憲法の第一〇九条、「平等の原理、同等の権利、称号、勲章」に関する条項は、貴族制度を否定しながら、貴族の称号を名前の一部としては認めるという例外規定を含んでいる。こうした例外規定は、「思想信条・表現の自由、検閲の禁止」を定めた第一一八条にも見られる。この条項では、「いかなるドイツ人も、公法の枠内で自己の見解を口頭、文書、印刷物、図画もしくはその他の方法によって自由に表明する権利を有する」として、「検閲は行なわない」と明記しながら、「ただし、映画については法律によってこれと異なる決定を下すことができる。また、猥褻《わいせつ》・低俗文書の撲滅ならびに青少年の保護のために、公開の展示と上演に際しては法的な処置が許される」とされたのだった。新しい表現メディアとしてその大きな影響力が注目されていた映画には、例外的に検閲が認められ、また、猥褻・低俗文書という口実や青少年保護の名目のもとに、当局にとって好ましくない出版物や演劇は禁止できることになった。政府の方針に反対するさまざまな表現活動が、そののち、この例外条項によって弾圧されることになる。

この憲法を生んだドイツ革命、この憲法の制定者たちがドイツ革命として理解していたドイツ革命は、その革命の成果を護り生かすためには、このような例外規定が不可欠だと信じたのである。そして、この信念が、憲法をとおして、「ヴァイマル民主主義」のその後の歴史を方向づけることになった。

憲法が定める基本的人権の保障と保護に例外規定が設けられることの問題性は、これまでにもしばしば論じられてきたヴァイマル憲法第四八条、「安寧と秩序の破壊に際しての処置」についての条文が、もっとも端的に示している。一般に「大統領緊急命令」条項と呼ばれ、憲法における「緊急事態条項」の典型的な実例とされるこの第四八条は、その全体が、民主主義の原理と基本的人権とに反する例外的規定だった。

第四八条（安寧と秩序の破壊に際しての処置）州が、国の憲法もしくは国の法律によって負っている義務を果たさないときは、大統領は武力を用いてその州にそれを果たすよう促すことができる。／大統領は、ドイツ国において公共の安寧と秩序が著しく破壊されもしくは危険にさらされるときは、公共の安寧と秩序の回復のために要する処置を、必要な場合は武力を用いて、講じることができる。この目的のために、大統領は、第一一四条、第一一五条、第一一七条、第一一八条、第一二三条、第一二四条および第一五三条に定められた基本権を、一時的に全部もしくは一部、失効させることを許される。／本条第一項または第二項に則って講じられた処置について、大統領は遅滞なく国会に通知しなければならない。それらの処置は、国会の要求によって失効させられ得るものとする。／危険が切迫している場合には、州政府はその行政区域に対して、第二項で述べられているような一時的処置を講じることができる。それらの処置は、大統領もしくは国会の要求によって失効させられ得るものとする。／詳細は国の法律で定める。

ここで列挙されている第一一四条以下は、個人の自由、住居の不可侵、通信の秘密、思想信条・表現の自由と検閲の禁止、集会および結社の自由、所有財産の保護など、この憲法が明確に保障する基本権にほかならない。この条項が実行に移されるときは、これらの基本権は無効とされ、命令に反する行為に対しては、死刑を含む重刑を大統領の独断で適用することも可能となる。国会はこれを承認せず取り消す権限を持ったが、その拒否権は、事実上すでに非常大権が行使されたあとにしか、発動できないのだ。それから一三年後、この条項にもとづいて発せられた一連の「大統領緊急命令」が、民衆の発言権と抵抗権を奪い、ヒトラーによる独裁体制への最後の扉を開いたことは、歴史上の事実である。

ヴァイマル憲法が内包したこれらの例外規定は、この憲法を制定したものたちが現状に対していだいていた深刻な不安と、いかなる手段を用いてでもその不安を乗り越えようという決意とを、物語っている。「公共の安寧と秩序が著しく破壊されもしくは危険にさらされるときは、公共の安寧と秩序の回復のために要する処置を、必要な場合は武力を用いて、講じることができる」というのは、現にエーベルト＝シャイデマン＝ノスケの臨時政府が独裁的に実行してきた施策だった。これが、憲法で大統領の大権として合法化されたのである。憲法制定を急いだＳＰＤとその同盟者たちは、自分たちが主導した革命の成果として、この憲法を制定した。けれども、現実には、革命はなお進行中だったのである。疑いもなく君主制打倒の直接的な成果である身分制廃止と基本的人権の保障は、これからいつ再発するかも知れぬ民衆の蜂起を鎮圧するための大統領緊急命令に、そして蜂起を未然に阻止するための検閲や表現弾圧に、道を譲らなければならなかった。この不安な情勢のなかで、旧支配階級、とりわけ軍部の高級職業軍人に少なくない貴族階級や、産業振興に寄与した業績によって比較的近い過去に貴族に列せられたものもいる大資本家たちとの妥協も、避けることができなかった。なお進行中の革命が、それを強いたのだ。より正確に言うなら、なお進行中の革命に対する恐怖と憎悪が、それを強いたのだ。

だが、新憲法の制定者たちが進行中の革命に対していだいた恐怖と憎悪と、それを圧殺する決意とを反映していたのは、基本的人権を無効にする例外的諸条項だけではなかった。ドイツ革命がもたらしたもうひとつの事実が、目に見えないかたちで、ヴァイマル憲法には刻印されていたのだ。——じつは、憲法草案を審議した国民議会では、SPDの一部の議員による提議と、それに対するUSPDの賛同によって、死刑廃止が討議されたのである。七月一六日の本会議で、「死刑は廃止されたものとする」という条項について審議されたとき、右翼保守政党のドイツ人民党（DVP）と「ドイツ国権人民党」（DNVP）が激しくこれに反対した。「ヴァイマル連合」の政府与党であるカトリック中央党も、聖書は死刑を肯定しているとして、死刑廃止に強く反対した。将来において死刑廃止はあり得るが、いまは時期尚早だ、という意見も出された。三月のベルリンにおけるゼネストと武装闘争のさいに、またバイエルン共和国打倒のさいに革命派に対して行なわれたおびただしい数の死刑は、まだ記憶に新しかった。多くの議員たちが、犯罪抑止力としての死刑を手放すことに危惧の念を抱いたのである。本会議での対立は解消されず、この条項は採決に付されることになった。死刑廃止に賛成と見なされていたＳＰＤおよびＵＳＰＤと、それを支持するＤＤＰを加えた議席数は、過半数を充分に超える二六〇であるはずだった。それにもかかわらず、死刑廃止条項は、賛成一二八、反対一五三、保留二で否決されたのである。三分の一の議員が、採決のさいに欠席していた。一六三名いるＳＰＤ議員のうちにも、賛成票を投じなかったものが少なくなかったのだ。

　ヴァイマル憲法が死刑廃止を実現し得なかったことは、その後の歴史に大きな影響を及ぼした。この憲法の最大の例外条項である「大統領緊急命令」がヒトラー独裁への道を開くさいに、存置された死刑はその威力を発揮した。その命令には、ナチスに対する抵抗に死刑を適用することが、大統領の判断で明記されたのである。だが、ヴァイマル憲法が死刑を廃止しなかったという事実の歴史的な意味は、それだけにとどまらない。死刑廃止を実現しえなかったというこの一点で、ヴァイマル憲法は、「三月革命」の「パウロ教会憲法」よりも、後退していたのである。

　じっさいに運用されることはなかった「パウロ教会憲法」は、第一三九条（死刑、懲罰）で、「死刑は、戦時法がそれを定める場合、もしくは海洋法が叛乱について許す場合を除き、廃止されたものとする。また、さらし柱、烙印、および体罰の刑も、同様である」と定めていたのだ。死刑とともに、それ以外の残虐な刑罰をも、その憲法は廃止したのだった。「ヴァイマル憲法」が、刑罰を与える側の不安と決意にもとづいて制定されたとすれば、「パウロ教会憲法」は、刑罰を受ける側に身を置くものの意識によって起草されたと言うべきかもしれない。

　ちょうど七〇年前の「三月革命」が生んだ「パウロ教会憲法」と、君主制の崩壊によって生まれた「ヴァイマル憲法」とを比較してみると、「一一月革命」と呼ばれた激変のいわば等身大の姿が浮かび上がってくる。ヴァイマル憲法は、旧ドイツ帝国の「黒白赤」の三色の国旗を廃し、一八四八年革命の象徴でもある「黒赤金」の三色旗を国旗に定めた。その一方で、商船に掲げる国旗は旧帝国の「黒白赤」とし、上方の内側（旗竿の側）に小さく「黒赤金」の三色を染め抜くことを定めた（第三条）。そればかりではない。ヴァイマル憲法の不徹底性、古いドイツとの決別を躊躇するこのような姿勢は、この憲法の根幹に関わる部分にも示されていた。それは、冒頭の第一条にほかならない。

ヴァイマル憲法の第一条は、以下の条文から成っている。——「第一条（共和国、国家権力）ドイツ国は共和国である。国家権力は人民にもとづく。」

「ヴァイマル憲法」という通称で呼ばれるひとつの憲法を持った国家は、「ヴァイマル共和国」という国名ではなかった。「ドイツ共和国」でさえなかった。憲法の通称に従ってそう呼ばれたに過ぎないのである。本来の国名は、第一条に記されているとおり、「ドイツ国」（Das《ダス》 Deutsche《ドイッチェ》 Reich《ライヒ》）だった。それが共和体制の国であることが、記されているに過ぎない。ところが、この国名をめぐっては、憲法制定国民議会で憲法案が審議されたとき、議員たちから強い疑義が出されていたのである。この国名が、旧「ドイツ帝国」（Das Deutsche Reich）の国名と一字一句変わりがなかったからだ。「ドイツ共和国」（Die《ディ》 Deutsche《ドイッチェ》 Republik《レプブリーク》）とする、というUSPDの修正案が提出されたが、それは否決され、国名は原案のままとなった。

ここで「ドイツ国」あるいは「ドイツ帝国」と訳した〈Das《ダス》 Deutsche《ドイッチェ》 Reich《ライヒ》〉のうち、「国」または「帝国」に相当するドイツ語の〈Reich《ライヒ》〉は、もともと、力の届く範囲を意味する名詞である。これに対応する英語の〈reach《リーチ》〉が、たとえば「あのボクサーはリーチが長い」というような使いかたをされるように、「ライヒ」とは、国家権力が及ぶ範囲のことなのだ。この語はまた、「神の国」（Reich《ライヒ》 Gottes《ゴッテス》）や「天国」（Himmelreich《ヒンメルライヒ》）のようにキリスト教の理念のなかにも生かされてきた。そして、中世キリスト教の救済待望思想と「三位一体」説とから、「父の国」としての第一帝国《ライヒ》、「子の国」としての第二帝国のあとに、「精霊の国」たる第三帝国が到来して救済と和解が成就される、という信仰が生まれたのである。のちにヒトラーが、みずからの支配する「ドイツ国《ライヒ》」を「第三帝国」（Das《ダス》 Dritte《ドゥリッテ》 Reich《ライヒ》）と称したのは、第一帝国である「神聖ローマ帝国」と、第二帝国であるプロイセン主導の「ドイツ帝国」のあとに、ついに第三の帝国であるナチズム国家によって救済と和解が実現される、という信念の表明だった。

　歴史上一般に「ヴァイマル共和国」と呼ばれる国家は、その憲法の第一条で、みずからの国名が〈Das《ダス》 Deutsche《ドイッチェ》 Reich《ライヒ》〉であることを明示していた。そしてこの憲法そのものの名称もまた、〈Die《ディ》 Verfassung《フェアファスング》 des《デス》 Deutschen《ドイッチェン》 Reichs《ライヒス》〉だった。だが、この名称を持つ憲法《フェアファッスング》は、ドイツの歴史上、じつはこれが三度目だったのである。施行されることのなかった「パウロ教会憲法」、つまり最初の「ドイツ帝国憲法」も、一八七一年に建国された第二帝国の憲法たる「ドイツ帝国憲法」も、それらが国名を「ドイツ帝国《ライヒ》」と定めている以上、「ドイツ国《ライヒ》」の憲法であるヴァイマル憲法とまったく同じ名前だったのだ。そのため、第二帝国の憲法を「ビスマルク憲法」と呼んで、「ヴァイマル憲法」と区別しなければならなくなった。革命による帝政崩壊の結果として生まれたヴァイマル憲法が、「ドイツ共和国憲法」ですらなかったこと、それどころか、その名称と第一条とによって、国名としての「ドイツ帝国《ライヒ》」を再生させたこと――このことは、この憲法とともに歩み始めた国家社会が、じつは、まだ革命の成就とはほど遠いところにいたということ、ドイツ革命はなお継続されなければならなかったということを、如実に物語っていたのである。(59)

2　文化革命としてのドイツ革命——表現主義から芸術評議会へ

(1) 芸術家たちも行動を起こす

ドイツの敗戦が目前に迫っていた一九一八年一〇月三〇日、表現主義の画家パウル・クレーは、日記帳につぎのような一文を記した。(60)

いまこうして帝国が、完璧な武力を備えながらかくも絶望的な状態で、まったく孤立無援に立ち尽くしているとは、なんという瞬間だろう！　せめて国内では品位が保たれてほしい、運命を受け入れる思いが在《あ》り来たりの無神論に勝ってくれるだろう、という希望も、あるいは潰《つい》え去るのだろうか？　ひとつの民族民衆が自己の破局をいかに耐え忍ぶべきかという実例を示す機会を、我々はいま与えられているのかもしれない。だがもしも大衆が積極的行動を起こすようになれば、そのときはどうなるか？　そのときは、ごく通例の成り行きになるだろう。血が流される。そしてもっと悪いことには、裁判が行なわれるのだ！　なんたる凡庸さ！　いまのところは、まだすべてが平穏のように見えているのだが。

その数日後に大衆が積極的行動を起こしたとき、ドイツの革命は、パウル・クレーが危惧したような成り行きにはならなかった。フランス革命やロシア革命の先例によって、革命の「通例」であるように思われた流血と裁判を、民衆は実行しなかったばかりか、考えもしなかったのである。旧皇帝ヴィルヘルム二世が家族ともども列車でオランダへ逃亡したほか、旧君主たちはだれひとり、処刑されなかったのみか、裁判にもかけられなかった。それどころか、莫大な財産さえも没収されないまま、旧領国に所有するいくつもの城や宮殿のどれかに居所を定めて、平穏に生きつづけた。ようやく一九二五年一一月になってから、旧領主たちの財産を補償なしで没収することを求める国民投票をKPDが提唱し、それが全有権者の三一・八%の賛成を獲得したことによって、一九二六年六月二〇日に国民投票が行なわれた。投票者の九六・一%が没収に賛成したが、投票率は三九・二%にとどまり、全有権者の過半数に達しなかった。そのため、国民投票は不成立に終わった。民衆に棄権を呼びかけた保守派の大キャンペーンが勝利したのだった。クレーが案じた流血と裁判は、行動を起こして君主制を打倒した民衆によってではなく、軍部や大資本家と手を結んだSPD政府によって、しかも旧支配者たちに対してではなく行動を起こした民衆に対して、行なわれたのである。

　パウル・クレーの危惧と予測は、彼自身の近未来についても外《はず》れた。凡庸さを発揮するに違いないと彼が信じていた大衆と、彼は歩みを共にすることになったのだ。戦時中はバイエルン陸軍に召集されて国内軍の業務に従事したクレーは、革命勃発後もミュンヒェンにとどまり、一九一九年四月、第三次革命によって樹立された「バイエルン評議会《レーテ》共和国」の一翼を担う活動に加わった。バイエルン在住の芸術家たちとともに、「造形芸術家評議会」を結成し、さらに「ミュンヒェン革命芸術家行動委員会」の委員となって、革命の文化芸術政策の立案と実施に積極的に携わることになったのである。のちの劇作家エルンスト・トラーを主席とする革命政府が、四月一三日にKPDを中心とした第四次革命に席を譲ったのちも、クレーはその活動を続けた。そして、バイエルンの評議会《レーテ》革命が義勇軍団を主力とするベルリン政府軍の圧倒的な軍事力で殲滅されたとき、逮捕を逃れて一カ月あまりミュンヒェンに潜伏したあと、六月一一日にスイスのチューリヒへ脱出した。そしてそのチューリヒで、トリスタン・ツァラ、ハンス・アルプら、「チューリヒ・ダダ」と呼ばれるダダイストたちと出会うことになった。クレーの絵は、こうして表現主義からダダイズムへと移っていく。

　芸術家として革命の一翼を担ったパウル・クレーは、例外的なひとりではなかった。それどころか、ドイツの各地で、じつに多くの芸術家や文学表現者、演劇人や文化活動家たちが、みずから革命の主体となった。この事実こそは、この革命が人間の基本権を憲法によって明確に保障したことと並んで、「一一月革命」として始まったドイツ革命のもっとも顕著な特質だったのである。彼らが展開した文化革命の実践とその理論化によって、ドイツ革命は、ロシア革命およびハンガリー革命における文化革命とともに、アヴァンギャルド芸術と呼ばれる二〇世紀の前衛的な芸術や、それらと軌を一にする新しい表現文化を生み出すための、灼熱した坩堝《るつぼ》となったのだった。ドイツ革命のなかで、さまざまな分野の表現者たちが新しい芸術と文化のありかたを模索しなかったとすれば、二〇世紀の芸術表現形式も、芸術と生活との関わりも、あるいは生活のなかで美と感動を見出すわたしたちの感性そのものも、大きく異なっていただろう。

　革命がベルリンで勃発する前夜の一九一八年一一月八日夜、そのベルリンで、芸術家や作家、ジャーナリスト、編集者たちが会合を開き、すでに前々日から討議してきたひとつの宣言を採択した。その全文は、「精神労働者評議会」という表題で、声望のある週刊文化雑誌『ディ・ヴェルトビューネ』(*Die Weltbühne* = 世界舞台)の一八年一一月二八日号(第一四巻四七号)にも掲載された。表題の下には、「革命の前夜、一一月八日金曜日に完成し採択された綱領《プログラム》」と記されている。すでに一九一〇年代初期から表現主義の代表的な雑誌編集者・理論家としてその芸術運動を担ってきたクルト・ヒラーが、主要な起草者のひとりだった。「将来のあらゆる政治の目標は、生の不可侵性ということでなければならぬ。創造活動を神聖視すること、創造的なものを保護すること、いかなる形の奴隷的行為をも地球上から一掃すること、これこそが義務である。/精神労働者評議会は、それゆえ、なによりもまず、兵役によって人民総体を奴隷化してしまうこと、資本主義体制によって労働者を抑圧することに、反対して闘う。精神労働者評議会は、個人の自由と社会主義とを欲する。人間的理性の命ずるところをもっとも速やかにかつ徹底的《ラディカル》に貫徹する決意をかためつつ、精神労働者評議会は、優柔不断な人間たち、慎重に過ぎる人士たち、ぐずぐずとためらっている人間たちに反対する叫びをあげ、アナーキー、すなわち文化財の絶滅や少数者の血塗られた支配に通じることのないような変革であれば、どんな方式の変革をも歓迎する。」——綱領は冒頭でこう述べたのち、「こうした志向にもとづき、精神労働者評議会は以下のことを要求する」として、七項目から成る革命の達成目標を示したのだった。[61]

一、戦争をぜひとも阻止するための保証として——/国際会議を持った国際連盟、強制力を持つ仲裁裁判所。これら平和主義的な提案だけにとどまらず、国際条約にもとづいてあらゆる国の兵役義務を廃止し、あらゆる軍備を禁止すること。平和を妨げるものに対する国際的制裁は、経済的処置によってのみ行なわれねばならない。／計画的な思想改革、とりわけ歴史教育を根本的に変えることによって。その歴史教育は、自由な人民代表委員会に監督されねばならない。

二、〔……〕手工労働者に対しても頭脳労働者に対しても、資本主義的企業家が従来ふところに入れてきた「剰余価値」を差し引くことなく、労働の成果がそのまますべて支払われるべきである。／そのときどきの生産技術の水準に応じて、労働時間を漸次短縮すること。住宅および集団住宅地政策《ジードルング》。失業者に対する保障。あらゆる間接税の廃止。所得税ならびに相続税の最強度の累進化。土地の社会化。一定額以上の資産の没収。資本主義的企業を労働者生活協同組合に変えること。／消費者の利益の保護。

三、反対者の意思を尊重し未熟な青少年を保護するという義務の枠内での性生活の自由。刑法を利益保護の範囲に限定すること。すべての男女が自己の身体を自由に使用する権利を断じて認めること。故意、過失を問わず、性病を感染させたものに対しては、もっとも厳しい刑罰を加えること。庶出子に対してのみならず庶出子の母親に対しても、嫡出子の場合と同等の法的ならびに社会的地位を与えること。

四、死刑の廃止。有罪者の自殺の権利。殺された人間の明白で切実な要請に応じてなされた殺人行為は処罰されない。／刑の執行の人間化。強制労働の代わりに、もっぱら就業の強制だけを。

五、公教育の根底的改革。〔……〕報道機関から腐敗の汚物を一掃し、国粋主義的煽動と、三面記事的な愚民化を一掃すること。ジャーナリズムのすべての不謹慎な行為に対して禁止の判決を下すため、精神的な信念を持つ信頼できる記者によって構成された報道関係裁判所を設置すること。／報道出版の自由。結社および集会の自由。教学、学問研究、哲学学説および芸術の、国家のあらゆる干渉からの自由。

六、教会と国家との分離。すべての学校における宗教的教育の廃止。それに替わる倫理教育、哲学入門講座。

七、全ドイツ社会共和国の保全と拡充。連邦国家制という特殊形態の解消。ドイツ諸地方住民の大幅な自治。〔……〕国会。選挙区を設けぬ比例代表選挙権によって選出すること。二〇歳以上の男女両性の全国民の、平等、直接かつ秘密の選挙権。女性の被選挙権。三年の任期。〔……〕精神活動者評議会。この評議会は、任命によって成立するものでもなければ、選挙によって成立するものでもなく――精神的援助の義務により――自己の権利にもとづいて成立し、自己の掟にしたがって改組される。／政府は、国会と当評議会との代表者から成る委員会の手に委ねられる。評議会が結成されるまでは、国会の代表による委員会に委ねる。／ドイツ共和国大統領は、評議会の自由な提議にもとづき、任期を限って国会が選ぶこと。評議会の設立以前は国会が単独で選ぶ。

精神労働者評議会は、民主主義的思想を成就せしめかつ最良の人士による指導を保証するこの綱領のもとでこそ、自由と正義と理性の政治がもっとも早期に可能となり、もっとも効果的に確保されるものと信ずる。／精神労働者評議会は、この目標をよしとするすべての人びとを結集せしめんとしている。同志諸君、我々を支持せよ！〔……〕社会共和国の地で我々文化施策上の急進《ラディカル》

「ブレーメン・レーテ共和国」を打倒した政府軍の一部「ゲルステンベルク師団」
――うしろの建物はブレーメン市役所
出典：*Illustrierte Geschichte der deutschen Novemberrvolution 1918/1919.*（A-8）

派が進出するのを助けよ！

肉体労働者ではなく芸術家やいわゆる知識人が、しかも評議会《レーテ》という共同決定と執行の機関をみずから結成して、革命の一端を担おうという決意を表明し、連帯を呼びかけたのだった。注目すべきことに、この呼びかけは、のちにヴァイマル憲法によって明文化されることになる人権理念と公正な選挙権を、すでにこの時点で要求として掲げていた。これを受けて、シュトゥットガルト、ケーニヒスベルク、ライプツィヒ、ケルン、ミュンヒェンなどの諸都市でも、同名の評議会が結成されることになるのである。口火を切ったベルリンの「精神労働者評議会」（Rat《ラート》 geistiger《ガイスティガー》 Arbeiter《アルバイター》）は、綱領を採択してから一カ月後には、その名称を、実践活動にいっそう力点を置いた「精神労働者政治評議会」（Politischer Rat geistiger Arbeiter）に変更した。

このベルリンの評議会の当初からのメンバーのひとりに、画家のハインリヒ・フォーゲラーがいた。一八七二年一二月生まれのフォーゲラーは、ドイツのアール・ヌヴォー（新しい芸術）である「ユーゲント・シュティール」（青春様式）の代表的な画家・デザイナーとして世界的に知られていた。彼の絵は、一九一〇年代初期の日本で「白樺派」の雑誌『白樺』の表紙や裏表紙にもなって親しまれ、白樺同人の民芸研究家、柳宗悦《やなぎむねよし》との往復書簡も残されている。北ドイツの自由ハンザ同盟都市ブレーメンの近郊の村、ヴォルプスヴェーデに形成された芸術家コロニーに、フォーゲラーは「バルケンホーフ」（白樺の屋敷）と名付けた広い庭のあるアトリエを持っていた。一九一九年一月一〇日、「ブレーメン評議会《レーテ》共和国」が樹立されたとき、ブレーメンの芸術家たちは、ここヴォルプスヴェーデを拠点として「芸術家評議会」を結成し、革命の文化政策を積極的に担おうとした。そして、レーテ共和国ブレーメンがベルリン政府の義勇軍団によって壊滅させられる現場の証人となったのである。

革命が敗北したとき、四六歳のフォーゲラーは初めて政党に加入した。彼が入党したのはＫＰＤだった。「バルケンホーフ」は、戦争孤児や貧困家庭の子供たちの共同生活の場となった。フォーゲラーの絵は、個人が所有するための額縁画《タブロー》から、保育園や公民館など公共の建物の壁画へと、変貌を遂げていった。

（2）二つのレーテ共和国で——ヴォルプスヴェーデと『煉瓦を焼く人』

「一一月革命」の勃発とともにベルリンで声を上げた芸術家たちの集団のひとつに、「一一月グループ」（Novembergruppe《ノヴェンバーグルッペ》）があった。帝国の崩壊から間もなく、このグループの名前で全国の芸術家たちに宛てた呼びかけが発せられた。それは、自分たちが「革命の実り多い地盤の上に立っている」ことを確認し、「我々は、自己目的としての党でも階級でもない。そうではなく人間なのだ。自然によって与えられた自分の持ち場で困難な労働を倦《う》むことなく行なう人間なのだ。その労働は、ほかのすべての労働と同じく、もしも全人民のためになるものであろうとすれば、共通の公共的利益と一致したものであらざるを得ず、大きな全体の評価と支持を必要とする」として、革命のなかで芸術表現者としての各人の持ち場を大切にしながら共同の仕事に向かうことを、呼びかけていた。「我々の汚れない愛は自由ドイツのものである。この愛をもって我々は、使える限りのあらゆる力をふりしぼり、敢然と、臆することなく、後進性と反動とに、戦いを挑んでいきたいと思う。／我々は、使命と責任を感じているすべての立体派、未来派、表現主義の芸術家たちに、兄弟の挨拶を送り、我々と連帯されるよう希望する。[62]」

しばしば「おお人間よパトスの表現主義」（O《オー》 Mensch《メンシュ》-Pathos《パトス》 Expressionismus《エクスプレッシオニスムス》）と揶揄されるひとつの時代思潮を、この一文は典型的に体現していた。だが、このきわめて抽象的で感傷的とも思える呼びかけに対して、さまざまな芸術家個人や団体から多くの返信が送られたことは、革命のなかで芸術表現者がどのような活動をなすべきかについて、切実な関心が抱かれていたことをうかがわせる。返信のうちのひとつに、つぎのようなものがあった——

ブレーメン近郊、ヴォルプスヴェーデ　一九一八年一一月二八日

ベルリン一一月グループ　御中

表現主義者、立体派、未来主義者諸君！／諸君は、その大多数が革命を準備した、という名誉を担っておられる。後世はこのことを認めるであろう。なぜなら、ほかのものたちがメソメソと泣き言をもらしていたとき、諸君は叫んでいたのだから。ところがいま、この諸君の革命を水割りしてしまおうとする策動が進められているのだ。／日和見《ひよりみ》政治をやめよ。日和見芸術をやめよ。／表現主義者諸君、「精神的人間」と称して資本主義の似而非《えせ》文化財を新しい自由のなかへ避難させようと目論んでいる人間たちの指導など、断じて仰ぐな。君たちこそが指導者なのだ。掛け値なしの社会主義の地盤の上に立て。新しい建設を容易ならしめるため、旧いものを破壊せよ。／芸術における表現主義者であるにとどまらず、人類の表現主義者たれ。立体派の諸君、資本主義的芸術形式を打倒せよ。人類の巨浪に身を投じ、我と我が身を打ちくだき、一身をささげ尽くせ。／諸君に要請する、「社会平和協会」に加入されんことを。まず少なくとも諸君の関心を我々に伝え、我々が諸君に対して我々のビラを送付できるようにされんことを。我々もまた諸君のグループと連帯するであろう。

挨拶を送る。

オスターーホルツ郡労働者・兵士評議会書記、画家、クルト・シュテルマー

一八九一年四月生まれのクルト・シュテルマーは、パリの美術学校でハインリヒ・フォーゲラーと知り合い、一九一二年に、フォーゲラーが住んでいたヴォルプスヴェーデに移住した。それ以来、二〇歳近く年長のフォーゲラーとともに、「ヴォルプスヴェーデ表現主義」と呼ばれるグループを代表する画家として活動してきたのだった。その活動は旧い芸術に対する新しい芸術の闘いであり、その闘いによって芸術表現は社会革命を準備したのだ――という自負が、シュテルマーのこの文章にはみなぎっている。ここで述べられている「社会平和協会」がどのようなものだったかは不明だが、ベルリンでSPDの主導によって推進されていた事態を、ヴォルプスヴェーデの表現主義者であり労兵評議会メンバーであったシュテルマーが、自分たちの革命とは見なしていなかったことは明らかだろう。それから六週間ののち、彼は「ブレーメン評議会《レーテ》共和国」の樹立に加わった。そして、フォーゲラーを始めとするヴォルプスヴェーデの芸術家たちと共同で、新しい共和国の文化芸術政策を立案・実施する仕事に取りかかったのである。フォーゲラーに誘われて詩人のライナー・マリーア・リルケもそこで暮らしたことのある芸術家コロニー、ヴォルプスヴェーデは、こうして、クルト・シュテルマーというひとりの過激《ラディカル》な画家によって、二五日間の短命な共和国の心臓部の一端となったのだった。心臓は、まだ体内へ血を送り出すまえに生命を絶たれた。ブレーメン・レーテ共和国が打倒されたとき、シュテルマーは、ベルリン政府軍との戦闘で負傷したまま、二〇〇キロ以上も離れたキール軍港近くのバルト海沿岸の小村まで、落ち延びた。彼は、本の装幀画家としても、公共的な建築物の窓ガラス絵の作家としても、のちに多くのすぐれた仕事を残すことになる。

一方、南ドイツのミュンヒェンでは、やはりひとりの表現者が、バイエルン・レーテ共和国の革命の一端を担う活動をつづけていた。だが表現者としてのその活動は、おそらく全ドイツでただひとつ、まったくただひとりでなされていたのである。

　ドイツ革命の勃発は、それまで戦時体制と確執しながら新しい芸術・文化の最先端を担ってきた表現主義者たちを始めとして、すでに戦前・戦中から仕事を続けてきていた芸術家や文化活動家たちを再結集させ、各地に多くのグループと、その結集軸となる運動誌を誕生させた。発行部数もたかだか数百部に過ぎないこれら小雑誌のうち、ミュンヒェンで発行される『煉瓦を焼く人』（*Der*《デア》 *Ziegelbrenner*《ツィーゲルブレナー》）だけは、芸術文化運動の機関誌ではなかった。同人グループも共同編集者もいなかったからである。一九一七年九月に、戦争終結と新しい社会建設を目指す文学・評論雑誌として創刊されたこの不定期刊誌は、それ以来、当局の妨害を受けながら、敗戦までに四冊を出していた。そしてその第五冊目、第五〜八号の合併号を、一九一八年一一月九日の発行日付で刊行し、革命の一翼を担うことを宣言したのだった。発行人名は、ミュンヒェン在住のレート・マルト（Ret Marut）と記載されていた。

　この発行人の意図は、誌面から明らかだった。挙国一致の戦争に民衆を追いこんだものたちの責任と、追い込まれた民衆の責任とを、あらためて糾明し、民衆自身が政治と社会生活の客体から主体へと変わるための道を、読者とともに模索することだった。そのために、レート・マルトは、みずからの考えや主張を記すだけでなく、詩や実話や逸話や譬《たと》え話で誌面を埋めた。同人たちとの共同作業によってではなく、いわば読者たちとの共考の作業によって、新しい建物の素材となる煉瓦を焼こうとしたのである。読者と距離を置き、読者との溝を広げることも、彼はいとわなかった。ベルリンの「一月闘争」を弾圧して行なわれた国民議会選挙ののち、一月三〇日に刊行された第一五号の巻頭エッセイ、「世界革命が始まる！」は、発行人の思いを以下のように述べている。(63)

わたしは社会民主党にも所属していないし、独立社民の社会主義者でもない。スパルタクス・グループにも所属していなければ、ボリシェヴィキでもない。それがいかなる種類のものであろうが、どんな政党にも、どんな政治団体にも、わたしは所属していない。なぜなら、政党も綱領も、声明も集会決議も、この世の不幸からわたしを護ることなどできなかったからだ。わたしはどんな政党にも所属することはできない。なぜなら、わたしにはどんな政党所属もわたしの個人的自由を制限するものに見えるからであり、党綱領に対して義務を負うことは、わたしにとってこの地上における最高にしてもっとも高貴なことに向かって自分を発展させていく可能性を、わたしから奪うからである。その最高にしてもっとも高貴なこととは、人間であることをゆるされている、ということだ！　人間以外の何ものにも、わたしはなりたくない、人間以外にはなりたくない。そして、わたしには「人間」が最高のものであるがゆえに、わたしをこの目標に導かないそれ以外のすべてのものは、わたしにとってはどうでもよいものとならざるを得ず、今後もどうでもよいことに変わりはない。

だが、この「どうでもよいことに変わりはない」は、わたしの道を危険が脅かすその瞬間から、終わりを告げるのである。そして、ただわたしのためにだけ、わたしは自分の声を上げる。これはわたしに関わることだ、きみたちのことではない。きみたちのことなど、きょうのこの日になってもなお、わたしにはどうでもよいことであって、これからもつねに、どうでもよいことでありつづけるだろう。もっとも高貴で、もっとも純粋で、もっとも真実な人間愛は、自分自身に対する愛である。わたしが自由でありたいのだ！　わたしが楽しく過ごせるのでありたいのだ！　わたしがこの世のすべての美しさを享受したいのだ！　わたしが幸せでありたいのだ！　だが、わたしの自由が確かなものとなるのは、わたしの周りにいる他のすべての人間が自由であるときだけだ。わたしが楽しく過ごせるのは、わたしの近くにいる他のすべての人間が楽しいときだけだ。わたしが幸せであり得るのは、わたしが見たり出会ったりする他のすべての人間が、幸せそうな眼で世界を見ているときだけだ。そして、わたしが純粋な味覚の喜びをもってたらふく食べることができるのは、他の人びとがわたしと同じようにたらふく食べるものを持っているときだけなのだ。だから、わたしの自由とわたしのこのうえない幸福とを脅かすどんな危険に対してもわたしが反抗するとすれば、それはわたし自身の無事息災のためであり、わたし自身の自己のためでしかない。／そして、わたし自身に関わること、わたし自身のことがらを脅かす危険に対しては、わたしは抵抗する。〔……〕

〔強調は原文のまま〕

どちらが正しいかはさておき、革命に与《くみ》することを同業者たちに広く呼びかけた「一一月グループ」その他の表現者たちと、『煉瓦を焼く人』との根本的な違いは、レート・マルトのこのきわめて意識的な個人主義にあった。表現主義を掲げるものたちと同様に「人間」を至上のものとしながら、彼が人間として生きることを求めたのは、「人類愛」や「世界平和」のためではなく、自分自身のためだった。「五〇カ月以上にもわたってわたしは恥知らずなやりかたで欺かれてきた」と書く彼は、「祖国のために！」、「勝利のために！」、「平和のために！」、さらには「民主主義のために！」等々の「……のために！」をすべて拒否して、自分の幸せと自分の楽しさと自分の自由のためにのみ生きる決意をしたのである。いや、その決意を、個人雑誌の読者と共有しようとしたのである。なぜなら、「革命はいま始まったばかりなのに」、なんと、新しいドイツのためには「平穏と秩序」がもっとも大切だという説教がくりひろげられ、民主主義のために「国民議会」が召集され、「プロレタリア独裁」の恐怖が民衆の幸福のために阻止されようとするからだ。だが、これらのことは、わたし自身のためとは何の関わりもない。ではいったい誰のためか？——「巨額の株式配当金をがっぽりせしめたやつ、飢えた民衆から暴利をむさぼったやつ、人殺しを利益の上がる商売にしたやつ、さまざまな利得（勲章、称号、そしてとりわけカネ、またカネ）をそれによって手に入れるために、完全な意図と完全な意識をもって人類を騙《だま》し、欺き、ペテンにかけたやつ、そいつらが、ただちに国民議会を召集せよと叫び、そいつらが、プロレタリアートの独裁を恐れているのだ。」

レート・マルトは、戦争体験にもとづいて、自分のためにだけ生きる決意をした。誰かのために、何かのために生きるという正しい生きかたをやめた。だが、自分のためにだけ生きるその決意を、革命のなかで読者と共有しようとしたのである。読者とともに、自分のために生きることを妨げるものたちの支配権力を、打倒しようとした。そしてそのために、ただひとりで行なう表現活動から、共同で行なう活動のなかのただひとりへと、自分の自由の範囲を拡大したのだった。ドイツ人らしくない名前を持ち、アメリカ国籍だと言われて、出身地も前歴も不明のこのレート・マルトがひとりで作る『煉瓦を焼く人』は、女友だちによってミュンヒェンの街頭で配布され、レート・マルト自身は、バイエルン共和国の最高決定機関である職場評議会《レーテ》の大会で宣伝委員会の一員に選ばれた。そしてさらに、バイエルン・レーテ共和国臨時革命中央評議会、つまり革命政府によって、革命法廷設立準備委員会に派遣され、その議長兼委員長に選出されたのである。

(3) メキシコとミュンヒェンの「白バラ」

一九一九年五月二日にバイエルン・レーテ共和国が打倒されてSPD政権が復帰すると、レート・マルトは、ミュンヒェンの検察庁によって「叛逆罪の首謀者」のひとりとして指名手配されることになる。彼の女友だちが一時身柄を拘束され、家宅捜索では英語で書かれた二篇の小説の原稿が押収された。『煉瓦を焼く人』は三月一〇日発行の第一六・一七合併号を最後に途絶えたまま、発行人の行方もまったく知れなかった。被告人欠席で行なわれた裁判は、彼に死刑の判決を下した。

ところが、その年の暮れに、一二月三日発行の『煉瓦を焼く人』第一八・一九号が、予約購読者のもとに届いたのである。この号の中心をなす「世界でいちばん自由な国で」と題した長文の無署名エッセイは、その筆者の友人であるとされるレート・マルトが身をもって体験したベルリン政府軍のバイエルン攻撃のありさまと、革命を打倒して「世界でいちばん自由な国」となったバイエルンに対する批判を、詳細に記していた。それによれば、レート・マルトは、ベルリン政府軍がミュンヒェンに突入した五月一日に、市内で政府軍の兵士たちに逮捕され、危機一髪のところで逃走に成功したのだった。これを記した筆者は、友人を代弁してこうコメントを加えるのである――「レーテ共和国はすべてのことの究極なのではない。ましてや、人間の共同生活のもっとも完全な形態でもない。だが、文化の新たな形成にとって、レーテ共和国はひとつの前提条件なのである。それは国家の解消を可能にする。レーテ体制とひいてはまたレーテ共和国のために働くことは、こんにちの革命家の任務でなければならぬ。」

『煉瓦を焼く人』のその号には、「お知らせ」と題する予約購読者あての一文も掲載されている。それは同時に、SPDとカトリック人民党（中央党）の連立によるバイエルン政府への、新たな闘争宣言でもあった。

正直な人間たちが世界でいちばん自由な国家で享有できる偉大な自由は、もう遠からず本誌の多くの号を非合法な形で発行することを我々に強いるであろう。予約購読者は、これらの号をこれまでどおり送付される。だが、これらの号が書店でも買えるかどうかは、保証のかぎりでない。未来を持った人間から独裁的な権限を持つ官職への道を、どいつもこいつもみなもっぱら暴力団の親分とか人殺しとかいう迂回路を通って凶暴に突き進んできた軍隊の司令官や死刑執行人の司令官どもに、我々の原稿なり印刷された作品なりを吟味する権利も資格も許してやるわけにはいかないので、公の出版空間には今後、本誌の最近号も、原稿も、予約購読者のリストも、もはや存在しないことになる。その結果、発注して取り寄せるには少なくとも二週間を要することになろう。発注者のもとへ本誌は国内国外のさまざまな都市から送られる。郵便の消印は、決して本来の発行地を示すものではない。／法令によれば我々は、新しい号が出るたびにバイエルン州立図書館に二部とミュンヒェン警視庁に一部を贈呈すべく義務付けられている。バイエルン州立図書館は、今後、我々が自分で決める部数だけを受け取ることになろう。ミュンヒェン警視庁は、もはや我々からは一部も受け取らないだろう。／当出版社が社会民主党とカトリック教権政治との独裁者たちからやむなくこうむっている迫害と、当出版社のメンバーたちが政府の名によって投獄されたという事実が、活動できるようにするためにこうした処置を取るきっかけを、我々に与えるのである。

書肆・煉瓦を焼く人

国家、政府、わたし、この三者のうちで、わたしがいちばん強い。おまえたち、これをよく覚えておけ！

編集責任者

奥付に相当する箇所では、この号がオーストリアのヴィーンで印刷されたことになっている。『煉瓦を焼く人』は、その出版者の行方が杳《よう》として知れぬまま、なお四冊が刊行され、予約購読者に送られた。革命を盗み取り裏切ったものたちへの批判や、未来への静かな希望を与えたクルト・アイスナーと、社会生活のありかたとしての「コミューン」をバイエルンのレーテ革命で実現しようとしたアナーキズム思想家グスタフ・ランダウアーへの、深い追慕の念、そして革命はまだ終わっていないことを読者と共に考えようとする記事が、それらには満載されていた。だがついに、レート・マルトが姿を消してから二年半あまりのち、一九二一年一二月二一日の発行日付で出た第三五～四〇合併号（通算第一三冊）が、最後の一冊となった。「本誌を売ったり、その他なんらかの方法で配布しているものは、当出版社についてなんの情報も提供し得ない。彼を訊問することは時間の浪費である。〔……〕ドイツのさまざまな地方や諸都市で「煉瓦を焼く人の発行者」だと主張する男女が現われた。そう主張するものが誰であれ、いかなる場合もそれは詐欺師である。なぜなら、腐り果てていく世間を探訪する理由など、発行者は（まだ！）持たないからである。」――最終ページのこの一文が、『煉瓦を焼く人』の最後のメッセージとなった。これ以後、二度と『煉瓦を焼く人』は現われなかった。レート・マルトは、その行方を追いつづける官憲からも、ともにレーテ革命を担った人びとからも、あたかもそんな人物が存在しなかったかのように、完全に姿を消した。文字どおり、ドイツのレーテ革命とともに姿を消したのである。

　革命が遠い昔のことのようになり、「相対的安定期」と呼ばれる時期が続いていた一九二六年四月、「グーテンベルク図書組合」というベルリンの読書クラブ出版社から、『死者たちの船』（*Das*《ダス》 *Totenschiff*《トーテンシッフ》）と題する長篇小説が刊行された。作者はB・トラーヴェン（B. Traven）で、メキシコの人だった。バイエルン革命で中心的な役割を果たしたひとりであるアナーキスト詩人・劇作家のエーリヒ・ミューザームと、二〇代前半の労働者として革命に加わったのち、いまでは文学作家となっているオスカー・マリーア・グラーフは、この小説を読んで、まさかという気持を抑えることができなかった。あのレート・マルトと文体があまりにも似ていたことと、このメキシコ作家も『煉瓦を焼く人』の編集者と同じように自分の素性を明かさず、偽名にこだわっているらしかったからだ。B・トラーヴェンという作家の作品は、じつはドイツでそれまでにも発表されていた。その前年、一九二五年に、『綿摘み人夫たち』（*Die Baumwollpflücker*《ディ バウムヴォルプフリュッカー》）という中篇小説が、なんと、SPDの中央機関紙『フォーアヴェルツ』（前進）に、六月二一日から連載されていたのだった。いずれも、ドイツ語の原稿がメキシコから送られてきたのである。ミューザームとグラーフのこの疑念は、公表されることなく、バイエルン革命のごく近い同志たちのあいだと、「グーテンベルク図書組合」の編集部のなかだけで生きつづけた。

B・トラーヴェンの小説は、そのとき以来、毎年のようにドイツで出版され、そのどれもがベストセラーになった。第二次世界大戦後の東ドイツで一九六〇年代に刊行されたもっともオーソドックスなドイツ語作家辞典は、トラーヴェンを、「長期にわたって、今世紀でもっとも多く読まれたドイツ作家のひとりだった」と記している[64]。戦後のその東ドイツでは、彼の作品のほとんどすべてが新版として刊行された。祖国を持たず、パスポートを持たぬまま海と国境を越えて生きなければならない人間たちを描いた『死者たちの船』にせよ、「密林もの」と総称される中南米の原生林のほとりの生活を描く小説にせよ、いずれも、奇異な体験や異国情緒《エキゾチシズム》によってだけ読者をとらえたのではなかった。世界資本主義のシステムによって搾取され使い捨てられる貧しい人びとへの共感、そしてその支配体制に対する作者の強い怒りが、とりわけ若い読者たちのこころを激しくつかんだのだ。

みずからはトラーベン・トルスバン（Traven Torsvan）と名乗っていた人物が一九六九年三月二六日にメキシコで歿してから間もなく、かねてこの人物とレート・マルトとの同一性を確信していた一九一八年生まれの東ドイツの文学史家、ロルフ・レックナーゲルが、その確信を裏付けることに成功した。それまで文体や状況証拠によって推測するしかなかったのだが、レックナーゲルは、メキシコの伴侶のもとに残されていた筆跡や写真、証明書類から、B・トラーヴェンがまさしくレート・マルトにほかならないことを明らかにしたのだった。[65] かつての同志、エーリヒ・ミューザームは、すでに一九三四年七月にオラーニエンブルクのナチス強制収容所で殺されていた。ナチスから逃れてアメリカ合州国に亡命したオスカー・マリーア・グラーフも、トラーヴェンより二年前、一九六七年六月にニューヨークで生涯を終えていた。レート・マルトを想い起こすことができる人びとは、もはやほとんどいなかったかもしれない。

一九三三年一月三〇日にヒトラーがヴァイマル共和国から権力を継承すると、ヴァイマル時代の大ベストセラー作家B・トラーヴェンは、焚書《ふんしょ》の火に投じられ、発禁となった。さらに、一九三八年一二月三一日付の「帝国著作院総裁指令」という法令によって、彼の全著作は公共図書館で閲覧禁止となった。『死者たちの船』（一九二六）、『綿摘み人夫たち』（同）を始め、短篇集『密林』(*Der*《デァ》 *Busch*《ブッシュ》 一九二八)、『ジャングルのなかの橋』(*Die*《ディ》 *Brücke*《ブリュッケ》 *im*《イム》 *Dschungel*《ジュンゲル》 同)、『白バラ』(*Die*《ディ》 *weiße*《ヴァイセ》 *Rose*《ローゼ》 同)、『荷車』(*Der*《デァ》 *Karren*《カレン》 一九三一) など、もはやバイエルン革命を知らない世代のこころをとらえ続けてきたB・トラーヴェンは、ドイツの日常から姿を消したのである。

一九四三年二月一八日の早朝、ミュンヒェン大学の構内で、反ナチスのビラを密かに配布していたハンス・ショルとゾフィー・ショルの兄妹が逮捕された。数名の大学生たちとひとりの教授によって実行された抵抗は、兄妹の逮捕からわずか四日後の死刑判決とその数時間後の斬首刑執行によって、さらに翌々月の第二次裁判での三名の死刑と、連座させられた二〇数名に対する重刑判決で、終止符を打たれた。けれども、その孤独な抵抗は、彼らのグループの「白バラ」という名とともに、後世を生きるものの胸に刻まれることになった。彼らはそのグループの名を、彼らが密かに読んで共感していた禁断の書から引き継いだのである。メキシコの古い農園とそこで生きる労働者たちが資本主義的な経営方式と機械化によって押しつぶされていく過程を描いたB・トラーヴェンの小説、『白バラ』がそれだった。

3 受け手が創造の主体となる――レーテ運動と自由・自治・共生の夢

(1) 生活空間の革命へ

早くも革命の最初期に、これから新しい体制によって進められるであろう文化政策に向けて積極的な関与を行なう姿勢を表明したのは、「精神労働者評議会」と「一一月グループ」の文学表現者や芸術家だけにとどまらなかった。呼びかけを発した「一一月グループ」が一二月三日にベルリンで創立集会を開いたのと時を同じくして、同じベルリンで「芸術労働評議会」(Arbeitsrat《アルバイツラート》 für《フューア》 Kunst《クンスト》)という芸術活動者集団が結成された。メンバーの中心となったのは建築家や画家たちだったが、画期的な現代芸術論『抽象と感情移入』の著者であるヴィルヘルム・ヴォリンガーなど、芸術理論家や美術史家たちも加わっていた。この評議会は、一九一八年のクリスマスに「綱領《プログラム》」を発表したのち、一三項目から成るアンケートを芸術活動者たちに送った。質問事項はいずれも、芸術表現が民衆とのつながりを持つようになるためには、芸術家自身が何を実践し、また新しい国家に対してどのような要求を行なうべきか、という問いを基本にしている。

このアンケートに対する芸術家の回答のうちのひとつは、つぎのようなものだった（質問項目は要約して記し、回答（＊以下）は全文を再掲した(66)）。

一、造形芸術活動のための専門教育をどう改革するか？

＊学校をなくす。実践的な作品活動のみ！

二、社会主義国家は、芸術のためにどのような方策を取り、芸術家に対してどのような援助を行なうべきか？

＊国家は完全に無視されるべきである。／もろもろの方策は、各職場の労働者評議会を通じて、プロレタリアートによってのみ、立てられること。／企画に応じて、ひとり当たり一、二、五マルク。

三、今後生まれる集団住宅地《ジードルング》が広い文化的視野によって建設されるためには、国家指導部にどのような要求をすべきか？

＊回答二に同じ。／国家を除外し、労働者評議会によって急進的《ラディカル》な建築家たちを指名すること。小生の建築綱領を参照されたし。

四、〔略〕

五、社会主義国家における芸術家とは？

＊他のすべての労働者と同じ労働者。／「芸術」は、原則として余暇にのみ行なう。／確固

たる新しい道だけが、工場労働ないしは農業労働や一般的な手仕事からの解放を正当とする根拠となる。

六、民衆が芸術品総体――建築芸術、造形美術、絵画を一体として――にふたたび関心を持つようにするには？

＊金ピカの飾りや馬鹿騒ぎにつつまれた歳《とし》の市《いち》の仮設小屋。／実験用地《ゲレンデ》。／小生の綱領を参照されたし。

七、さまざまな芸術部門の芸術家が、当面、いかにして連合あるいは統一体を形成し得るか？

＊まず最初に、移動する仮設小屋のプロジェクト。四つの部分から成り、全体がひとつの人民の家《フォルクスハウス》。

1．芸術家コロニーのある実験用地《ゲレンデ》／2．集会等のためのホールの建物／3．劇場／4．水晶の家《クリスタルハウス》、そびえ立つ礼拝堂

選挙で選ばれる四名の建築家を中心とする四つの芸術家グループが形成される。／各グループは別々に第一次案をスケッチする。つぎにそれらを持ち寄り、それら四つの主要草案が統一体として提示され得るように、たがいに補いあうようなかたちで各建物の調和をはかる。対立は大いに結構。画家や彫刻家も設計に参加するが、つねにだれかひとりが音頭を取らなければならない。しかるのちに、絵やガラス絵等々を実験的に描いてみること、および彫刻家による細部の試作品。精神的労働は、各人が無償で行なう。支出分として少なくとも四万マルクが必要である。／ただちに始めること！／これがもっとも重要だ‼

八、都市全体の色彩加工、家屋の多色塗装、建物の内外の塗装などについて。
＊家屋の塗装はすべて三年から五年ごとに新しく塗り替えられねばならない。汚れた家屋は汚れた下着と同様、軽蔑すべきものだ。／塗り替えは、家主がいない場合には住人のなすべきことである。／急進的《ラディカル》な芸術家たちが影響力を発揮すること。
九、〔略〕
一〇、現代芸術家のさまざまな努力を、民衆と接触させ協調させるためには、どのような道が適当か？
＊前項までに含まれている。
一一、一二、〔略〕
一三、芸術家が無名で作品を発表することについて、どう考えるか？
＊建築作品にサインするなど、笑止の沙汰だ。／それ以外の場合について言えば、強制された無名性は、虚栄心をさらに高めるだけのことになりかねない――大きな危険！　純然たる戦術問題だ。

この回答者は、建築家のブルーノ・タウトだった。のちにヒトラー・ドイツから逃れて亡命する途上、日本に滞在して日本建築に魅せられ、桂離宮の研究などに没頭したことは、日本でも知られている。革命に先立つ一九一〇年代のタウトは、「アルプス建築」や「水晶の家」などガラスを素材とする空想的な建築の構想をはじめ、きわめて前衛的な建築設計によって、表現主義建築を代表する独創的な芸術家と目されていた。その彼が、革命に直面したとき、みずからの建築芸術にとって本質的に重要なひとつの理念を具体化する機会に遭遇したのである。それは、芸術表現と日常生活とをつらぬく共同性という根本理念だった。

アンケートに対する回答のなかでタウトが言及している「小生の建築綱領」とは、革命勃発後のクリスマスに「芸術労働評議会」が発表した活動方針のことで、その起草者がブルーノ・タウト自身だったのだ。綱領は、「芸術と民衆とが、ひとつの統一を形成しなければならない。——芸術はもはや少数者の楽しみではなく、大衆の幸福と生活そのものであるべきだ」という基本的な実現目標を提起していた。そして、これを実現するための芸術の実践を、「ひとつの大きな建築芸術の翼の下でさまざまな芸術を結合させる」という構想として示したのである。だがこの実現目標は、ただ単に、これまで一部の特権階級だけが享受してきた芸術を、多くの民衆が受容・鑑賞できるようにする、ということにとどまるものではなかった。またその構想は、建築芸術が、絵画、彫刻、ガラス工芸、インテリア・デザインなどの諸分野を結合させたいわゆる総合芸術である、という自己確認にとどまらなかった。

この実現目標にも、それを達成するための芸術的構想にも、ブルーノ・タウトが新しい芸術のありかたとしてその実現を目指していたものが、集約されていたのである。個々人の自発性と主体性とにもとづく共同思考と共同決定という根本的な理念を、芸術表現の過程においても日常生活の営みにおいても実現し得るような、そういう新しい芸術を創出すること。芸術表現の構想段階と制作過程における作業だけでなく、完成後の作品を受容し享受する段階においても、共同の営みのなかで個々人の主体性と創造性が触発され発揮される可能性を、作品によって実現すること。――そのための実験的なモデルが、アンケートの第七項目に対するタウトの回答に示されていた。そこでは、質問も回答も作品の表現者の側に焦点を当てているが、タウトの回答は、「人民の家《フォルクスハウス》」（Volkshaus）と呼ばれる複合的な居住空間を共同で設計する過程だけでなく、それをじっさいに利用する民衆の共同的な日常生活を、凝視しているのである。そしてそもそも、こうした実験的作業にもとづいて生まれる建築作品そのものが、労働者評議会によって発議され委託されるのである。民衆は、構想の最初から完成後の使用に至るまで、芸術家とともにこの作品の創造主体なのだ。このような理念を現実の生活のなかで実現する建築表現が、アンケートの第三項目で言及されている「集団住宅地《ジードルング》」（Siedlung）という構想だった。

ドイツにおける一九世紀末の急激な工業化は、中世以来の都市と農村もしくは田園との均衡を破壊し、いわゆる住環境の著しい荒廃をもたらした。これに対する危機感が深まるなかで、おりから新しい芸術潮流として台頭しつつあった「ユーゲント・シュティール」（青春様式）が、室内装飾や生活用具などの芸術表現によって住環境の美化への関心を呼び起こす一方、「ワンダーフォーゲル」運動など自然回帰の風潮にも触発されて、自然と調和した美的な生活への欲求が高まり、二〇世紀初頭には「田園都市協会」も設立された。この「田園都市」という構想は、グスタフ・ランダウアーを始めとする無政府《アナルコ》社会主義者の「コミューン」思想に刺激されて、ただ単に快適な住環境を目的とするだけでなく、その新しい居住空間での共同生活のありかたを考える運動にもつながったのである。

一九一〇年代のブルーノ・タウトは、この「田園都市」運動に刺激され、とりわけ、のちにバイエルンで義勇軍団の傭兵たちによって惨殺されることになるランダウアーの思想に触発されながら、「集団住宅地《ジードルング》」という構想を深めていく。ランダウアーは、すでに一九一五年一〇月に、「社会主義とジードルング――現実と実現のためのテーゼ」という論考で、専制政治からの自己解放とジードルングの構想とを結合していたのだった。[67] ブルーノ・タウトが設計したジードルングは、基本的には、何十棟もの集合住宅と、大きな緑地、池、小川、商店街、公民館、図書館、劇場、保育園などから成り、そこで共同の日常生活を送るための一地域である。のちの時代にきわめて一般的となる「団地」を大規模にしたものだが、これらと決定的に異なるのは、その原型が、「芸術労働評議会」のアンケートの第七項目への回答に示された「人民の家」の実験空間だということである。そこでの実験的な共同創作が、「ジードルング」の住民の日常生活そのもののモデルでもあるのだ。四つの部分から成る「人民の家」自体がジードルングに組み込まれるという設計さえもあった。芸術コロニーの芸術家たちも、そこで創作しながら住民たちとともに生きる。しかも、共同創作の作業は、その集団住宅地を設計し建造した芸術家たちのものであるばかりではない。住民はその設計と建造に参画するだけではない。自治空間としてのジードルングの日々の生活が、自主性と討論と対立と共考と合意と、さらにまた対立と共考との過程なのである。そして、これこそは、評議会の、レーテの、日常にほかならない。

日常の生活空間がレーテとなるような作品を、総合芸術としての建築芸術が創出すること、その建築作品のなかでの日常生活が、共同性と自由と自治との結合を模索し実現する道となること――これがブルーノ・タウトの芸術的課題だった。「文化の新たな形成にとって、レーテ共和国はひとつの前提条件なのである。それは国家の解消を可能にする」という『煉瓦を焼く人』の思想もまた、ブルーノ・タウトが建築芸術の可能性のなかに見ようとしていたものと、通底しているだろう。彼らは、みずからの運命を国家に委ねるのではない生きかたを模索しようとした。みずから思考し、みずから意志し、みずから行動する主体を、レーテの活動のなかでみずから形成すること。このレーテの理念を日常の生活空間のなかで共に試みることができるような建築表現を、ブルーノ・タウト（たち）は実現しようとしたのだった。革命は、労兵評議会の構成員だけによって担われるのではない。日々の暮らしをそれぞれの現場で生きる生活者が、家事と育児と補助的労働に押しひしがれる女性たちをも含む労働者の総体が、革命の主体なのだ。

ブルーノ・タウトは、一九二一年六月、ベルリン西方約二〇〇キロに位置するザクセン州の首都マクデブルクで、市の建築顧問に就任した。それはちょうど、「芸術労働評議会」の解散と時を同じくしていた。マクデブルクでは、都市空間全体の彩色という、彼のもうひとつの建築理念を実現することができた。二年半後に職を辞してベルリンに戻ったのち、彼のジードルング設計の多くが実現に移されることになる。ドイツ各地に、彼の設計になるジードルングが誕生した。けれども、ドイツの現実のなかには、もはやそれらのジードルングに「レーテ」の理念が生きる余地はなかった。

(2) ダダイストたちの反ヴァイマル

解説　ダダ

これまで**ダダイズム**について知られてきたことは不完全である。ダダについて教えてもらいた

い人は、

五月七日、水曜日、

午後三時に国民新聞の社長、ヴィクトル・ハーンに手渡された文書を見せてもらわなければならない。それに加えて、首相官房と、大統領の執務室と、五月一二日午後五時半以後は国民議会の事務局にあるそれぞれの文書も。

長官認定高等ダダイズムのハンドブックは、手《ハンド》でこしらえた本《ブック》であり、発行部数は一部、大きさは30×45センチ、厚さは15センチである。これについては、日時を文書で打ち合わせのうえ、ベルリン、シュテーグリッツ、ツィンマーマン街三四のダダイズム中央本庁において閲覧することができる。——これらすべてによってもなお、ダダの奥底は依然として秘密のままである。——フリーメイソンとイエズス会員はダダではない。

(「ダダイストの夕べ」は偽装と目くらましに過ぎない。)

紀元一年五月一三日

国際ダダ長官

(新聞記事) 周知のとおりシャイデマンは五月一二日、文豪シラーの言葉を国民議会に向かって叫んだ。いわく、人類の尊厳は諸君の手に与えられた、それを大切に守れ! この言葉の主《ぬし》たる詩人の大きな堂々たる像が、これを未来のドイツ人民議会に渡してもらうようにとの依頼を添えて国民議会の事務局に届けられたときには、シャイデマンの演説はまだ新聞に印刷されていな

かった。この像の寄贈者は、シャイデマン氏がつい最近、接見することを拒否したバーダー地球大統領であった。献辞には、つぎのような文言が添えられていた、「貴下は精神の正当な権利を軽蔑しておられるので、貴下にはそれ以外の何らかの正当な権利についても要求する資格は微塵《みじん》もない。貴下を代表に選んでいる人民は、完全な滅亡以外のいかなる運命にも値しないと言うべきである。それでもなお、わたしはきょうここで言っておく——貴下は破滅した、なぜなら貴下は小生を見損なったからだ。連合国はダダのために死ぬであろう！」これが何を意味するのかを、バーダー氏は近日中に、とある大きな集会で全ドイツに向かって説明するであろう。（編集部の註＝その集会はモアビートの法廷で開催される。州検察庁が「礼拝の妨害」のかどで起訴を行なったためである。バーダー氏が大聖堂において、紀元一年五月一二日にヴェルサイユ講和反対のプロテスタントたちに対して言明したのとまったく同じことを、去る一八年一一月一七日に革命のベルリン民衆に対して言明したがゆえに。）

一九一九年六月二日、国民議会がヴェルサイユ条約と憲法草案についての審議を続けているとき、ベルリンでひとつの新しい新聞が発刊された。タブロイド判（普通の新聞紙の半分の大きさ）を二つ折りにして八ページという小さなもので、『デア・ダダ』（*DER dada*）という表題だった。縦になったり横になったりしている第五面の五つの記事のうちの二つが、右に再掲したものである。(68) 言及されている『国民新聞』は、そのときすでに六〇年ほどの歴史を持つ右翼的な日刊新聞だった。内容は不明だが、首相シャイデマンや大統領エーベルトや国民議会に対してと同様、この記事の筆者たちが何らかの抗議、あるいは申し入れを行なったのだろう。『デァ・ダダ』の発刊は、ベルリンに登場したダダが、まだ革命は終わっていないことを告げ知らせる狼煙《のろし》だった。

『ダダ』の第一号より四カ月前の二月六日、国民議会がヴァイマルで開会式を行なったまさにその当日、ベルリンの「ラインゴルト舞踏館」でダダイストたちの会合が開かれていた。そこで、画家・写真家のラウール・ハウスマン、画家のジョルシュ・グロス、詩人のリヒャルト・ヒュルゼンベック、彫刻家のハンス・アルプらによって構成された「世界革命のダダイスト中央評議会」が、彼らのあいだでかねて「ダダ長官」(Oberdada《オーバーダダ》)と呼ばれていた一八七五年六月生まれの建築家、ヨハネス・バーダーを、「地球とこの天体の大統領」に任命することを宣言したのである。「ダダイスト・クーデターの全面的な勝利！　ヴァイマルで不慮の死を遂げた国民議会をダダ墓地に埋葬！」という声明が発せられた。

二〇世紀の二〇年代に世界各地で文化的スキャンダルを巻き起こすことになる「ダダ」は、大戦中の一九一六年二月、スイスのチューリヒで生まれた。「キャバレー・ヴォルテール」という酒場で開かれた芸術家たちの即興的なバラエティー・ショーから、無意味な音声の複合や、無関係な表現の同時進行、異なる表現分野の合作など、これまで芸術と考えられてきたものとは無縁な作品が、偶然によって、つぎつぎと誕生したのだった。「ダダ」という言葉は、こうして生まれた表現総体を意味するとともに、それらを生み出したグループ——フーゴー・バル、トリスタン・ツァラ、ハンス・アルプ、マルセル・ヤンコ、リヒャルト・ヒュルゼンベック、エミー・ヘニングスら——の名称にもなった。「ダダ」という語の由来について、ヒュルゼンベックは、小さな子供がまたがって遊ぶ木のお馬を意味するフランス語に由来するが、仲間のツァラとヤンコがルーマニア人だったので、スラヴ語やルーマニア語に共通の「ダー、ダー」、つまり「はい、はい」、「そう、そう」という相槌を打つときの言葉から受けた印象が強烈だったことにもよる、と述べている。彼らのうち、そのヒュルゼンベックが「ダダ」をたずさえてドイツに帰り、敗戦の半年前、一九一八年四月に、ベルリンで「クラブ・ダダ」を結成したのである。本格的な活動は、革命とともに始まった。『ダダ』創刊号は、帝国崩壊のあとに明けた新年、一九一九年を、新しい紀元の「世界平和一年」とする、と宣言した。

　ダダイズムの出発点と基本姿勢は、いっさいの権威、すべての既成価値への叛逆を、あらゆる表現活動をつうじて社会の面前に突きつけることにあった。レオナルド・ダ・ヴィンチの有名な「モナリザ」の肖像画をそのまま模写して、ただひとつ、口髭を描きこむことで、まったく別のメッセージを表現すること。陶器の便器をひとつ、展覧会場にそのまま置いて、ただ作品の表題として「泉」という札だけを添えること。着古した作業着を一着、会場の天井からぶらんと吊るしておくこと。なにやら顔面を白く塗りたくった人間が、衣服らしいものをまとって、変わった格好でうずくまっているのが、どうやら芸術作品であるらしいこと——。フランスやオランダにも同時多発的に波及したそれらの表現は、世間で芸術として珍重されているものがただの商品に過ぎず、じつは無内容な偶像でしかないことを揶揄すると同時に、ダダの作品表現のまえで人びとが「え、なにこれ?」と立ち止まることを求めたのである。ベルリンのダダイストたちがたびたび開いた「ダダイストの夕べ」のパフォーマンスや、大規模な表現展である「ダダ見本市《メッセ》」は、そのような無意味さとバカバカしさの集大成だった。

けれども、こうしたダダの表現は、まさにその時代が生んだ新しい芸術を最先端で体現していたのである。一九〇七年に美術史家ヴィルヘルム・ヴォリンガーが発表した『抽象と感情移入』は、この新しい芸術の根拠をはじめて理論づけた。たとえばある田園の光景を見て、「ああ美しいなあ」と感動する感性の動きを、ヴォリンガーは対象にたいする「感情移入」（Einfühlung《アインフュールング》）としてとらえる。このような感性によって描かれた絵は、感情移入の芸術作品である。それを観賞する人びとも、作品に感情移入して感動する。だが、二〇世紀初頭からヨーロッパの芸術表現者たちが強い関心をいだくようになったいわゆる「未開芸術」は、そうではない。たとえば、「未開人」と呼ばれる人びとが作った粘土の像なり石の彫刻なりには、きわめてしばしば、極端な変歪《デフォルメ》や、破壊された釣り合い《プロポーション》によって、我々の感情移入を拒否するような形姿を与えられているものがある。これらを作った人びとが、自分を取り巻く周囲の世界に対して、感情移入するような生きかたをしていなかったからだ。世界に対するそのような関係を、ヴォリンガーは「空間恐怖」にもとづく関係としてとらえた。外部世界の空間が、自分を包み込み自分と共生してくれるのではなく、自分とは疎遠で、不可解な謎に包まれ、それどころか自分を押しつぶし滅ぼそうとする強大な暴力として迫ってくるときの感情である。この恐怖から逃れるために、彼らは、理不尽で無秩序でまったく恣意的な姿で迫ってくるその外界の暴力のなかに、なんとかして、なんらかの必然性や法則性や隠された意図を見出そうとする。こうした心の動きは、無力な子供たちの絵や塑像にもしばしば見られるように、その外部世界に感情移入することはできないがゆえに、かえって、外界の事物が見せている表面的な姿ではなく、カントの言う「物自体《ディング・アン・ジヒ》」、認識によっては把握することのできない事物の隠れた本質を、描き出してしまう。そういう心の動きが「抽象」（Abstraktion《アブストラクツィオーン》）の衝動であり、この抽象衝動によって表現されたものが、「抽象芸術」と我々が呼ぶものの原型なのだ[69]。

ヴォリンガーのこの思想は、いわゆる「未開芸術」を論じながら、じつは生まれたばかりの現代芸術——立体派《キュビスム》、表現主義《エクスプレッシオニスムス》、未来派《フトゥリスモ》など——の根拠と特質を理論づけていたのである。いわゆる「写実主義」という意味でのリアリズムを否定するこれらの抽象芸術は、現代社会の現実への感情移入によってではなく、現代社会に対する空間恐怖にもとづいて、だが今回はその空間恐怖を意識的に自覚することによっても、生まれたのだ。表現主義が、そういう現実に対する恐怖と嫌悪と抗議の叫びだったとすれば、ダダは、そういう現実を戯画化し、ぶちのめし、転覆しようとする実践だった。ベルリン・ダダが僭称したとおり、彼らはまさに「世界革命のダダイスト中央評議会」だったのである。ベルリン・ダダの新聞『ダダ』は、一九一九年の年末に第二号を出し、さらに二〇年六月に第三号を刊行して姿を消した。しかし、ベルリン・ダダは、すでにそのとき、ただ単に戯作《げさく》じみた言葉や図像による挑発や攻撃を重ねていただけではなかったのである。

ベルリン・ダダは、敗戦前の一九一八年四月から二〇年三月までの丸二年間に、あわせて一二回の講演会と昼間興行《マチネー》を重ねた。二〇年二月二四日にリヒャルト・ヒュルゼンベックとラウール・ハウスマンがライプツィヒの中央劇場で行なった巡業公演では、二〇〇〇人の聴衆が会場を埋めるほどだった。彼らのメッセージは、芸術や文化の領域での断絶と革新の呼びかけとして受け取られただけではなかった。彼らの画期的に新しい文化的表現の実践をとおして、社会総体がなお革命の過程をたどりつつあることを、聴衆たちは感受していたのだった。

一九一七年一月、リヒャルト・ヒュルゼンベックが「チューリヒ・ダダ」のグループのもとからベルリンにもどったとき、すぐさま彼は懐かしい友人たちと再会した。この友人たちと、その彼らが親しかった芸術家や文化表現者たちとは、戦争が始まる以前から、ベルリンの「カフェ・デス・ヴェステンス」（西部カフェ）をたまり場にしていた。戦争中も、戦線に送られたり外国へ逃避したりしていないものたちは、しばしばそこに集《つど》った。そこでは、のちにミュンヒェンで殺害される一八七〇年四月生まれのアナーキズム思想家、グスタフ・ランダウアーを最年長として、ユダヤ哲学者のマルティン・ブーバー、女性詩人のエルゼ・ラスカー＝シューラー、画家のルートヴィヒ・マイドナーやショルシュ・グロス、批評家のヴァルター・ベンヤミン、詩人のテーオドーア・ドイブラー、ヨハネス・R・ベッヒャー、フーゴー・バル、小説家のフランツ・ユングらが、現実に対する違和感や抵抗について語り合っていたのである。彼らのうちもっとも若い世代の詩人、一八九六年四月生まれのヴィーラント・ヘルツフェルデが、一九一六年の初春に、ある小さな雑誌の編集を始めることになった。『ノイエ・ユーゲント』（*Neue Jugend*）というその月刊雑誌は、ある青年によって創刊されたのち、続刊が困難となっていたのを、ヘルツフェルデが引き継いだのである。彼より四つ年長のリヒャルト・ヒュルゼンベックは、兵役を避けてチューリッヒへ行く前に、ヘルツフェルデのこの仕事に協力していたのだった。ヘルツフェルデによる『ノイエ・ユーゲント』の最初の号、通巻第六号は、一九一六年七月に刊行された。その号には、ヒュルゼンベックの「幻想」と題する詩のほか、彼らが深く敬愛していたユダヤ人の女性詩人、エルゼ・ラスカー＝シューラーの、西部戦線で戦死した表現主義画家フランツ・マルクに捧げた小説「マリク」や、ヨハネス・ベッヒャーの詩「平和によせて」、詩人テーオドーア・

ドイブラーの「シャガール論」、画家ショルシュ・グロスの漫画ふう素描画、そしてグスタフ・ランダウアーの「ストリンドベルィ論」などが掲載されていた。さらに翌八月の号にはラスカー＝シューラーのグロス論、一〇月号にはロシアの画家マルク・シャガールの油絵も寄せられている。

『ノイエ・ユーゲント』——「新青年」を意味するこの雑誌は、編集責任者であるヴィーラント・ヘルツフェルデのごく親しい友人たちによって担われていた。ヒュルゼンベックのほか、のちに第二次世界大戦後の東ドイツで最初の文化大臣になる表現主義詩人ヨハネス・ローベルト・ベッヒャー、ヘルツフェルデの実兄の写真家ジョーン・ハートフィールド、画家・漫画家のショルシュ・グロス、それに強力な支援者として、表現主義のもっとも代表的な詩人たちであるエルゼ・ラスカー＝シューラーとテーオドーア・ドイブラーが、助言と実質的協力を惜しまなかった。のちに写真モンタージュの分野で画期的な仕事を残すことになるジョーン・ハートフィールド（John Heartfield）は、もともとの名前がヘルムート・ヘルツフェルト（Helmut Herzfeld）だったが、軍国主義と帝政のドイツが嫌いだったので、自分の名前を英語に変えてしまったのである。ショルシュ・グロス（George Grosz）も同様に、元来のゲオルク・グロース（Georg Groß）を英語に変えたのだった。ただし、英語のGeorge の ge は、ドイツ語を母語とするものの通例で、「ジュ」ではなく「シュ」に近い音《おん》になるため、「ジョージ・グロス」ではなく「ショルシュ・グロス」と呼ばれるのが普通だった。編集責任者のヴィーラント・ヘルツフェルデ（Wieland Herzfelde）自身も、本来の姓であるヘルツフェルト（Herzfeld）の末尾に e を追加して筆名としていたのである。

リヒャルト・ヒュルゼンベックがチューリヒからダダイストとなってベルリンに帰り、『新青年』

の友人たちと再会した直後に、雑誌は発禁処分となった。偽装しながら発しつづけてきた反戦と反君主制のメッセージを、ついに当局も看過しえなくなったのだ。その最後の号、一九一七年二・三月合併号は、ヘルツフェルデが設立したばかりの「マリク書店」（Der《デァ》 Malik《マリク》 Verlag《フェアラーク》）という新しい出版社から刊行されていた。エルゼ・ラスカー゠シューラーが最初の号に寄せたフランツ・マルク（Franz Marc）追悼の小説の表題であり、彼をモデルとした主人公の名前でもある「マリク」を、そのままもらったのである。発禁処分に対抗して、『新青年』という同じ名前の新聞が発刊された。二号まで出た多色刷りのその新聞は、これまでの雑誌とまったく異なり、全ページがまぎれもないダダイズムの文言と写真と絵とであふれていた。翌一八年四月にベルリンで「クラブ・ダダ」が結成されると、マリク書店は事実上その出版部となった。そしてベルリン・ダダは、マリク書店との合作によって、文化領域におけるドイツ革命のもっとも過激《ラディカル》な活動者となるのである。

（3）ダダから「プロレタリア劇場」へ——もうひとつのレーテ革命

新聞『デァ・ダダ』の二号が出たあとこれを引き継いだマリク書店は、それと同時に、独自のダダイズム刊行物として、一九一九年二月一五日、「イラスト入り半月刊紙」という副題を持つ『だれもが自分のフットボール』（*Jedermann*《イェーダーマン》 *sein*《ザイン》 *eigner*《アイグナー》 *Fussball*《フースバル》）を発刊した。新聞紙大の四ページで、表紙ページ左上には、大きなフットボール（サッカーボール）から頭部と手足を出したヴィーラント・ヘルツフェルデが、帽子をとって挨拶しているモンタージュ写真が載せられていた。手と足は別人のものだったという。雑誌の名前はショルシュ・グロスの発案だった。もちろん、他人に蹴り廻されるサッカーボールになるのではなく、自分自身の意志で動くボールになろう、というメッセージである。中央には、開いた扇子《せんす》のうえに、開会したばかりの国民議会に登場した各政党の党首たちの顔写真が並べられ、「懸賞！　誰がいちばん美男でしょう？・？・」という大見出しが付されている。ボール人間と同じく、作者はジョーン・ハートフィールドだった。その下から始まる主要記事は、「政党資金の社会化」である。国民議会で審議されるべき基幹産業の「社会化」が戯画化されているのだが、国民議会の選挙などというものに莫大なカネを使ったことに対する批判でもあった。一一月九日の帝国宰相就任にさいしてエーベルトが発した「市民の皆さん！」と題する布告をパロディー化した広告も、欠けてはいなかった――「市民の皆さん！　パントマイム映画『皇帝ヴィルヘルムの帰還』のために約二〇〇〇名の堂々たるドイツ男子を急募。受勲者優先！（勲章装着のこと！）　エーベルト映画株式会社／カフェ祖国内」。権力者たちの行状を描いたショルシュ・グロスの漫画も、各ページを飾っていた。当局はただちに発行禁止で応じた。

『だれもが自分のフットボール』が発禁のために一号で終わると、すぐその翌月には、『ディ・プライテ』（*Die Pleite*＝破産）という絵入の半月刊誌がマリク書店から創刊された。当局は、今度はヘルツフェルデの「保護検束」処分で報いた。二週間を刑務所で送った彼は、釈放されるや、その体験記を『保護検束』という小冊子として出版する。『プライテ』は、そののち、文字どおり強権との確執をかもしつづけながら、一九二四年六月までに一〇冊を刊行することになった。――だが、マリク書店とダダイストたちとの合作は、これだけにとどまらなかった。一九一九年四月に、ハレのフランツ・イェスト書店から『デァ・ゲーグナー』（*Der Gegner*＝敵対者）という月刊誌が創刊されていた。編

『ディ・プライテ』（破産）第１巻第３号（1919年４月初旬）表紙――絵（ショルシュ・グロス作）の下に「ノスケに乾杯！――プロレタリアートは武装解除された！」というタイトルがある
出典：*Die Pleite.*（H-10）

集者は、詩人・小説家のカール・オッテンとまだ二一歳になったばかりの社会学学徒、ユリアン・グンペルツだった。新しい文化のための理論構築を目指すこの雑誌が、一九一九年一二月刊行の第八・九合併号から、マリク書店を出版元とすることになったのである。当局による廃刊処分の惧《おそ》れがある『プライテ』の隠れ家を『ゲーグナー』のなかに作ることを、彼自身も共産主義者だった編集者のグンペルツが、ヘルツフェルデに提案したのだった。このときから、『ゲーグナー』は、ユリアン・グンペルツとヴィーラント・ヘルツフェルデの共同編集として刊行されることになる。ダダをドイツに伝えたリヒャルト・ヒュルゼンベックは、このころすでに本職にもどり、外洋航路の船医として働いていた。そして、創立以来のKPD党員でもあったダダイストたち――ヴィーラント・ヘルツフェルデ、ジョーン・ハートフィールド、ショルシュ・グロス、そして俳優で舞台監督のエルヴィン・ピスカートル、小説家のフランツ・ユング――がこの雑誌の主力となった。だが、それは、この雑誌がKPDの政治方針を芸術・文化の領域で実践し、あるいは宣伝・流布した、という意味ではない。むしろ、既成の芸術価値の破壊者であろうとするダダ・コムニストたちと、ようやく独自の文化政策を模索しはじめたKPDとのあいだには、深刻な意見対立が醸成されていくのである。

対立は、ある出来事をめぐって表面化した。『ゲーグナー』がマリク書店とダダ・コムニストたちの運動誌になってから三カ月後の一九二〇年三月一三日、東《オスト》プロイセン州の「地方地主総会総裁」という公職にあったヴォルフガング・カップと、国防軍第一軍団司令官ヴァルター・フライヘル（男爵）・フォン・リュトヴィッツ大将とを首魁とし、元ベルリン警視総監トラウゴット・フォン・ヤーゴー、敗戦前の陸軍参謀本部第一参謀次長だったエーリヒ・ルーデンドルフらを共謀者とする軍事クーデターが起こされた。国防省軍務局長のハンス・フォン・ゼークト中将は、クーデター鎮圧のために国防軍を投入することを拒否し、SPDのグスタフ・バウアーを首班とするヴァイマル連合政府は、ドレースデンへ、さらにシュトゥットガルトへ逃亡した。ところが、軍事クーデターに反撃する民衆とのあいだに生じた銃撃戦で、ドレースデンの旧王宮に収蔵されていたルーベンスの絵が、流れ弾によって損傷したのである。このことを知って、ドレースデン造形美術アカデミーの教授である表現主義の画家、オスカー・ココシュカが抗議の声明を発表し、そのなかで、「わたくしは、そのような戦闘訓練の計画を今後はお城の画廊の前などではなく、人類文化を危険にさらすことのない野原の射的場あたりで挙行していただきたい、と切にお願いするものであります」と記したのだった。これに対して、『ゲーグナー』は第一〇～一二合併号（おそらく四月発行）に「芸術ヤクザ」と題したジョーン・ハートフィールドとジョルシュ・グロスによる連名の批判文を掲載した。それは、ココシュカの見解を「芸術ヤクザ」の啖呵《たんか》として一蹴し、自分たちの芸術観をつぎのように述べていた(70)。

〔……〕労働者たちにとって芸術とはいったい何だというのか？　画家たちが自分の絵に、働く人間の解放闘争にふさわしいような内容、数千年にわたる抑圧のくびきから自己を解放するすべを彼らに教えるような内容を、付与したことがあるか？　〔……〕労働者諸君！　ブルジョアがまだそれにしがみついていることができ、きみたちをたぶらかして美と幸福だと思い込ませることができるような何かを、ひとが絵画のなかに描くのは、ブルジョアを力づけ、きみたちの注意を、きみたちの階級意識を、きみたちの権力への意志を、サボタージュさせるためだ。／ひとがきみたちの芸術に向けさせ、「芸術を民衆に」などと叫ぶのは、きみたちをたぶらかして、我々には我々を苦しめるものたちと共同で所有しているひとつの財産があるのだ、ときみたちに信じ込ませ、その財産のためにきみたちが、かつてこの世界が目にしたうちでもっとも正当な闘争を、やめてしまうように仕向けようという魂胆からだ。またもやきみたちを「心情的なもの」によって抑え込み、人間精神の奇跡のごとき作品と比べれば自分はちっぽけなものだ、という意識をきみたちに吹き込もうという魂胆からだ。／詐欺！　ペテン！／もっとも卑劣な欺瞞！〔……〕我々は、この芸術ヤクザの俗物的見解表明を承認するほどまだ耄碌していないすべての人びとに、これに対してきっぱりと反対の態度を表明されるよう、切にお願いする。自分自身と自分の同胞たちを弾丸がずたずたに引き裂いているというのに、弾丸が巨匠の絵を傷つけたからってどうってことはないじゃないか、と考えるすべての人びとに、それを要請したい。〔……〕労働者居住区の貧しい人びとの家に命中するかわりに弾丸がギャラリーだの宮殿だの、ルーベンスの傑作だのに命中するのを、我々は大喜びで歓迎する。〔……〕

『ゲーグナー』のこの記事に対して、KPD機関紙の日刊『ディ・ローテ・ファーネ』（赤旗）は、六月九日の号に全面的な批判を掲載した。「ジョーン・ハートフィールドおよびジョルシュ・グロス氏に」と題するその論説の筆者は「G・G・L」と署名していた。それは、一八八二年一月生まれの文化批評家、ゲルトルート・アレクサンダーの筆名だった。党創立メンバーのひとりである彼女は、最初期のKPDの文化政策を担う中心的な理論家だったのである。ハートフィールドとグロスの見解は「芸術破壊《ヴァンダリズム》」の主張でしかない。ブルジョア芸術はもはや新しいものを生み出すことはできず、古いブルジョア芸術の多くがプロレタリアートの解放と何の関係もないのは確かだ。しかし、すぐれた芸術作品はプロレタリアートにも喜びをもたらすのであり、権力を獲得したプロレタリアートが自分たちの芸術を生み出すためにも、その歴史的な前提として生かされなければならない――。これがG・G・Lの論旨だった。これに対して『ゲーグナー』の編集者のひとり、ユリアン・グンペルツが反論を書き、それはJ・Gという筆者名で六月二二日付の『ローテ・ファーネ』に掲載された。「芸術、芸術破壊およびプロレタリアート――G・G・Lへの回答」と題するその反論に対して、さらに六月二三日の『ローテ・ファーネ』にG・G・Lの再批判が発表された。その翌日、党最高幹部のひとりで、旧ヴュルテンベルク王国での革命のさい二日間だけ臨時革命政府の人民委員だったアウグスト・タールハイマーが、「プロレタリアートと芸術――政治的註釈」という総括のコメントで論争に終止符を打った。「過去の芸術を殲滅あるいは拒否しようという、超革命的かつ反ブルジョア的身振りをとったスローガンは、じつはブルジョア的なスローガンであり」、「それが芸術破壊であるという点は別としても、同時にまたプロレタリアートの政治闘争を著しく弱めることであり、ブルジョア世界のまだ健全なもろもろの力を突き放してしまうことにならざるを得ない。」――これが、タールハイマーの結論だった。

ダダイストたちに対するG・G・Lの激しい批判は、七月二五日付『ローテ・ファーネ』の論評では、全面的な否定、むしろ断罪に変わった。六月三〇日から八月二五日までベルリンで開催された「第一回国際ダダ見本市《メッセ》」を取り上げたその「ダダ」と題する論評で、彼女はこう述べたのである、「だが、こんなものがすべて、プロレタリアートに何の関わりがあろうか？〔……〕彼は、意識した闘士は、ダダのように、「ブルジョア性」を脱却するために芸術作品を殲滅する必要など持たない。なぜなら、彼はブルジョア的ではないから。／だが、ダダのように、くだらぬイカサマ芸術を貼り付けることしか自分でできない人間は、芸術から手を引くべきなのだ。」

けれども、『ゲーグナー』のメンバーたちが意図していたのは、芸術作品そのものを否定することではなかった。芸術表現に対するプロレタリアートの姿勢を変えることが、みずからも芸術表現者である彼らの課題だった。価値ある芸術とされるものを無批判に崇拝し、美しいとされるものに感情移入して美しいと感じるような、そういう芸術受容者でしかないプロレタリアートの感性が変革されなければならないのだ。この課題への肉薄を、彼らは新しい演劇運動によっても試みようとした。一九二〇年一〇月一四日、「プロレタリア劇場・大ベルリン革命的労働者舞台」の旗揚げ公演が開始された。ダダのひとり、俳優で舞台監督のエルヴィン・ピスカートルが、作家のヘルマン・シューラーとともに、その演劇運動の中心だった。シューラーは、前年の夏に設立された「プロレタリア文化同盟」の活動家のひとりだったが、一八六九年生まれの著名な社会主義作家アルトゥーア・ホリッチャーを代表とし、ブルーノ・タウトやハインリヒ・フォーゲラーらも加わったこの同盟の活動、とりわけ「プロレタリア劇場」の運動に飽き足らず、ピスカートルとともに新しい演劇運動を始めたのだった。これには、ＫＰＤとＵＳＰＤ、それにＫＰＤから除名された左翼反対派が二〇年四月初旬に結成したＫＡＰＤ（ドイツ共産主義労働者党）と、労働組合や青年組織も代表を派遣してその運営に協力していた。

「プロレタリア劇場・大ベルリン労働者舞台」の初公演は、ユーリウス・ハイトフォーゲルの「不具者」を始めとする三作の一幕劇から構成されていた。KPDは、一〇月一七日の『ローテ・ファーネ』の無署名論説によって、これに対する全面的な批判を展開した。ダダイストたちによって挙行された公演の総体に対する嫌悪の情をあからさまにしながら、「なにしろ、きょう提供された代物は、プラカード様式としか名付けようがないのである。悪しきカリカチュアだ」と一蹴し、どの一幕物もおよそ芸術とは関係のない水準であることを糾弾したのち、プロレタリアートが自力で芸術作品を生み出せるようになるまでは、これまでの芸術作品のうちからすぐれたものを選んでプロレタリアートに伝えていかなければならないことを、強調したのだった。この批判の筆者がG・G・L、ゲルトルート・アレクサンダーであることは、『ゲーグナー』の編集者ユリアン・グンペルツが『ローテ・ファーネ』に寄せた反論に対する彼女の再批判のなかで、明らかにされた[71]。

革命のなかで新しい芸術・文化を生み出そうとする闘いについてのG・G・L・アレクサンダーの基本的な考えは、「プロレタリア文化運動」(ロシア革命では「プロレトクリト」と呼ばれた)というものはありえない、ということだった。これまで文化・芸術から疎外されてきたプロレタリアートは、政治的な革命闘争によって解放を勝ち取ったのちに初めて、自己の文化・芸術を創出する可能性をも獲得する。だがそのときは、プロレタリアートという階級そのものがなくなるのだから、生み出される新しい文化はもはやプロレタリア文化ではない。つまり、プロレタリア文化なるものは存在しえないのだ――ソ連のトロツキーが主張したこの思想を、彼女もまた共有していたのである。

だが、G・G・LとKPD主流派が受け止めることのできなかった党員ダダたちの遠い目標がどこにあったのかを、ダダの一員としてこの劇場運動を中心で担ったエルヴィン・ピスカートルは、のちにありありと物語っている。傷痍軍人、つまり世界大戦で重傷を負ったと思われる身体障害者を主人公とした一幕劇、「不具者」の上演のさいに起こった出来事を、その劇の舞台監督であり主演者でもあったピスカートルは、一九六六年になってからつぎのように振り返ったのだった[72]――

「不具者」の舞台背景画をこしらえることを引き受けていたジョーン・ハートフィールドは、例によって作品の提出に遅れ、我々がすでにその第一幕の中ほどまで行っていたとき、くるくると巻いた背景画を腕にかかえてホールの入口の扉のところに姿を現わした。このあと起こったことは、ひょっとするとわたしの演出上の着想のように思われたかもしれないが、じつはまったく意想外のことだった。ハートフィールド、「待ってくれ、エルヴィン、待ってくれ！　おれだよ！」みんないっせいに、顔を真っ赤に上気させて飛び込んできたその小男のほうを振り向いた。劇を続けることはできなくなった。そこでわたしは、不具者の役をしばらく脇に置いて、下に向かって大声で言った、「いったいどこへ行ってたんだ？　半時間近くもおまえを待ったんだぞ（観客のなかから、そうだそうだ、というつぶやき）、で、とうとうおまえの背景画がないままで始めたんじゃないか」。ハートフィールド、「車をよこしてくれなかったじゃないか！　おまえの責任だよ！　通りをずっと走ってきたんだぞ。絵が大きすぎるものだから、電車はどうしても乗せてくれやがらない。やっとのことで一台つかまえたんだが、うしろのタラップに立っていなくちゃならなくて、もうちょっとで転げ落ちるところだったんだぞ！」（観客のなかから笑い声が高まる。）

——わたしは彼の言葉をさえぎった、「静かにしろよ、ジョニー、劇を続けなくっちゃ」。ハートフィールド（かんかんに怒って）「だめだ、まずこの背景画を吊り下げなくちゃいかん！」どうしても彼が静かにしてくれないので、わたしは観客のほうに向かって、どうしたらよいだろうかと問うた。劇を続けるか、それともまず背景画を吊り下げるか。圧倒的多数が吊り下げるほうに賛成した。そこで我々は幕を下ろし、背景画を吊り下げて、芝居を最初からやりなおした。これにはみんな大喜びだった。（こんにち、わたしは、ジョーン・ハートフィールドこそ、「叙事詩的演劇」の創始者だと見なしている。）

「叙事詩的演劇」とは、一般にベルトルト・ブレヒトが『肝っ玉おっ母《かあ》とその子供たち』（初演＝一九四一年）その他で創出したとされる作劇法である。従来の演劇では、劇的な効果は、舞台で演じられる芝居に観客が感情移入することによって生じる。主人公が悲しめば観客も涙をこぼす。主人公が幸福になれば観客も喜ぶ。それに対して、ブレヒトが目指した新しい演劇では、主人公が不幸な目に遭うと、観客は「あのときこうしなければよかったのだ」と考え、主人公が喜んでいると、観客は「あれ？　うしろであいつがもっと喜んでいるぞ」と危険に目を向ける。観客がみずから主体的に劇と向き合うことを促すような効果を、ブレヒトは、「異化効果」と名づけ、そのような効果を基本とする演劇を、従来の「演劇《ドラマ》的演劇」との対比で「叙事詩《エピック》的演劇」と呼んだのである。ピスカートルは、ドイツ革命のなかでの「プロレタリア劇場」が、ハートフィールドの持ち込んだハプニングによって、この異化効果を生み出し、観衆の主体性を触発した、と考えるのだ。だが、このハプニングの意味は、それだけにとどまるものではなかった。劇場が、演劇を媒介にして、作者や演技者と観衆とのあいだに、ひとつの共演と共同決定の場を創出したのである。さまざまな評議会《レーテ》運動に身を投じた表現者たちとともにダダ・コムニストたちが思い描いた文化革命の目標――文化的な表現をつうじて受け手が創造の主体となり、その主体性をつうじて自由な共同性を創出するという遥かに遠い目標と、それは無縁ではなかったのだ。

一九一九年の新年とともに誕生したＫＰＤは、一年半後の二〇年六月六日に行なわれたヴァイマル憲法下での最初の国会議員選挙に参加し、得票数五八万九〇〇〇票、得票率二・一％で、議席総数四五九のうち二議席を獲得した。反対派がＫＡＰＤを設立して分裂する直前の党員数は公称九万人に達していた。議会主義政党への転身が、文化表現者たちのなかになお生きつづけるレーテ革命に対して距離を置き、あるいは批判的な姿勢をとることとも、無関係ではなかったのかもしれない。エーベルトとヴァイマル連合の政府によって捻じ伏せられるレーテ運動を、ＫＰＤはもはやともに担うことができなかった。党内の反対派であるダダ・コムニストたちの運動のひとこまでの偶然の出来事は、さまざまなレーテ運動がさまざまなかたちで思い描いた共和国の理念を、一瞬の幻像として現出させたまま、消え去らなければならなかった。

「プロレタリア劇場・大ベルリン革命的労働者舞台」でのパプニングのもととなった一幕劇「不具者」の作者ユーリウス・ハイトフォーゲルとは、一八九六年九月生まれの若い劇作家、カール・アウグスト・ヴィットフォーゲルの筆名だった。ヴィットフォーゲルはのちに、「水力学《りきがく》的社会」を支配する「東洋的専制」という独自のマルクス主義的アジア社会論によって、コミンテルン（共産主義インターナショナル）のもっとも代表的な実学研究者のひとりとなった。ナチスが権力を握るとアメリカ合州国に亡命し、やがて帰化して転向した。そして、一九六〇年代のアメリカによるヴェトナム侵略戦争に、すぐれたアジア研究者として多大な貢献を行なった。――この「不具者」の作者と、この劇を完膚なきまでに批判したG・G・L＝ゲルトルート・アレクサンダーと、そして『ゲーグナー』編集者としてG・G・Lと論争を重ねたユリアン・グンペルツは、それから三年後に、二〇世紀の文化史にとって画期的な意味を持つことになるひとつの集まりで、席を同じくするのである。

V 革命の逆転

略年表 V

1918.11.11	ドイツ，連合国と停戦協定締結
12.12	臨時政府，「志願制人民防衛軍の設立のための法律」を施行
	→「義勇軍団《フライコール》」の法的根拠となる
1919. 1. 4	エーベルトとノスケ，「メルカー義勇軍団」を閲兵
	→以後，最大時で 40 万人のボランティア将兵がベルリン政府の傭兵となってレーテ革命の殲滅に従事
4.16	「ドイツ国防軍」発足，初代国防大臣＝グスタフ・ノスケ
5.30	クラーラ・ツェトキン（KPD）の論説「女性たちはレーテを支持し，女性たちはレーテに加わる！」
6.28	「ヴェルサイユ条約」調印，巨額の賠償と軍備削減を科す
11.18	国民議会，ヒンデンブルクを証人喚問　→「匕首《あいくち》伝説」
12.24	バルト派遣の「義勇軍団」，最後の諸部隊が撤退して帰国
1920. 3.13	「カップ・クーデター」 →シャイデマン政府，首都放棄
	→全国でゼネストと武装闘争，3.17 クーデター挫折
3.17	ルール工業地帯で労働者の武装闘争つづく（〜 4.1）
	→国防相ノスケ，失脚
6. 6	ヴァイマル憲法下での最初の国会議員選挙
1921. 3.16	中部ドイツで「3 月行動」開始（〜 4.1，KPD が主導）
3.20	上部シュレージエンで住民投票，ドイツ帰属が多数意見
	→ポーランド系住民が武装蜂起，内戦へ
7.29	アードルフ・ヒトラー，NSDAP（ナチ党）党首となる
8.26	前・財務相マティアス・エルツベルガー，暗殺
1922. 6. 4	元・首相フィリップ・シャイデマン，暗殺未遂
6.18	KPD 幹部エルンスト・テールマン，暗殺未遂
6.24	現・外相ヴァルター・ラーテナウ，暗殺
11.22	クーノー内閣発足，「ヴァイマル連合」ひとまず終わる
1923. 1.11	フランスとベルギーによる「ルール占領」開始
	→クーノー政府，国民に「消極的抵抗」を呼びかけ
3.15	レーオ・シュラーゲターら，占領に抗して鉄道線路爆破
	→ 5.9 フランス軍事法廷の判決　→ 5.26 銃殺刑執行
5.20	テューリンゲン州で「マルクス主義研究週間」開始
	→「フランクフルト学派」の誕生へ
9. 1	日本で「関東大震災」，死者・行方不明者＝ 10 万 5,385 人
11. 8	ヒトラー，帝国崩壊（「11 月の裏切り」）5 周年を期して
〜 9	ミュンヒェンでクーデター　→ 11.9 鎮圧

1 ヴェルサイユ条約と匕首《あいくち》伝説

（1）「一一月の裏切り」

ドイツ領東アフリカの守備軍が降伏して、世界大戦が実質的に終了したのは、一九一八年一一月一七日だった。その日からほぼ丸一年を経た一九年一一月一八日、ヴァイマルで開かれていた国民議会が、いつになく大きな注目を集めていた。議会に設置された「調査委員会」が、この日、重要な証人を喚問することになっていたからである。

この年の六月二八日に調印された講和締結の「ヴェルサイユ条約」は、戦争責任をもっぱらドイツにのみ負わせ、海外植民地のすべてと、本国領土のうち面積の約一三％、人口の約一〇・七％をドイツに放棄させた。それに加えて、国際政治上の権限についても軍備についても、きわめて厳しい制裁を加え、賠償金（金額は未定）および石炭や木材などの物資と家畜による莫大な賠償が課せられた。修正要求を斥けられ、受諾しない場合はただちに戦闘を再開してベルリンまで進撃するという連合国側の強い姿勢に進退きわまったドイツは、やむなくこの條約を受託したのだった。しかし、絶望的ともいえるようなこの窮状を招いた責任の所在を問う声は、条約の締結後、国民議会のなかでも一気に高まり、一九年八月二〇日の会議で「調査委員会」の設置が決定された。

委員会の任務は、（一）戦争開始までの経緯、（二）戦争中の国際法違反の事実、（三）戦争終結の時期を逸したこと、および（四）敗戦に至った理由について、事実関係とその責任の所在を明らかにすることだった。そして、調査委員会の下にそれぞれのテーマを担当する四つの小委員会が設けられ、証人喚問や鑑定人からの聴取が続けられてきたのである。帝政崩壊の日にSPDのシャイデマンが帝国議会議事堂の窓から樹立を宣言したのは「ドイツ共和国」ではなく、「社会主義ドイツ共和国」だったことを、のちに回顧録に記すことになるオイゲン・フィッシャー＝バーリングは、当時、この調査委員会の書記官（のちに事務部長）だった。一一月一八日の委員会が注目を集めていたのは、軍事的敗北を喫してドイツを敗戦に導いた責任者と目されていたヒンデンブルクとルーデンドルフが、第二小委員会に証人として出席することになっていたからだった。小委員会は公開で行なわれた。

「タンネンベルクの英雄」である元帥パウル・ルートヴィヒ・ハンス・アントン・フォン・ベネッケンドルフ・ウント・フォン・ヒンデンブルクは、大戦の開戦から二年を経た一九一六年八月二九日に陸軍参謀総長に任命された。そのとき以来、彼は、タンネンベルクの戦闘のさい参謀だったエーリヒ・ルーデンドルフ大将を「第一参謀次長」として、戦争の総指揮を取ってきたのである。この証人喚問の時点ではすでに、敗戦前の一九一八年九月下旬にルーデンドルフが、ヒンデンブルクの了解のもとに政府首脳と帝国議会議員団に対してドイツ軍の敗北は避けられないことを伝え、ただちに和平交渉を開始するよう要求していたことは、明らかにされていた。それにもかかわらず、議員たちの異例の起立によって迎えられたヒンデンブルクは、責任を全面的に否認する証言を行なったのである。

プロイセンの軍人カール・フォン・クラウゼヴィッツの『戦争論』から、有名な「戦争は別の手段をもってする政治の延長である」という一句を引用したヒンデンブルクは、それゆえに戦争という手段に訴えたドイツが非難されるいわれはない、と述べたうえで、生きた兵士の数においても物質的な軍事力においても劣勢にあったドイツにとって、前線と銃後との一致団結だけが唯一の勝機だった、と強調する。そして、こう続けたのである、「しかるに、さて何が起こったか？　敵側では、生きている資材と死んでいる資材との点で優位にあったにもかかわらず、全住民のすべての階層が勝利への意志においてますます強固に団結し、しかも、状況が困難となればなるほどますますそうなったのであるが、一方、我々の側では、我々が劣勢であるだけにこうした団結がはるかに重要であったにもかかわらず、党派的利害がのさばったのである。／議長＝陸軍元帥殿《どの》、国内の人民について下された価値判断になっております。〔……〕それゆえ、この箇所の削除を求めます。」――議長の制止をまったく無視して、ヒンデンブルクは陳述を続けた(73)。

そしてこの状況が、ほどなく、勝利への意志の分裂と弛緩とにつながったのである。／議長＝それもまた価値判断であります。わたくしは抗議いたします。／（傍聴席、騒然）／〔……〕国内の銃後が、戦争に勝利するまで充分に強固でありつづけるかどうか、という不安が、このとき以来、我々から一度として去らなかった。我々はそれでもしばしば、我々の警告の声を帝国政府に対して発したのである。このころには、海軍でも陸軍でも、密かな計画的解体が、平和時における類似の現象の継続として始まりつつあった。これらの動きが及ぼす作用は、戦争の最後の年のあいだに、陸軍最高司令部に隠されたままではすまないものになった。革命の消耗作用から自由でありつづけた立派な諸部隊は、革命的な戦友たちの義務に反する所業のために、ひどく苦しまなければならなかった。彼らは、戦闘の重荷のすべてを負わなければならなかったのである。

／（議長の鐘――騒然、野次）／議長＝陸軍元帥殿、お続けください。／軍指導部の意図はもはや遂行不可能となった。厳しい規律と厳しい立法措置を求める我々の度重なる提議は、かなえられなかった。こうして、我々の作戦行動は失敗せざるを得なかった。崩壊がやってこざるを得なかった。革命が最後の仕上げをするのみであった。／（騒然、野次）／あるイギリスの将軍はいみじくもこう言った、「ドイツ軍は背後から匕首《あいくち》で刺されたのだ」と。陸軍の良き中核には何ら責任はない。それが成し遂げた業績は、将校団のそれとまったく同様、賞讃に値するものである。どこに責任があるかは、明らかに証明されている。まだ何か証拠が必要なら、それはいま引用したイギリスの将軍の発言と、我々の敵たちがみずからの勝利についていだいている途方もない驚きの念とのなかにある。／これが、ドイツにとって悲劇的な戦争の展開の概略である。その展開は、数多い戦線におけるかつてなかったような輝かしい成功と、いかなる賞讃もそれに対してはまだ充分に大きいとは言えないほどの軍と人民とが成し遂げた成果とのあとに、やってきた。我々の代表してきた軍事的措置が正しく評価され得るためには、この概略が確認されなければならないのである。／ついでながら、ルーデンドルフ大将とわたしとは、すべての大きな決断にさいして同一の見解をいだき、完全に一致して働いてきたことを、明言しておく。我々は憂慮と責任とを共同で担ってきた。我々はそれゆえここにおいてもまた、一九一六年八月二九日以降の陸軍最高司令部の見解と行動とを、手に手をたずさえて代表するものである。

〔強調は原資料のまま〕

「ドイツ軍は戦争に敗れたのではない。戦場では勝利していたにもかかわらず、自国の裏切り者たちによって背後から匕首で刺されて、やむなく敗北したのだ。」——のちに「匕首伝説」（Dolchstoß《ドルヒシュトース》-Legende《レゲンデ》）と呼ばれることになるこの主張は、ここでヒンデンブルクがイギリスの一将軍の発言として述べた言葉に由来するものだった。ここからはまた、「一一月の裏切り」（Novemberverrat《ノヴェンバーフェアラート》）という言葉が生まれ、「一一月の裏切り者」（Novemberverräter《ノヴェンバーフェアレーター》）たちを憎悪する根強い風潮が生まれたのである。ヴェルサイユ条約がドイツにとって苛酷であることの実感が日常の生活のなかでますます大きくなればなるほど、「一一月の裏切り者」に対する怨念と憎悪はそれだけますます大きくなった。裏切り者は誰だ？——赤《アカ》、つまり社会主義者や共産主義者だ！　では、アカとは誰だ？——ユダヤ人だ！

ヒンデンブルクのこの証言よりも以前にすでに虐殺されていたローザ・ルクセンブルクもカール・リープクネヒトも、ユダヤ人だった。バイエルン革命のなかで暗殺されたクルト・アイスナーも、政府軍の義勇軍団によって殺害されたグスタフ・ランダウアーも、ユダヤ人だった。バイエルン・レーテ共和国の革命政権首班となり、敗北後に五年の要塞禁錮刑に処せられたUSPDのエルンスト・トラーも、彼のあとの革命政権首班として、敗北後に死刑判決を受けて処刑されたKPDのオイゲン・レヴィネも、そうだった。レーテ共和国を目指した彼らだけでなく、彼らを殺した側の多数派社会民主主義者たちにも、ユダヤ人は少なくなかった。そもそも、ドイツ社会主義の潮流は、多くのユダヤ人たちによって形成されてきたのである。カール・マルクスはあらためて言うまでもなく、一九世紀以来の社会主義政党の幹部たちや代表的な理論家たちの多く——フェルディナント・ラサール、カール・リープクネヒトの父であるヴィルヘルム・リープクネヒト、エードゥアルト・ベルンシュタイン、カール・カウツキー、そしてUSPDの主席となり人民代理委員評議会のメンバーとなったフーゴー・ハーゼも、もうひとりの人民代理委員であるSPDのオットー・ランツベルクも、やはりユダヤ人だったのだ。これは、ロシア革命やハンガリー革命についても言えることだった。ハンガリーの場合には、国内の人口に占めるユダヤ人の比率は約七%だったのに対して、一九年三月二一日に共産党と社会民主党の合同によって生まれた「ハンガリー評議会《タナーチ》共和国」の政府人民委員と副人民委員は、合計二六人のうち一八人、ほぼ七〇%がユダヤ人だったのである。こうした事実を背景にして、匕首伝説と一一月の裏切り者狩りは、社会主義共和国やレーテ共和国を志向した過激派だけでなく、彼らを殲滅しようとした多数派SPDの幹部や活動家たちをも、標的にしていたのである。ヴァイマル共和国のその後の歩みは、この憎悪によって色濃く染められていた。

修正主義の創始者と目されているエードゥアルト・ベルンシュタインは、一九二一年春に刊行された『ドイツ革命』と題する著書のなかで、みずからもその渦中で体験してきたドイツ革命について、つぎのように記している。(74)

生物学と名づけられた生き物に関する学問においては、経験と実験による研究とにもとづく以下のような認識が妥当とされている。すなわち、有機体は、その諸器官の専門分化と完成度と機能的な共働作業との点において発展の度合いが高い水準まで成長していればいるほど、変化を遂げる能力はそれだけますます減じる、ということである。事柄の性質からしておのずから生じる若干の限定を付したうえで、この認識は、我々が国家と名付け、あるいはもっと以前の発展段階については部族とか種族とか名付けている社会的有機体についても妥当する。それらが完成されている度合いが少なければ少ないほど、それらを急激に変形させることを企図する方策に耐えることがそれだけ容易になる。しかしそれらの諸機関の分業と共働がすでに完成されていればいるほど、暴力的手段によって短時間にそれらを形式と内容に関して根底的《ラディカル》に変形しようとする試みがなされるときには、それらの生存可能性に重大な害を及ぼす危険はそれだけますます大きくなる。このことについて理論的な説明を行なったにせよ行なわなかったにせよ、社会民主党の権威ある指導者たちは、事実上の諸関係についての洞察からこのことを把握し、革命における彼らの実践をそれに適合させたのである。

この疑似自然科学的な論理によってベルンシュタインが意図したのは、エーベルトを筆頭とする多数派社会民主党の政治、議会制度と資本主義経済とを温存することによって旧体制の延命と強化に道を開いたその施策を、ドイツ革命の唯一妥当な針路として正当化することだった。「そのことによって彼らは社会主義の責務をないがしろにしたのではない」とことわりながら、ベルンシュタインはこう説明するのである、「半封建的な諸制度の残存と政治活動の重要な諸問題における軍部の権力的地位とによって、ドイツがきわめて後進的であったにもかかわらず、ドイツはそれでも行政国家としては、既存の諸制度をただ民主化するだけですでに社会主義への大きな一歩を意味するような、そういう発展の一段階に達していたのである。」（強調は池田）――その後ついにヴァイマル・ドイツが社会主義に到達することはなかった、という事実はさておき、ベルンシュタインのこの生物学的革命理論は、あらゆる革命を阻止しすべての革命派を抹殺しようとする側の暴力を、まったく視野に入れていなかったのである。彼らにとって、生物学的な有機体としての国家機関の進化の現段階など、問題外だった。既存の支配関係と既得権とを死守するためには、ヒンデンブルクの破廉恥な自己弁護と責任転嫁も、「一一月の裏切り者」たちに対する虐殺や暗殺も、闘争の一形態だったのである。帝政を崩壊に導いたドイツ革命は、何よりもまず、この反革命の暴力と対決し、それに打ち勝たなければならないはずだったのだ。

(2) 反革命義勇軍団の転戦

ベルリンでの革命の勃発と臨時革命政府の成立から一カ月あまりが経過した一九一八年一二月一二日、臨時政府である人民代理委員評議会によってひとつの法律が施行された。「志願制人民防衛軍の設立のための法律」という名称のその法律は、第一条で「公共の秩序と安全の維持のために志願制の人民軍が設立されなければならない」と規定し、第七条で採用条件としてつぎの三点を定めていた。(a)通例として満二四歳以上、(b)身体健常、(c)比較的長期にわたる不都合のない前線勤務の経歴。――この法律が、義勇兵すなわち志願兵(Freiwilliger《フライヴィリガー》)によって構成される「義勇軍団」(Freikorps《フライコール》)の法的な裏付けだった。後世の目で歴史を振り返るなら、この法律が施行されたとき、戦争という巨大な暴力からようやく解放されたドイツ民衆は、さらに身近で悲惨な新しい暴力の前に立たされたのだった。

義勇兵の徴募は、キール軍港での水兵たちの叛乱を平定したグスタフ・ノスケが発案者だった。彼がこれを発案し、彼の同志である人民代理委員のエーベルトやシャイデマンがそれに賛成した理由は、主として二つあった。ひとつは、ドイツの各地で燃え上がりつづけるレーテ革命を圧伏して、「公共の秩序と安全」もしくは「平穏と秩序」を回復し維持するために、叛乱の心配のない軍事力が必要だったこと。もうひとつは、敗戦によって行き場も帰る場所もなくなった「ドイツ陸軍」と「帝国海軍」の将兵たち、とりわけ職業軍人の将校・士官と下士官たちに、生きていく道を与えなければならなかったことである。この二つの目的を果たすために、解体に瀕していた諸部隊の兵員を整理し、新たに募集した義勇兵によって補充再編する方策が進められた。その一方で、革命と戦うために独自に部下たちを糾合して私的な軍事組織を構成している将官や佐官たちの部隊を、「志願制人民防衛軍」として認定し、いずれは、新たに設置される正式の「国防軍」の指揮下に置くことも計画された。こうして、きわめて短期間のうちに、百数十人の中隊規模から数千人の聯隊規模まで、さまざまな大きさの義勇軍団が生まれ、その人員はたちまち一〇万人を超えたのである。一九一八年クリスマスの「人民海兵師団」の抵抗や一九年一月のベルリンにおける「一月闘争」を鎮圧するために、また同年二月のブレーメン・レーテ共和国の打倒と、四月から五月にかけてのバイエルン・レーテ共和国の殲滅に、中心的な役割を担ったのは、文字通りのボランティア部隊であるこれらの義勇軍団だった。だが、彼らの活動の場は、ドイツ国内だけにとどまらなかったのである。

まだ世界大戦のさなかの一九一七年に、ドイツの敵国ロシアで、民衆、とりわけ女性たちの反戦行動をきっかけにして、革命が勃発した。三月（ロシア暦二月）の第一次革命によって専制政治は打倒され、皇帝《ツァーリ》は退位して、ロシアは議会制の政治体制に移行した。さらに一一月（露暦一〇月）の第二次革命によって、ロシア社会民主労働者党のボリシェヴィキ派(多数派)を中心とするソヴィエト(評議会)政権が樹立された。革命政権は、国内の反革命勢力との内戦に軍事力を投入する必要から、ドイツ・オーストリア側との単独講和を求め、「ブレスト・リトフスク条約」を締結して、連合国から離脱した。一方、連合国側は、資本主義体制を脅かす共産主義政権の打倒を目的として、反革命干渉の軍隊をロシア領内に派兵することになる。イギリスは一九一八年三月九日に、スカンジナヴィア半島と背中合わせの位置にあるコラ半島の北端、ラップランドのムルマンスクに干渉軍を上陸させ、八月二日にはコラ半島の南の白海に面した都市アルハンゲリスクに進駐した。イギリス軍はさらに、八月三日に極東のウラジヴォストークに上陸し、八月一六日にはアメリカ軍が同じくウラジヴォストークからシベリアへ侵攻した。日本が「シベリア出兵」を宣言したのは一八年八月二日である。一八年一一月にドイツで革命が起こり、世界大戦が終わったのちも、じつは連合諸国にとってなお戦争は続いていたのだった。

戦争を続けていたのは、連合国側だけではなかった。敗戦国ドイツもまた、戦争を終結したわけではなかったのだ。

ソヴィエト・ロシアとのブレスト・リトフスク条約によって、ドイツは、ウクライナとポーランド、それにバルト海沿岸の地域を割譲されていた。大戦の開始時にロシアと国境を接していた東部地方、現在のポーランドに位置する東プロイセンと西プロイセン、さらに同じくプロイセン王国の州だったポーゼン(ポズナニ)などの諸領域に加えて、新たにロシアから割譲された東ヨーロッパの広大な地域に、敗戦時点でのドイツは軍隊を駐屯させていた。停戦を申し入れたドイツと連合国とのあいだで一九一八年一一月一一日に締結された休戦協定は、停戦時に占領している国外のすべての地域からドイツ軍がただちに撤退することを命じた。しかし、戦争前にロシア領だった地域からの撤退については、休戦協定文書の第一二条で、「連合国が、この地域の内部状況を考慮して、しかるべき時が来たと判断するとき、ただちに」撤退すること、という特記がなされていた。つまり、ロシア領についてはドイツの軍隊を駐留させておくことを、連合国側は意図したのだった。その一方で、第一五条は、ブレスト・リトフスク条約の放棄をドイツに命じていた。単独講和によってソヴィエト・ロシアからドイツが獲得した広大な新領土は、雲散霧消したのである。だが、ドイツの軍隊はそこに留まることになった。

バルト海沿岸のエストニア、ラトヴィア、リトアニアは、開戦時にロシア帝国の領土とされていたが、ソヴィエト革命ののち、相次いでロシアからの独立を宣言した。ブレスト・リトフスク条約でこの地域をドイツに割譲したソヴィエト政権は、それらの独立を認めていなかったのである。イギリスは対ソヴィエト軍事干渉の一環として、これら三国をソヴィエト政権による攻撃から防衛する方針を決定する。しかし、バルト海沿岸に海軍を派遣したのみで、内陸部まで軍隊を進駐させる余力がなかったため、なお駐留をつづけているドイツ軍部隊を指揮下に置いて、治安の維持や不穏分子の摘発に当たらせ、ソヴィエト軍の進攻に備えることになったのである。しかし、一八年の一一月末から一二月末にかけてバルト三国で相次いでソヴィエト政権が樹立された。これは、ドイツにとって、正確にはドイツの軍部と、それと手を結んだエーベルト=シャイデマン政府にとって、願ってもない好機だった。革命の拡大を阻止するため、現地部隊に加えて義勇軍団の部隊を派遣することができたからである。派遣される義勇軍団の将兵には、正規の兵士俸給の一〇倍近い給与が支給された。それは、内地勤務の義勇軍の給与と比べても二倍弱に相当した。ドイツ国内での義勇兵の徴募は、発案者であるノスケの予想をはるかに上回る応募者を集めていた。失業状況が続くなかで、終戦によって除隊した将兵たちも、志願兵として出征していた元・大学生たちも、ほかに道がなかったのである。ノスケは回想録のなかで、たちまち四〇万人の応募者が殺到したこと、そのうち半分は国内に、あとの半分をラトヴィアとリトアニア、および東部と南部の国境地帯全域に配備したことを、記している。(76)

「鋼鉄師団」、「バルト国土防衛軍」などのバルト派遣義勇軍団は、現地に残留する国防軍部隊とともに任務に当たった。「バルト諸国にいる諸部隊は、自分たちの使命が、ヨーロッパを侵食する脅威となっているボリシェヴィズムに対する防波堤を築くことだ、という理念の点で一致していた」とノスケは書いている。その理念はさておき、現実のラトヴィアとリトアニアには、ドイツ系の住民も多かった。何代も前に入植して、いまでは大地主となっているものも少なくなかった。彼らは、ソヴィエト革命のただなかにあって、現地人農業労働者たちの敵意や暴動を恐れ、さらにはソヴィエト政権によって農地を没収される心配に脅かされながら、日々を送っていた。ドイツの義勇軍団の進駐を歓迎した大地主たちのなかには、ソヴィエト政権が崩壊した暁には土地を無償で提供するので、ここに入植して農業経営で生きるがよい、と義勇兵たちに約束するものもあった。この噂は、たちまちドイツ本土の義勇兵たちに伝わり、広まったのである。

一九一九年五月五日、イギリスはバルト義勇軍のそれ以上の徴募を禁止した。しかしそれは密かに続けられ、最終的にすべての義勇軍団がバルト海沿岸地方から撤退して帰国したのは、一九一九年のクリスマスの日だった。現地での国防軍部隊と義勇軍団との不和について、グスタフ・ノスケは「兄弟たちはお互いに好きではなかったのだ」と記し、ラトヴィアから帰還した義勇軍団の一将校がそれについて書いたものを紹介している、「我々の側は、国防軍所属の連中と適当に付き合っていた。連中は我々を「バルトの豚」と呼び、それに対してこちらの野戦戦士たちはすかさず「ノスケの犬」と応じたのである。」――一九年二月一三日に成立したシャイデマン内閣で、ノスケは防衛担当の大臣に就任し、同年四月一六日に旧帝国軍隊にかわって発足した「国防軍」（Reichswehr《ライヒスヴェーア》）は彼の指揮下にあった。義勇軍団というわば非正規部隊の産みの親もまた、その国防相だったのだ。

バルト諸国から義勇軍団が撤退したとき、少なからぬ将兵たちが部隊を離脱して逆方向に向かった。ロシアの白軍、つまり反革命軍に身を投じて、赤軍と戦うためだった。彼らは白軍とともに各地を転戦し、白軍の敗北につれて、まだ生きていたものたちの多くは帰国した。そしてさらに、彼らのうちのあるものは、国内で革命鎮圧の任に当たってきた義勇兵たちとともども、また新たな戦場に向かって出征したのである。

――一九二一年三月二〇日、現在のポーランドの西南端に位置する上部《オーバー》シュレージエン（ポーランド名＝ゴルニー・シロンスク）で、住民投票が行なわれた。その地方は、ドイツ帝国時代にはプロイセン王国シュレージエン州の一部だったが、その北部にあたる低地《ニーダー》シュレージエンは、ヴェルサイユ条約によってすでにポーランドに割譲されていた。一方、南部の上部シュレージエンではポーランド系住民とドイツ系住民との比率が伯仲していたため、住民投票によって帰属を決定することになっていたのである。投票の結果は、投票率九七％で、そのうちの五九・六％がドイツ残留に賛成するものだった。だが、これを承認しないポーランド系住民が武装蜂起し、ポーランドへの帰属を要求した。これに対して、蜂起鎮圧のためにドイツ人義勇兵の諸部隊が大挙して現地に進撃した。彼らのほとんどが、義勇軍団の一員としての戦歴を持っていた。双方のあいだで激しい戦いが展開され、五月二一日から二七日にかけてアンネベルクという山地で展開された攻防戦は、歴史に特筆されるほどの激戦となった。上部シュレージエンのこの民族対立で、双方は多数の犠牲者を出し、七月五日に休戦協定が結ばれるまでに死者は三〇〇〇人に達した。この経過を受けて、ヴェルサイユ条約の実行を管理する委員会は、上部シュレージエンを二分割し、東半分はポーランドに、西半分はドイツに帰属させることを決定した。その結果、石炭や鉄鉱石の産地と加工工場が集中している地帯がポーランドに、農業地帯がドイツに帰属することになったのだった。

義勇軍団の傭兵たちは、国内のレーテ革命派や労働者のストライキを弾圧するなかで多くの人命と人権を奪っただけではなかった。「匕首伝説」に導かれて「一一月の裏切り者」たちを憎悪し、彼らを惨殺しただけではなかった。他国の革命に干渉し、他民族の民族自決権の抑圧に加担することによって、他者の生命を奪い、他者の基本権を侵害し、そして何よりもそのことによって自分自身の人間的尊厳を辱《はずかし》めたのである。ようやく戦争の暴力から解放されるはずだった若者たちを、しかも自由意志の名によって、自発的に、そのような暴力装置の端末として利用した政治家たち――ベルンシュタインに賞讃された「社会民主党の権威ある指導者たち」――の政略は、ドイツ革命の全時期をつうじてもっとも恥ずべき出来事のひとつだったと言わなければならないだろう。

(3)「カップ・クーデター」とその後

一九二〇年三月一三日の早朝、東プロイセン州地方地主総会総裁(75)という公職にあるヴォルフガング・カップと、国防軍第一軍団司令官ヴァルター・男爵《フライヘル》・フォン・リュトヴィッツ大将が、かつての第一参謀次長エーリヒ・ルーデンドルフや元ベルリン警視総監トラウゴット・フォン・ヤーゴーとともに、義勇軍団「エーアハアルト海兵旅団」の二箇聯隊を中心とした武力によってクーデターを決行し、カップを首班とする新政権の樹立を宣言した。リュトヴィッツ大将は、前年三月の首都ベルリンでのゼネストと武装闘争を鎮圧した功労者で、ノスケの信任が厚い司令官だった。

クーデターを鎮圧せよという国防大臣ノスケの命令を、国防省軍務局長のハンス・フォン・ゼークト中将は、「国防軍が国防軍を撃つことはできぬ」という、のちに有名となったセリフで拒否した。その当時、政府はヴァイマル連合(SPD、DDP、中央党)によって構成され、SPDのグスタフ・バウアーが首相だった。国民議会によって選ばれ、ヴァイマル憲法制定によって正式に新しい国家の初代内閣となったシャイデマン政府は、前年の一九一九年六月二〇日に、ヴェルサイユ条約に異議があるとして総辞職し、バウアーがその後任となったのである。国防相のノスケはバウアー内閣でも留任していた。ゼークトの拒否に遭ったバウアー政府は、ただちにドレースデンへ逃れ、翌日さらにシュトゥットガルトに避難した。

政府は逸早く首都から逃亡したが、最大の労働者団体であるSPD系の「ドイツ労働組合総同盟」(ADGW)と、SPD幹部会、そして党内対立を深めていたUSPDの主流派および左派の両派は、いっせいにクーデター撃退のゼネストを呼びかけた。KPD執行部は、当初、このクーデターを支配階級の内輪もめであるとして、ゼネストに加わらない方針を決定した。しかし翌日に方針を転換し、全面的にゼネストを推進して各地に労働者防衛軍と労働者評議会を組織する運動を展開することになる。KPDはまた、バウアー政府のベルリン帰還を拒否する方針も表明した。ゼネストには、民間企業の労働者だけではなく諸官庁の公務員もほぼ全員が参加し、労働者民衆の少なからぬ部分は、武器をとって反革命義勇軍団と戦うことを辞さなかった。首都の交通は完全に麻痺し、公共機関もすべて機能を停止した。ゼネストと武装闘争はたちまち全国に波及し、大鉱工業地帯のルール地方では、小銃と機関銃と大砲で武装した約一〇万人の労働者防衛軍が形成されるに至ったのである。

なすすべを失った「カップ首相」は、クーデター五日目の三月一七日、みずから辞任を表明して共謀者たちとともに首都から逃亡し、しばらく国内に潜伏したのち、デンマークを経てスウェーデンに亡命した。しかしやがて現地で逮捕されて、ドイツに引き渡され、一九二二年六月に、裁判を前にして眼球癌のために死んだ。一方、クーデターを打倒した民衆にとっても、待ちかまえていたのは平坦な道ではなかった。逃亡先から首都に帰ったバウアー政府がゼネストの中止を要請したとき、七三四万人の組合員を擁するADGW（ドイツ労働組合総同盟）の議長でSPDの幹部でもあるカール・レギーンが、これを拒否したのである。レギーンは、ゼネスト終結の条件として九項目の要求をまとめ、三月一八日、事務系職員の組合および公務員労働組合と連名でそれを政府に提示して、受諾を迫った。九項目は、以下のとおりだった。(77)

政府の組閣に労働組合が発言権を持つこと。／クーデターに関与したすべての部隊および人物をただちに武装解除し処罰すること。／国防相ノスケと、プロイセン州政府内相ヴォルフガング・ハイネおよび同労働相ルードルフ・エーザーの退任。／行政の民主化。／社会保障関係の法律の拡充。／鉱山・エネルギー産業の社会化。／大土地所有者の資産没収。／すべての反革命軍事団体の解散。／治安維持は労働者の組織が引き受けること。

一読して明らかなように、これらの要求項目のほとんどは、ＳＰＤ幹部たちがヴァイマル憲法の制定によって終わったとしている革命のなかで、とうの昔に実現されていなければならなかったはずのものである。彼らの革命は、このような基本的課題すら実現していなかったのだ。注目すべきことはそれだけではない。これらの要求を政府に突き付けたのが、ＳＰＤの傘下にあってＳＰＤとヴァイマル連合を支え、レーテ革命派の攻撃からＳＰＤとヴァイマル政府とを擁護しつづけてきた労働組合の全国組織だったということ。そしてさらに、ＳＰＤと政府に対する労働組合のこの強硬姿勢、むしろ方向転換が、ヴァイマル体制の打倒を意図した旧体制派との武力闘争を含む実力闘争の体験によって、はじめて生まれたということ。これらの点こそが、カップ・クーデターのもたらした重要な変化だった。「血を追い求める犬《ブルートフント》」ノスケに対する不信任あるいは嫌悪が、この時点で噴出したのは、あらためて彼の命令で出動した国防軍部隊が、クーデター側の軍隊だけでなく、むしろ武装抵抗をつづける労働者たちに対していっそう激しい武力攻撃を浴びせた現場を、労働者たちが実体験したことも、その原因だった。労働組合指導部と組合の多数派は、帝国の崩壊からこのかた、自分たちよりも徹底的《ラディカル》な現実変革を志向する少数派に敵対するためにしか、統一と団結も、実力闘争による勝利も、考えたことがなかったのだ。そして皮肉なことに、労働組合からこれらの要求を突き付けられている首相グスタフ・バウアーこそは、大戦末期にヒンデンブルクとルーデンドルフによって敗戦処理内閣としてすべての戦争責任を押し付けられようとしたマックス・フォン・バーデン内閣に、シャイデマンとともに免罪符として入閣させられた二人のSPD幹部のひとりだったのである。グスタフ・バウアーがその内閣の労働問題担当行政長官に任命されたのは、彼がその当時、いまレギーンがそうであるように、ADGWの前身である「ドイツ労働組合総委員会」(GG)の議長だったからにほかならない。

バウアー政府は、三月二〇日、ADGWなど労働組合の要求のうち、国防相ノスケとプロイセン州政府の内相ハイネの退任のみを受諾し、労働組合側はゼネストの終結を決定した。二二日にはUSPD中央委員会もゼネスト中止を決め、二三日には大ベルリン企業評議会の総会が僅差で同様の決定を行なった。三月二六日、バウアー政府はクーデターに対する対応の責任を取って総辞職し、翌日、同じくSPDのヘルマン・ミュラーを首班とするヴァイマル連合政府が発足した。こうして公式的には反クーデターのゼネストは終息したが、なおルール地方を始めとする各地の工業地帯では、九項目要求を掲げたゼネストが続けられ、あるいは新たな権利要求を提起した新たなストライキが勃発した。カップ・クーデターは、ドイツ革命がまだ終わっていないことを、あらためて明らかにしたのである。

それればかりではなかった。クーデターは、なお継続するドイツ革命にとって何が敵かを、実地に示したのだった。あらゆる身分的・階級的差別構造とともに、国家の暴力装置である軍隊こそは、民主主義の対極にあるものであり、民主主義の社会を創出するためには差別構造とともに軍隊を廃絶しなければならないこと。そして一方、民主主義を阻止し殲滅することによって利益を得るものたちは、

カップ・クーデターを粉砕したあともルール地方などでは革命闘争がつづいた——戦闘が途切れたあいだに休憩をとる「労働者防衛軍」のメンバーたち
出典：*Illustrierte Geschichte der deutschen Revolution.*（A-9）

軍隊の消滅や縮小を何よりも恐れているのだということ——。これをクーデターは物語っていた。大土地所有者の利益代表であるカップと、軍部のなかでも強硬な守旧派であるリュトヴィッツとが手を結び、ルーデンドルフたちがそれに加担した最大の理由は、国軍の縮小と義勇軍団の消滅とを、具体的に恐れ、それを阻止しようとしたことにあったのである。

前年の六月二八日にパリ・ヴェルサイユ宮殿の「鏡の間」——一八七一年一月一八日にプロイセン国王ヴィルヘルム一世がドイツ帝国皇帝の戴冠式を挙行したその同じ広間——で調印された講和条約は、その第五編（第一五九～二一三条）で、ドイツの軍備制限について、軍隊編成や武器弾薬の数に至るまで、細かく規定していた。徴兵制は禁止され、志願兵制度

「志願制人民防衛軍」（義勇軍団）の志願受付事務所
出典：H.W. Koch：*Der deutsche Bürgerkrieg.*（D-11）

のみになったうえ、兵の勤続年数は一二年を限度とすることが定められ、参謀本部とそれに類する機関の設置は禁止された。とりわけドイツの軍部と保守派に深刻な衝撃を及ぼしたのは、ドイツ陸軍の兵力を「歩兵七箇師団、騎兵三箇師団以下で、将校を含めて一〇万人以下」、海軍兵力を「一万五〇〇〇人、うち下士官は一五〇〇人規模」に縮小することが決定された点だった。縮小は、陸軍については一九二〇年三月三一日まで、海軍については条約締結から二カ月以内に実行しなければならないことが、明記されていた。一方、それよりさき一九年四月に施行された新たな「国防軍」に関するドイツの法律は、当面の陸軍兵力を四〇万としていた。それを一〇万人にまで削減しなければならなかった。カップ・クーデターは、陸軍についての期限が目前に迫った時点での背水の陣として決行されたのである。

それゆえ、民衆の力によってクーデターを撃退したドイツ政府と軍部にとっても、問題はなんら解決していなかったのだ。義勇軍団という名案は、いまとなってはマイナスの要因だった。最大時には四〇万人に及んだ義勇軍団将兵は、その時点までには二〇万人程度になっていたが、しかしそれだけでも、許容される陸軍兵力一〇万人の二倍に達し、正規の国防軍兵士のなかに割り込む余地はわずかしかなかった。軍隊とは区別される国境守備隊についても、ヴェルサイユ条約は、戦前の規模より増やしてはならないと規定していた。――けれども、血を追い求める犬の下働きとして多くの流血現場を生み出してきた義勇兵という名の傭兵たちの多くは、カップ・クーデターのあと役割を終えて退場するグスタフ・ノスケの最後の尽力にも助けられて、新たな糊口の道を見出したのだった。

一部の隊員たちは、国防軍の陸軍または海軍に受け入れられた。多くの隊員たちは、義勇軍団の後継団体として生まれたいくつかの武装集団に移籍した。その最大のものは、国民社会主義ドイツ労働者党（ナチ党）の軍事組織、「突撃隊」（Sturmabteilung《シュトゥルムアプタイルング》 略称＝SA《エスアー》）だった。ベルリンで「一月闘争」が始まったまさにその日、一九一九年一月五日にミュンヒェンで結成された極小地方政党「ドイツ労働者党」（Deutsche《ドイッチェ》 Arbeiterpartei《アルバイターパルタイ》）は、その年の九月に入党したアードルフ・ヒトラーが急速に指導権を握るなかで、二〇年二月に党名を改め、二一年七月二九日にはヒトラーがその党首に選ばれた。それから一週間後の八月五日、ヒトラーは、のちに「突撃隊」と名づけられる武装組織の設置を決定し、幹部隊員としても、武闘訓練を指導する軍事顧問としても、多数の義勇軍体験者を受け入れたのである。その後、一九三〇年にヒトラーは元陸軍大尉のエルンスト・レームをその指揮官に任命した。レームは、終戦によって除隊したのち、バイエルンで結成されたフランツ・フォン・エップ大佐の義勇軍団「バイエルン義勇狙撃軍団」、通称「エップ義勇軍団」の将校として、バイエルン・レーテ共和国を打倒する戦闘に参戦し、さらに、ヴェルサイユ条約に違反して国防軍が密かに武器弾薬を蓄える仕事に従事していたのだった。

このナチスのＳＡ以外にも、義勇軍団の後継組織としてそれ以後の歴史のなかで大きな役割を果たすことになるものがあった。義勇軍団が解散を余儀なくされたのち、義勇軍団をみずからすすんで組織してきた軍人たちのなかから、みずからの戦闘集団を再編成して、別の名目で、しかしあくまでも実質は反革命の軍事組織として、活動を継続しようとするものたちが少なからず現われていた。もちろんそれは、ヴェルサイユ条約に反する軍隊であり、国防軍が依拠する国内法にも違反するまったくの非合法組織にほかならなかった。そのもっとも代表的なひとつは、旧帝国海軍の少佐だったヘルマン・エーアハルトが創出した新たな軍事秘密結社、「コンズル組織」（Organisation《オルガニザツィオーン》 Consul《コンズル》）である。エーアハルトは、多くの義勇軍団のうちでもとりわけ著名な「エーアハルト海兵旅団」（Marine-《マリーネ》Brigade《ブリガーデ》 Ehrhardt《エーアハルト》）の司令官として、各地で革命の鎮圧に功労を重ね、とりわけバイエルン・レーテ共和国の打倒にさいしては、一五〇〇人の隊員を擁した彼の部隊は大きな役割を果したのだった。そしてその一〇カ月後、彼の義勇軍団の名は、カップ・クーデターの主力部隊としてふたたび人びとの耳目を驚かしたのである。

クーデターの失敗から一カ月後、一九二〇年四月に「エーアハルト海兵旅団」は強制解散させられた。しかしそれでも、中心的な隊員たちの多くが、信頼できる幹部と認められて海軍に採用された。論功行賞がなされたのだ。さらに信頼できる部下たちは司令官エーアハルトのもとにとどまり、二〇年一一月に商社を偽装した秘密組織を結成して、軍事行動の機会を待った。二一年五月に上部シュレージエンでポーランド系住民が武装蜂起すると、彼らはそれを鎮圧するために義勇兵として現地に赴いた。戦闘が終わったのち、彼らの英雄的行動が評判を呼んで、組織への新たな加入者を増大させた。

同年七月、彼らは、司令官エーアハルトが用いていた偽名にちなんで「コンズル組織」と名乗ることになった。だが、「コンズル組織」が何を目的にして結集していたのかは、ヴァイマル連合の政府も、この時点では把握できなかったのである。

カップ・クーデターから二カ月半あまりのちの一九二〇年六月六日、ヴァイマル憲法のもとでの最初の国会議員選挙が行なわれた。ドイツ社会民主党（SPD）は、大きく議席を減らした。一九年一月の国民議会選挙のさいには、得票率三七・九％、議席数一六三だったのが、今回は二一・六％の得票率で一一二議席に落ち込んだのである。しかもこれは、帰属を決める住民投票後まで選挙が延期されていた東プロイセン、シュレースヴィヒ、上部シュレージエンの従来の議席数をそのまま残した数値で、今回の選挙での獲得議席数は九四に過ぎなかった。それとは逆に、ドイツ独立社会民主党（USPD）は、国民議会選挙での得票率七・六％、二二議席から、一八・〇％、八二議席に躍進した。方針を転換して議会選挙に加わったドイツ共産党（KPD）は、得票率一・七％で二議席だった。

カップ・クーデター後に総辞職したバウアー内閣のあとを引き継いだヘルマン・ミュラー（SPD）のヴァイマル連合政府は、選挙での敗北の結果、六月八日に退陣し、コンスタンティン・フェーレンバッハ（中央党）の内閣がDDP（ドイツ民主党）および右派リベラル政党DVP（ドイツ人民党）との連立によって成立した。ヴァイマル連合はひとまず終わったのである。

2 「ヴァイマル共和国」という軍事国家

(1) KPDの「三月行動」

世界大戦は、ロシアとハンガリーとに次いでドイツに革命をもたらした。当初、ドイツ革命は、世界革命への大きな一歩として、世界に少なからぬ衝撃と希望とを与えた。だが、世界最大の社会主義政党だったSPDは、革命に直面したとき、社会主義への道を最終的に放棄したのだった。大戦中に戦争反対を唱えてSPDと決別した左翼社会主義者たちは、すでに一九一七年四月にUSPDを結成していたが、さらにそのうちの左派グループは、革命勃発から二カ月近くのちの一九一八年末にKPDを創立した。他方、もっとも早く革命を開始したロシアでは、社会民主労働者党のボリシェヴィキ派(多数派)が、メニシェヴィキ派(少数派)および社会革命党(エス・エル)とともに樹立したソヴィエト政権のなかで、たちまち主導権を握っていた。ボリシェヴィキは、一九一八年三月にドイツ、オーストリア、トルコとのブレスト・リトフスク条約を締結して戦争から離脱するとともに、党名を「ロシア共産党(ボリシェヴィキ)」と改めた。一八四八年の『共産党宣言』から七〇年を経て、初めて現実の共産党が生まれたのである。ロシア共産党は、反革命白軍によって抵抗を続ける旧体制勢力(白系ロシア)との国内戦を展開しながら、個別の革命を世界革命へと発展させるために、各国の共産主義・社会主義政党の国際組織を創立することを目指した。

資本主義体制から社会主義社会への変革を志向する社会主義政党の国際的な組織は、一八六四年一〇月に結成された「国際労働者協会」に始まる。ヨーロッパの労働者運動の代表がロンドンで結成したこの連絡組織は、一二年間の活動ののち、一八七六年七月に解散した。ついで一八八九年七月には、世界二二カ国の代表がパリで「国際労働者大会」を開き、「国際社会党」の成立を宣言した。これによって、前者は「第一インターナショナル」、後者は「第二インターナショナル」と呼ばれるようになる。資本主義社会が急速に内部矛盾と階級対立を深めるなかで、社会主義運動の国際連帯は重要な役割を果たすはずだった。しかし、一九一四年夏の世界大戦開戦は、ヨーロッパ各国の社会主義政党を国際連帯ではなく「社会排外主義」に陥れたのである。こうして「第二インターナショナル」は自滅し、四年三カ月に及ぶ戦争は、一〇〇〇万人の死者と二〇〇〇万人の負傷者と、底知れぬ物質的・精神的な荒廃を「文明社会」にもたらして終わったのだった。

ロシア革命のなかで構想された新たな国際組織は、第二インターナショナルの敗北の歴史のうえに、戦争そのものの廃絶を世界革命によって実現しようとしたのである。政治党派の思惑は別として、「第三インターナショナル」を結成するとすれば、その意義はそこにあるはずだった。一九一九年三月二日から六日までモスクワで開かれた世界各国の革命党の会議は、「共産主義《コムニスト》インターナショナル」の結成を宣言した。この国際組織は略して「コミンテルン」と呼ばれ、日本では「国際共産党」と訳された。正式には、これ以後、それに加盟する各国の革命政党はコミンテルンの各国支部となったのである。ドイツでは、言うまでもなくKPDがコミンテルンに加盟し、現に革命を戦っている党として、重要な位置を占めた。同じく積極的に革命に関与してきたUSPDの内部では、ロシア共産党主導のコミンテルンに対する態度をめぐって意見の相違が生じた。左派は、コミンテルンに加入することを主張し、右派はボリシェヴィズムと一線を画すべきだという見解だった。ところが、その左派が党内でイニシアティヴを握るのを支援するどころか、コミンテルンは、「一国一支部」という原則を決定したのである。すなわち、ひとつの国にはひとつの革命党しか認められないことになったのだった。コミンテルン加入を目指した左派は、USPDを離党してKPDに合流するしかなくなった。こうして、一九二〇年一二月四日から七日まで、ベルリンでUSPD左派とKPDとの合同党大会が開かれ、新たに「統一ドイツ共産党」（Vereinigte《フェアアイニヒテ》 Kommunistische《コムニスティッシェ》 Partei《パルタイ》 Deutschlands《ドイッチュランツ》　略称＝VKPD《ファオカーペーデー》）が誕生したのだった。この統一党大会に出席した両党の代表は、KPDが一三六名、USPDが三四九名だった。それまで七万八〇〇〇人だったKPDの党員は、翌二一年三月には三五万九〇〇〇人に増大していた。つまり、党の名称として「共産党」が残されたものの、実質の党員数ではUSPD左派のほうが圧倒的に比重が大きかったのである。革命初期にベルリン労兵評議会の執行評議会議長だった旧オプロイテのリヒャルト・ミュラーも、USPDからVKPDに移ったひとりだった。修正主義者ベルンシュタインはUSPDに残留した。

発足してからまだ三カ月もたたないうちに、VKPDは大きな闘争に直面することになった。一九二一年二月上旬、中部ドイツ工業地帯のマンスフェルトで、含銅粘板岩スレート工場の労働者たちが、保安要員制度の導入に反対するストライキを開始した。保安要員とは、実質的には労働者を監視する会社のスパイだったからだ。会社側は、一万人の労働者の要求を受け入れざるを得なかった。ところが、中部ドイツの工業地帯を管轄するザクセン州の知事、オットー・ヘルジングは、この経過を見て、治安警察当局と企業経営者および地主たちの会議を召集し、「国家の権威を確立するための警察行動」が必要であることを申し合わせたのだった。三月一六日、ヘルジングは工業地帯に対する「警察行動」を告示し、三月一九日に武装した保安警察部隊を進駐させてマンスフェルトの一帯を制圧させたのである。

これに対して、VKPDと、前年四月にKPDから除名された党員を中心にして結成されたKAPD（ドイツ共産主義労働者党）は、共同でゼネストの呼びかけを行なった。マンスフェルトを中心とする中部工業地帯の各地で、工場労働者たちのゼネストと、治安警察に対する武装闘争が開始された。労働者たちの怒りが、とりわけ、SPD幹部であるヘルジングのこの措置に対して向けられていることは、明らかだった。政府SPDは、労働者階級の信頼を完全に失っているのだ――。だが現実には、依然としてSPDに追随しつづけている労働者は少なくなかったのである。VKPD執行部のうちの急進派は、闘争を全国に拡大して政治権力の掌握を目指す時機が来たと判断し、「攻勢理論」を主張した。中央執行委員会の委員長、つまり党主席のパウル・レーヴィは、これに反対した。いまは本質的に「守勢」の局面であって、当局が仕掛けてきた攻撃を的確に粉砕することが重要であり、こちらが攻撃に転じる情勢ではない、と彼は主張した。レーヴィは、前年六月の国会議員選挙で当選した二名のKPD議員のひとりでもあった。もうひとりの議員は、古くからの女性解放運動活動家で、党の内外を問わず大きな信望を集めてきたクラーラ・ツェトキンだった。ツェトキンは、党の呼びかけに応えて闘争を展開している労働者とあくまでも行動を共にすべきだという見解を、基本的に支持していた。VKPDは党内に対立をかかえたまま、労働者たちの武装闘争を支援するしかなかったのである。いくつかの工場を拠点とする激しい攻防戦のすえ、一週間後の四月一日に、労働者は抵抗を終え、

「三月行動」と名づけられた闘争は敗北した。逮捕者は六〇〇〇人に及んだ。

四月七、八日に開かれたＶＫＰＤの中央委員会は、「三月行動」の総括をめぐって激しい議論を重ねた。そのなかで「攻勢理論」に対する疑義が高まった。しかし、徹底的な自己批判には至らず、折衷的な「三月行動に関する指針」を二六対一四で採択して終わった。「指針」には、つぎのような総括が含まれている。(78)

ＶＫＰＤが大衆に呼びかけた反撃は、打ち破られてしまった。だがそれは公然たる反革命によってではなく、変装した反革命、独立社民および社会民主党と労働組合との指導部によってだった。／革命的イニシアティヴを握ろうとするこの試みは、ＳＰＤとＵＳＰＤと労働組合官僚の影響下にある労働者たちの一部の反発を買った。比較的良い待遇を受けている労働者の大部分を含むこれらの労働者階層は、まだ闘わずして待つことができると考えたのである。だが他方では、失業者や臨時工、あのプロレタリア的小市民階層やプロレタリアートに身を落とした小市民階層の数は増えつつあり、彼らは嵩じる貧困のために、待つことなどできない。こうして、自己の階級行動の革命的な力に対する広範な労働者階級の絶望が、一方ではブルジョアジーの独裁を受動的に甘受するというかたちで表われ、他方では、個別的な小グループの絶望的な行動というかたちで表われてくる。〔……〕この革命的攻勢は、外面的に見れば、ＶＫＰＤの敗北に終わった。ＶＫＰＤは一時的に労働者の広範な部分から孤立している。／だが、じつは、こうした結果は、いっそう広範な新たな革命的行動の実り豊かな萌芽なのであり、革命的プロパガンダの新しい突破口を切り開くものであり、最終的結果のなかでVKPDに対する労働者の信頼とさらには労働者階級の革命的衝撃力とを強めるに違いないのである。／一九一八年一二月の闘争も、一九一九年一月と三月の闘争も、敗北で終わった。しかし、それらの闘争のなかで、それらの闘争をつうじて、ドイツにおける共産主義の前進は成し遂げられたのだった。だが、当時の革命的前衛が防御の闘いをしていたとすれば、今日のそれは攻勢の闘いを行なっている。これは著しい進歩である。三月行動は、VKPDがドイツの労働者階級を導いて革命的攻勢に移らせるための、最初の、当然のことながらまだ十全とはいえぬ一歩なのだ。〔……〕権力をめぐる決戦は、労働者階級によって、ただ強力で包括的な攻勢のなかでのみ遂行されることができる。だが、この包括的な攻勢が展開されるのは、労働者階級が共産主義者の指導のもとで、みずからの部分的・段階的闘争を攻勢的に遂行することを学ぶ場合だけである。

一週間後の四月一五日、VKPDは前委員長のパウル・レーヴィを、中央委員会と党から除名した。右翼的偏向によって党の闘争に害を及ぼしたことが、その理由だった。前年末には、左翼的偏向を理由に除名されたメンバーたちがKAPDを結成したばかりだった。八月下旬に開かれたVKPDの党大会は、全会一致で党名をKPDに戻すことを決定した。だが、レーテ革命を支持して国民議会選挙を拒否したわずか二年あまりまえから、この第六回大会までのあいだにKPDが遂げてきた変身は、「三月行動」を総括した右の文章のなかにも、歴然と示されている。多くの労働者ばかりでなく、芸術家や文化活動家たちもがそれを志向し、ブレーメンやバイエルンの共和国が現世での実現を求めたレーテの理念は、この総括文にはもはや微塵も見られない。このドイツ革命によってもなお絶望のなかにある労働者階級――臨時工や失業者やさらにはプロレタリア的小市民階層も含めて――は、この総括のなかでは、ひたすら、共産党の正しい指導によってのみ、その指導に従うことによってのみ、闘争を担うことができる人間たちでしかないのだ。さまざまな領域でのレーテ運動は、それがどの領域の運動であれ、自由と自治と共生という理念において、基本的に目標を共にしていた。その目標をもっとも近いところで共有している政党であったはずのドイツ共産党は、現実の闘争のなかでこの目標から遠ざかったのだった。

ドイツ革命は、近現代のさまざまな革命のなかで初めて、政党が民衆による革命に敵対する存在であることを、実証したのである。

（2）連続する民主派暗殺

中部ドイツで「三月行動」が開始される二カ月前、連合国はドイツの賠償問題に関するパリ会議を開き、未定のままだった賠償額について協議した。その結果、ドイツに科す賠償金は総額二二六〇億マルク（金《きん》マルク）とし、これを四二年間で支払うこと、さらにドイツの輸出品には一二％の輸出税を課すことが決定された。ちなみに、一九二〇年度のドイツの国家予算の支出総額は四四五億三四三一万マルクだった(79)。同じ一九二〇年の時点で一金マルクは紙幣の一〇マルクに相当したので、この支出総額は金マルクに換算すると四四億五三四三万マルクに相当する。単純に計算すれば、賠償金の支払いには、その国家予算一年分の全額を投じても、完済には五一年かかることになる。

それを四二年間で支払わなければならないのである。これに対するドイツ側の絶望的な異議申し立てを、二月下旬から三月上旬にかけての連合国ロンドン会議は却下し、それを承諾しないドイツに対する制裁措置として、三月八日、ルール工業地帯のデュースブルク、デュッセルドルフ、ルールオルトの諸都市を軍事占領して経済制裁に踏み込んだ。だが、その直後に展開された中部ドイツでの「三月行動」ののち、四月二九日に連合国は再度のロンドン会議を開いて軌道修正を行ない、賠償額一三二〇億金マルク、輸出税二六％という最終決定を下した。この賠償額は、前述の換算にしたがえば、一九二〇年度の国家予算支出総額の三〇倍である。受諾の期限は五月五日とされた。五月四日、フェーレンバッハ内閣は、賠償要求は受諾不可能であるとして総辞職した。五月一〇日にヨーゼフ・ヴィルト（中央党）を首班として成立したヴァイマル連合政府は、翌一一日、ついに、賠償請求を受諾することを連合国側に通告した。

これと時期を同じくして始まった上部シュレージエンでのポーランド系住民の蜂起とドイツ人義勇軍部隊との戦闘もまた、ドイツの敗戦がもたらした結果のひとつだった。多くの領土を失い、耐えられるはずもない賠償を負って、「匕首伝説」が生んだ「一一月の裏切り」に対する憎悪が、あらためて燃え上がった。一九二一年八月二六日、グスタフ・バウアー内閣の財務大臣だったマティアス・エルツベルガーが、シュヴァルツヴァルトの保養先で散歩中に射殺されたのが、裏切り者たちに対する報復の始まりだった。

カトリック政党「中央党《ツェントルム》」の幹部であるエルツベルガーは、ユダヤ人ではなかった。しかし、ドイツの敗戦の局面で、停戦交渉のドイツ側全権代表として屈辱的な停戦協定に署名し、さらにシャイデマン内閣の無任所相として講和条約に関する業務を担当した。国民議会では、「履行論者」という罵声を浴びながらヴェルサイユ条約の受諾と賠償の実行を強く支持したのだった。敗戦と条約の重荷とを文字どおり体現する人物だったのである。彼はすでに二〇年一月二八日にも狙撃されていた。そのときは、肩を負傷したが、もう一発が懐中に入れていた金属ケースに当たって、一命を取り留めた。だが、二度目の暗殺者は二人だった。いずれも元水兵で、戦後は義勇軍団「エーアハルト海兵旅団」のメンバーであり、いまはその後継団体の秘密結社「コンズル組織」に属していた。この秘密結社が、その目的を明らかにしたのである。弾丸は、無防備の人物に六発撃ち込まれ、さらに、倒れている彼の至近距離から、とどめの二発が頭部に向けて発射された。二人の殺害犯は国外に逃亡し、一九三三年にナチスが国家権力を掌握すると帰国した。そして、ヒトラー政府が制定した「国民社会主義《ナチズム》建設のために罪に問われた者の免罪に関する法律」によって、無罪とされたのである。第二次世界大戦後の西ドイツで改めて裁判にかけられ、いずれも一〇年以上の懲役刑の判決を受けて服役したが、わずかな期間で釈放されることになる。

エルツベルガー暗殺に対して、SPD、USPD、KPDの各政党と労働組合が抗議行動を呼びかけ、全国でデモや抗議集会が続発した。一方、政府は憲法第四八条の「大統領緊急命令」条項を発動し、「共和国防衛のために」集会・結社・出版報道の自由などの基本権を停止した。右派政権が州の政治を握っていたバイエルンはそれの実施を拒否し、中央政府は一カ月後に譲歩して、新たな緊急命令に替えたが、一二月一七日に国会がそれに対する不承認を議決し、一二月二三日に大統領緊急命令は解除された。しかし、この緊急命令も、実質的には右翼国粋主義派のテロルを防止することよりも、暗殺に対する抗議活動が反政府運動に発展することを抑止し、労働者のストライキや左派の言論・政治活動を弾圧するために、活用されたのである。

翌一九二二年の四月一六日、ソヴィエト・ロシアとドイツとのあいだに「ラッパロ条約」が締結され、両国は戦争に関する賠償・補償の請求権を放棄し、最恵国待遇の国交を開始することになった。だが、それから間もなく、第二、第三の政治的暗殺事件が起こった。

六月四日、ＳＰＤの最高幹部であり共和国の初代首相でもあったフィリップ・シャイデマンが、ドイツ中部のカッセルで襲われたのである。シャイデマンは、かねて一九一九年一二月以来カッセル市の市長でもあった。娘と孫娘と一緒に散歩していたとき、二人の若い男が駆け寄って、ゴムの袋に入れた青酸の溶液を顔面に浴びせたのである。風が強かったために顔の中央を外れたのと、彼の濃い眉毛と髭が眼と鼻と口に青酸が入るのを妨げた結果、シャイデマンは死を免れた。暗殺者たちは、ひとりは「コンズル組織」と義勇軍団「ドイツ民族主義攻守同盟」の、もうひとりは「鋼鉄師団」という義勇軍団の一員だった。

革命の左派から強く批判されてきたシャイデマンは、ヴェルサイユ条約不承認を理由として一九一九年六月二〇日に内閣総辞職したのち、共和国大統領のエーベルトとＳＰＤとの政治方針に対する異議をたびたび表明していた。エーベルトが、労働者の過激化する闘争を弾圧するために、右派諸党の要求を容れて「大統領緊急命令」をたびたび発動することに、彼は強い危惧の念を表明した。また、カップ・クーデターに際しては、国防相ノスケの対応を非難し、軍部と軍事的諸組織を肥大させたノスケの責任を厳しく批判したのだった。いまや、シャイデマンに対するかつての革命左派の怒りと軽蔑は、右翼国粋主義の武装集団から発する怨念と憎悪に取って代わられていたのである。シャイデマンに対する暗殺行動から二週間後の六月一八日、今度は、KPDのハンブルク支部委員長で二年後からは党中央委員会委員長となるエルンスト・テールマンが、爆弾テロの対象となった。彼の住居に投げ込まれた爆弾は、家屋に被害を与えたが、テールマンは無事だった。

その六日後、ふたたび世界を震撼させる暗殺事件が起こった。一九二二年六月二四日、前年の一〇月に成立した第二次ヴィルト内閣の現職の外相、ヴァルター・ラーテナウが暗殺されたのである。彼はドイツ最大の電気機械産業コンツェルン、「アルゲマイネ電気会社」(AEG《アーエーゲー》)の経営者であるとともに、ドイツ民主党(DDP)の創立メンバーのひとりであり、その幹部でもあった。確信的な民主主義者である彼は、数多くの著作によって思想家としても高く評価されていた。ユダヤ人の大資本家ラーテナウは、資本主義体制を維持するためには市民的《ブルジョア》民主主義が不可欠であるという、きわめて正当な確信を抱いていたのである。

土曜日だったその日の朝、ラーテナウは無蓋の乗用車で外務省に向かった。カーブにさしかかって車が速度を落としたとき、後をつけてきた車が追い抜きざま、それに乗っていたひとりが自動小銃でラーテナウに五発を浴びせ、もうひとりが手榴弾を投げ込んだ。ラーテナウは即死だった。警察当局は、エルツベルガーとシャイデマンの場合と同じく「コンズル組織」による暗殺という目星をつけた。暗殺者たちの車の運転手など、合計一三人が、当日から数日後にかけて逮捕された。ラーテナウ自身の車の運転手も、謀議に加わっていたのだった。いずれも、秘密結社「コンズル組織」のメンバーだった。そのなかには、のちに著名な小説家・映画シナリオ作家となるエルンスト・フォン・ザーロモ

ベルリンのポツダマー・プラッツ（ボツダム広場）を走るカップ・クーデターの義勇軍団「エーアハルト海兵旅団」——黒白赤の軍旗を掲げ、鉄兜には鉤十字が描かれている
出典：A. Weipert：*Die Zweite Revolution.*（C-9）

ンも含まれていた。一九三一年に刊行されたザーロモンの体験小説『追放された者たち』[80]は、世界大戦で生き残った若者たちが、帰って行くべき祖国から追放されて義勇軍団という名の殺戮集団の一員として生きなければならなかったありさまを、ありありと描いている。ザーロモン自身、義勇軍団「エーアハルト海兵旅団」の将校として、バルト海沿岸に派遣され、カップ・クーデターに加担し、さらに上部シュレージエンでポーランド系住民の蜂起を鎮圧する戦いに従軍してきたのだった。ラーテナウ暗殺では「コンズル組織」の一員として謀議の連絡役を務めたかどで、彼は懲役五年の判決を受けて服役した。暗殺から二〇日後に、実行犯の二人は組織の一員の居城にかくまわれていることが判明した。逮捕に向かった警官が塔の窓をめがけて撃った威嚇射撃の銃弾がひとりの頭部に命中して、

ラーテナウを自動小銃で殺した男は死んだ。手榴弾を投げたもうひとりは、それを見てみずから生命を絶った。

「コンズル組織」の前身である義勇軍団「エーアハルト海兵旅団」について、ザーロモンは、「鉄兜には鉤十字《ハーケンクロイツ》、黒白赤の飾り紐、エーアハルト旅団と我らは呼ばれる」と書いている。帝国国旗の色である黒白赤だけでなく、のちにあまりにも有名となる鉤十字を、彼らはシンボルとしていたのだった。彼らの鉄兜に鉤十字が白ペンキで描かれるようになったのは、一九二一年夏に上部シュレージエンから撤退するときからだったとされている。ヒトラーのナチ党が鉤十字の旗を正式に党旗と定めたのは、それより前の一九二〇年八月七日、オーストリアのザルツブルクでの集会のさいだったが、エーアハルトがヒトラーを軽蔑していたのはよく知られた事実なので、エーアハルト旅団の鉤十字はナチ党とは無関係だったのである。だがいずれにせよ、みずからに向けられる革命の鉾先を防ぎ、それどころか軍部とともに革命を鎮圧するために、SPDが創設し養成した義勇軍団が、ヴァイマル体制そのものを打倒する戦いを、本格的に開始したのだった。

（3）「ヴァイマル連合」とは何だったのか?

ヴァルター・ラーテナウが暗殺されてから三日後の一九二二年六月二七日、ADGB（ドイツ労働組合総同盟）の呼びかけによって、ラーテナウ殺害に抗議する半日ストが全国で行なわれた。そのなかで、SPD、USPD、KPDの各党と、ADGBおよびAfA同盟（自由職員組合総同盟）の両組合団体が、「ベルリン協約」と名づけられた協定を結んだ。協定の中心的な内容は以下のようなものだった。——政府と国会に対して、共和国防護のための立法措置を要求すること。その法律の内容は、反革命的な団体や組織を禁止し、国家機関と国防軍からの反共和主義的分子の一掃を図るものであること。

七月三日には、「ベルリン協約」の実行を求めるゼネストとデモが、ドイツ全土で展開された。そして七月一八日に、国会は「共和国防護法」を賛成三〇三、反対一〇二で可決した。KPDは、この法案が「ベルリン協約」に即したものではなく、革命勢力を弾圧するための法的根拠となりかねない、として反対票を投じた。これに先立って、中央党の首相ヴィルトは、「敵は右にいる！」という有名な言葉を発していた。この法律が、それ自体として、右翼による攻撃から共和国を防護することを目的としていたのは、疑いのないことだった。しかし、それまでの戦後三年半のあいだに、左翼の暴力に対しては死刑を含む重刑が乱発され、それとは比べものにならないほど数多く頻発した右翼の暴力に科せられる刑罰が、あまりにも軽く、またあまりにも数少なかったことを見るなら、KPDの危惧は理由のないものではなかったのである。

一九二二年九月一七日から二三日まで、SPDはバイエルン州のアウクスブルクで党大会を開催した。現在の党員数は一二〇万七一三四人であると発表された。同年六月六日の国会議員選挙の時点で、全国の有権者数は三三〇二万人だったから、有権者の三・四%、三〇人に一人以上がSPD党員だったことになる。党大会では、USPDとの組織的統一が主要な議題となった。一方のUSPDは、九月二〇日から二三日まで、チューリンゲン州のゲーラで党大会を開いた。党員数は、二九万〇七六二人と発表された。両党の党大会が終了した翌日、九月二四日に、バイエルンのニュルンベルクで両党の合同党大会が行なわれ、ＳＰＤがＵＳＰＤを吸収するかたちで両党は合併した。大戦中に戦争反対の立場でＵＳＰＤに加わっていたカール・カウツキーやエードゥアルト・ベルンシュタインも、ＳＰＤに復帰した。一九二〇年一二月に左派がＫＰＤに合流したのちに残存してきたＵＳＰＤは、こうして、ヴァイマル憲法下では一度も政権に加わることなく消滅したのだった。

そしてそれから五〇日後、ヴァイマル連合のヴィルト内閣は、リベラル右派のＤＶＰ（ドイツ人民党）からの入閣工作に失敗して総辞職した。一一月二二日に発足した新内閣は、ハンブルク＝アメリカ航路汽船会社総支配人のヴィルヘルム・クーノー（無所属）を首相とする連立内閣だった。連立与党は、ＤＶＰ、中央党、ＤＤＰ、ＢＶＰ（バイエルン人民党）の四党だった。これらのうちＢＶＰ（Bayerische《バイエリッシェ》 Volkspartei《フォルクスパルタイ》）は、もともとは中央党のバイエルンにおける活動家だったグループによって、一九一八年末に独自の党として結成され、著しく保守的な政党としてバイエルンでは強固な地盤を持っていた。ＤＶＰに加えてそのＢＶＰが入閣することで、従来のヴァイマル連合とはまったく異なる政権がヴァイマル共和国を領導することになったのである。カップ・クーデターが先駆けの役割を果たし、義勇軍団とその後継組織の秘密結社があからさまなかたちで推進したヴァイマル体制に対する破壊工作は、こうしてひとまずの成果を達成したのだった。クーノー内閣の誕生は、レーテ革命によって存亡の危機に直面したドイツ資本主義が、完全な復権と大躍進を遂げつつあることを、象徴するような出来事だったのである。

一方、軍部にも大きな変化が起こっていた。一九二〇年三月のカップ・クーデターの軍事力の中心となった「エーアハルト海兵旅団」は、レーテ革命派を殲滅するためにグスタフ・ノスケとＳＰＤによって養成された義勇軍団が、その飼い主に向かって牙《きば》を剝《む》いた最初の事例だった。だが、変化はそればかりではなかった。ドイツ革命の勃発の当初からＳＰＤと手を結んできた軍事力の総体が、カップ・クーデターを機に、その本来の姿を現わしたのである。

カップ・クーデターに対して国防軍部隊を出動させることを命じた国防大臣ノスケに、国防省軍務局長のハンス・フォン・ゼークト中将が「国防軍が国防軍を撃つことはできぬ」というセリフで応じたことは、軍部が踏み出した最初の一歩だった。そしてクーデターの敗退後、それは本格的な歩みとなるのである。――クーデターを粉砕したのは、本質的には国防軍の軍事力ではなく、全国でゼネストを決行し、武装闘争に立ち上がった労働者や市民たちだった。彼らは、クーデターに呼応して各地で軍事行動を起こした義勇軍団と、激しい戦闘を交えた。とりわけ、最大の鉱工業地帯であるルール地方では、クーデターの敗退後も、労働者たちはゼネストを解除せず、闘争のなかで結成された一〇万人規模の労働者防衛軍（「赤衛軍」と呼ばれた）で、義勇軍団やルール地方に駐屯する国防軍部隊を攻撃した。国防軍部隊のうちには、クーデター側に呼応しなかったものも多かったが、「赤衛軍」の労働者たちにとっては軍隊そのものが民衆の敵だったのだ。三月一七日にカップが逃走したのち、三月下旬のルール地方の全域は、事実上、労働者たちの自主権力のもとに置かれた。ＫＰＤの執行部は、革命政権の樹立を宣言するかどうかで激しい論議を重ね、結局は、その時期が熟していないとしてそれを断念した。そして、一時は「赤衛軍」によって完全にルール地方から撃退されていた国防軍が、部隊を増強して反撃に転じ、ついに四月一日、労働者は闘争の終結を宣言したのだった。

労働組合から辞任を要求されていた国防相グスタフ・ノスケは、シャイデマンを始めＳＰＤ党内からも噴出した批判を浴びて、大臣の職を退いただけでなく国会議員も辞職し、中央の政界から去った。大統領エーベルトはノスケを留任させたい意向だったが、それはもはや不可能だった。それだけではなく、後任の国防相をSPDから出す、という彼の強い要望も、党内に適切な人物がいなかったために果たせなかった。ノスケの後任となったのは、DDPのオットー・ゲスラーだった。そして、共和国で二人目の国防相となったゲスラーは、カップ・クーデターに対する労働者の武装闘争が最終的に終息してから二カ月後の二〇年六月五日、同じく責任を取って辞職した陸軍司令部長官の後任として、あの「国防軍が国防軍を撃つことはできぬ」のフォン・ゼークトを任命したのである。

ヨハネス・フリードリヒ・レーオポルト・フォン・ゼークトは、のちに陸軍大将となったプロイセンの職業軍人を父として、軍人貴族の家庭に生まれた。世界大戦の戦中から戦後にかけてドイツ陸軍の実権を握った二人の「第一参謀次長」、エーリヒ・ルーデンドルフとヴィルヘルム・グレーナーがともに平民の出身だったのに対して、フォン・ゼークトは、のちにエーベルトの死後ドイツ大統領となる「タンネンベルクの英雄」、パウル・フォン・ヒンデンブルクと同様に、プロイセン軍国主義を体現する典型的な軍人貴族だった。憲法上は国防軍の指揮権は大統領にあり、それを国防大臣が執行するのだが、じっさいには陸海軍の司令官の権限は絶大だった。ゼークトが陸軍の最高司令官に任命されたとき、ドイツ陸軍はヴェルサイユ条約の規定によって、大幅な軍縮を強いられ、陸軍兵力を一〇万人にまで削減しなければならないという困難に直面しているさなかだった。ノスケによって養成された義勇軍団には、ゼークトの着任の二〇日前、五月一五日に政府によって解散命令が出されていたが、もちろんその多くが陰に陽に兵力を温存しつづけていた。そして、軍隊と戦争に生きる意味を見出すのが本望である世襲の職業軍人ゼークトは、ヴェルサイユ条約を遵守してドイツ軍を衰亡に導くつもりなどなかったのである。

敗戦と革命の勃発によってドイツ帝国が崩壊したとき、その革命を人民の代理として執行する任務を労働者・兵士評議会によって与えられたSPD主席のエーベルトは、任命されたその当夜、ドイツ帝国陸軍参謀本部の実質的な司令官、ヴィルヘルム・グレーナーと、革命を抑止し軍を存続させるために恒常的な協力関係を結ぶことを密約した。この密約に従って、軍隊は、レーテ共和国の樹立によって社会主義と国際主義とを実現することを目指した各地の民衆を鎮圧する戦いに、ほとんど連日のように出動することになる。その一方では、敗戦と復員の混乱によって支離滅裂に陥っていた陸海軍を、ノスケの発案による義勇軍団の創設が助けた。義勇兵という名の自発的な傭兵によって、ドイツ軍は蘇生したのである。軍部の蘇生は、SPDにとっては、革命政府の権力を維持しレーテ革命派を圧殺するための不可欠の条件だった。この段階ですでに、軍部は政治権力の一部だったのだ。

ヴァイマル時代と呼ばれる一時代の初期、この国の政府は、SPDと中央党とDDPの三党連立内閣によって成り立っていた。歴史上、この三党連立は「ヴァイマル連合」と呼ばれている。一九二二年一一月に、直接的にはヴァルター・ラーテナウの暗殺をきっかけにして終わったこの連合は、現実にはしかし、三政党の連立ではなかったのである。欠かすことのできない連立メンバーとして、つねに軍部がそれに加わっていたのだった。ヴァイマル連合とは、じつは、軍部とSPDと中央党とDDPの連合だったのである。この四者の連合が終わりを告げたとき、SPDが演じる「ドイツ革命」によって生まれた「ヴァイマル民主主義」も、また終わった。いよいよ本格的に息を吹き返して政治の指導権を握った保守政党と相携えて、蘇生したドイツ軍は、着々と強化策を進めることになる。ゼークトは、陸軍一〇万人、海軍一万五〇〇〇人、徴兵制の禁止というヴェルサイユ条約の重圧を逆手に取って、ゼークト自身と同じような職業軍人の精鋭を集中的に養成する方針を進めたのである。その成果が実証されるのは、一九三三年以後のことだった。

3　一九二三年一一月九日

(1) 転機としての「ルール闘争」

ヴェルサイユ条約による戦勝国への賠償の支払いは、ドイツの経済をほとんど破滅的な危機に追い込んだ。鉱工業生産は賠償の支払いに追いつかず、国家経済は低迷の度を加えていった。ドイツが賠償支払いを受諾してから一年半後の一九二三年の年頭には、破綻は目の前まで迫っていた。一月九日、連合国賠償委員会は、ドイツの賠償支払いが滞《とどこお》っていることを非難する声明を発表した。声明は、「ドイツは賠償義務を故意に履行していない。連合国は制裁を科する権利を有する」という強硬なものだった。そして、これは言葉のうえだけの威嚇ではなかったのである。一月一一日、フランス軍とベルギー軍は、ドイツ最大の鉱工業地帯であるルール地方の軍事占領を開始した。

この「ルール占領」は、しかし、連合国側、とりわけフランスの思惑と予測を越えた結果を、世界の歴史にもたらすことになったのである。

ルール地方と呼ばれるのは、ドイツの西端を南から北へ流れるライン川がオランダ領に入る地点から、上流へ約一五〇キロほど遡《さかのぼ》った地点まで、そして東西は、西側のオランダとの国境からライン川を挟んで東へ同じく一五〇キロほどの幅で広がる地域である。ここはまた、プロイセン州のヴェストファーレン県とラインラント県にまたがる地域だったので、「ラインラント・ヴェストファーレン」という地名でも呼ばれた。この地域で、ドイツの石炭の七二％、銑鉄の五四％、粗鋼の五三％が生産されていたのである。それゆえにまた、ルール地方は、労働者運動の強固な地盤として、ドイツ革命のさまざまな局面で激しい実力闘争や武装闘争が、ここで展開されてきたのだった。他方ではまた、この地方には、ドイツ革命の初期から、社会主義に反対して、独自の資本主義国家「ラインラント・ヴェストファーレン共和国」を樹立しようとする分離独立運動が、根強く生きつづけていた。大資本の鉱工業経営者たちの利害に沿ったこの運動には、カトリック中央党の地元組織が積極的に関わっていた。戦勝国による「ルール占領」は、いわば灼熱しつづける坩堝《るつぼ》に、さらに大量の石炭と鉱石を投げ込んだのである。

クーノー政府は、ただちに占領に抗議するとともに、ドイツがこれに対して「消極的抵抗」を行なうことを連合国側に通告した。そして、ルール地方の労働者・市民と公務員に向けて、冷静に対処し「消極的抵抗」に徹するよう要請した。「消極的抵抗」とは、占領地の公務員が占領軍の命令に従わないこと、住民が占領軍に石炭その他の物資や食料品、宿泊場所を提供しないことなどを意味していた。政府は、これらを国民に要請するとともに、実力で抵抗することを禁じたのである。しかし、政府のこの方策は、国内の支持や共感を得るには程遠いものだった。国民の反フランス感情は、自国の政府を軽蔑し、むしろ「積極的抵抗」の開始を待ち望んだ。そして、その期待は裏切られなかった。

ルール占領によってもっとも活気づけられたのは、国防軍に吸収されなかった義勇軍団の残存勢力だった。上部シュレージエンでのポーランド系住民の蜂起を鎮圧する戦いを終えて以来、彼らは逼塞しつづけていたのである。全国からルールに馳せ参じた彼らは、占領軍に対するさまざまな妨害活動を実行に移した。なかでも大きな注目を集めるとともに実際上の効果を上げたのは、ライン川に碇泊している船を爆破して沈没させ、それが障害となってフランスやベルギーの艦船がドイツ領内のライン川を航行できないようにする、という作戦行動だった。こうした妨害行動を展開した義勇軍団後継組織の意図は、これによってフランスおよび連合国側とドイツとの和平関係が破綻し、ふたたび戦争状態に戻るとともに、ドイツの戦後体制が崩壊してヴァイマル共和国が打倒される——ということだった。他方では、KPDのイニシアティヴで、党派を超えた「プロレタリア百人組」という武装組織が全国各地で構成され、軍事占領に抗する武力闘争を共和国転覆の突破口にしようとする右翼武装集団との戦いに備える体制が取られた。戦勝国側の挑発によって、戦勝国側を巻き込んだ内戦の危機が、敗戦から五年を迎えようとするドイツに訪れたのである。

一九二三年三月一五日の夜半に、ルール地方のデュッセルドルフとデュースブルクとのあいだの一地点で、ライン川に沿って走る幹線鉄道の線路が爆破された。それは、賠償物資の石炭や木材、電柱などをフランスへ運ぶ路線だった。四月七日、フランス軍は、爆破事件の主犯として元バイエルン軍将校のアルベルト・レーオ・シュラーゲターを逮捕した。シュラーゲターと、相次いで逮捕された一〇人の共犯者たちは、五月九日に、デュッセルドルフのフランス軍駐屯地で開かれたフランスの軍事法廷で裁かれ、シュラーゲターには死刑、共犯者たちには一五年ないし二〇年の重労働という判決が下された。彼らによる鉄道線路の爆破は、列車の脱線・転覆などの実害をもたらしたわけではなく、線路の修復にも短時間を要する程度だったにもかかわらず、消極的抵抗と積極的抵抗に悩まされるまま為すすべを知らなかったフランスは、見せしめのための重刑判決で応えたのだった。弁護側の控訴によって開かれた五月一八日の第二審は、被告を出廷させないまま、控訴棄却の判決を下し、シュラーゲターの死刑が確定した。ドイツ政府は死刑判決に抗議し、ドイツ国内ではフランスに対する激しい怒りが噴出した。シュラーゲターの母の要請もあって、国際赤十字社、スウェーデン女王などからは助命嘆願がフランス政府に寄せられた。しかし、フランスは方針を変えなかった。判決確定から八日後の五月二六日未明、デュッセルドルフ郊外のフランス軍駐屯地で、シュラーゲターは銃殺刑に処せられた。彼の名は、多くのドイツ国民にとって、愛国と正義の戦いの代名詞となった。「タンネンベルクの英雄」に次ぐ新たな国民的英雄が、戦後ドイツに誕生したのである。しかも、彼を讃えたのは、右翼国粋主義者たちや愛国的なドイツ国民だけではなかった。正反対の立場にあるはずのコミンテルン（共産主義インターナショナル）の執行委員でドイツ担当のロシア共産党幹部、カール・ラデックも、コミンテルン拡大執行委員会の会議という公式の場での発言のなかで、シュラーゲターの闘争が目指したものには反対しながら、「反革命の勇敢な兵士」である彼に讃辞を送り、真の解放運動である共産主義の戦列こそが彼のような闘士を生み出さなければならぬ、と呼びかけたのだった。

アルベルト・レーオ・シュラーゲターは、一八九四年八月一二日、バーデン大公国のシュヴァルツヴァルト地方でカトリックの農家に生まれた。満二〇歳の誕生日を一一日後に控えたギムナージウム（大学進学を予定した九年制の高等中学校）の生徒だったとき、ドイツが世界大戦に突入した。彼はただちに繰り上げ卒業の措置を受け、志願兵としてバイエルン軍に入隊した。同年一二月、バイエルン軍の野戦砲聯隊に配属され、西部戦線に送られた。カトリックの聖職者になることを望んでいた彼は、帰休兵としてドイツに戻っていた一九一五年から一六年にかけての冬の学期に、フライブルク大学の神学部に学生として登録した。しかし、すぐにまた戦線に送られ、一七年には砲兵少尉に昇進する。ドイツの敗戦時には、鉄十字勲章一級を授与された歴戦の勇士になっていた。大学に戻ったが、もはや聖職者になる志は消え、国民経済学の専攻に転じた。しかし、ほどなく勉学の興味を失って、一九年三月、ヴァルター・エーバーハルト・男爵《フライヘル》・フォン・メーデン大尉が設立した義勇軍団に入隊し、バルト海沿岸に派遣された。その地域がソヴィエト・ロシアの脅威から解放されたのちには土地が与えられて農業を営むことができる、という風評に農家の生まれである彼が魅せられた、という説もある。

前年末にソヴィエト政権が樹立されていたラトヴィアの首都リガをめぐる攻防戦に参戦したのち、シュラーゲターは、ホルスト・フォン・ペータースドルフの義勇軍団に移り、引き続きバルト海沿岸地方でソヴィエト・ロシアの進出を阻止する戦いに従軍する。一九年一〇月、ドイツ政府はバルト派遣部隊に撤退命令を出した。それに対して、義勇軍団の諸部隊に抗命行動が広がり、これに同調した約四万人の義勇兵たちは「ドイツ軍団」(Duetsche《ドイッチェ》 Legion《レギオーン》)という義勇軍団連合軍を構成して、有名な義勇軍団のひとつ「鋼鉄師団」とともにロシアの反革命軍、白軍に合流し、ロシアの内戦に加わったのである。二カ月たらずの転戦ののち、彼らは西に向かってドイツの東プロイセンを目指した。シュラーゲターの指揮する砲兵中隊は、一九年一二月一六日に、ドイツ軍の最後部の部隊としてドイツの国境を越えたのだった。

一九二〇年の初め、シュラーゲターは、ペータースドルフ義勇軍団とともに、海軍中将ヴィルフリート・フォン・レーヴェンフェルトが設立した義勇軍団「レーヴェンフェルト海兵旅団」の指揮下に入り、カップ・クーデターが起こると、シュレージエンのブレースラウ（ヴロツラフ）でクーデターを支援する戦いを展開した。そしてさらに、クーデターの挫折後、ルール地方で継続された左派労働者たちの武装闘争を打倒する戦闘に従軍し、とりわけ苛烈な市街戦にも参戦したのだった。戦闘終了後の五月に、「レーヴェンフェルト海兵旅団」が強制解散させられると、シュラーゲターは半年ほどのあいだ、農業労働に従事した。しかし、それは長くは続かなかった。一九二一年初め、彼は、「突撃大隊ハインツ」という義勇軍団の司令官だったハインツ・ハウエンシュタインがその後継組織として設立した非合法団体「ハインツ組織」の一員となり、五月にはポーランド系住民の蜂起を鎮圧するため、上部シュレージエンに遠征したのである。この戦いが義勇軍団の戦場の最後となったのち、シュラーゲターは、翌二二年、ハウエンシュタインとともにベルリンに貿易商社を設立した。武器の密輸入が本来の業務だったとされている。(81)

聖職者を夢みた少年がそののちたどった道は、悲痛の念をもってしか振り返ることができない。彼がフランスによって処刑された直後に彼を英雄に祭り上げなければならなかった同時代のドイツの人びととは別の思いで、しかし後世はシュラーゲターを忘れることはできないのだ。シュラーゲターを利用し酷使し弄んだ歴史のひとこまは、のちの歴史によって、極めて正当な報復を受けるからである。

アルベルト・レーオ・シュラーゲターが二八歳で処刑されたとき、バイエルンの地方小政党に過ぎなかった国民社会主義ドイツ労働者党（ナチ党）は、シュラーゲターがナチ党の党員であり、その党員番号は六一番である、と発表した。ヒトラー自身の党員番号が五五番だったことを考えるなら、そもそもシュラーゲターがナチ党員だったかどうかも含めて、この発表の信憑性は疑わしい。だが、問題はそのことではない。ヒトラーは、自分たちがシュラーゲターから最大の利益を引き出すことができるのを、的確に見抜いたのだった。

（2）革命の終焉から革命主体の再構築へ

シュラーゲターの死刑が確定した翌々日、彼が処刑される六日前の一九二三年五月二〇日（日曜日）に、ドイツ中部のテューリンゲン州アルンシュタット市の郊外のホテルを会場にして、ほぼ二〇人のメンバーによる研究合宿が一週間の予定で開始された。「第一回マルクス主義研究週間」と名づけられたその合宿に参加したのは、つぎのような人びとだった。

○エードゥアルト・ルートヴィヒ・アレクサンダー（Eduard Ludwig Alexander, 1881.3.14 ~ 1945.3.1）

弁護士である彼は、大戦中に「スパルタクス」グループを樹立したメンバーのひとりで、ＫＰＤの古参幹部だった。党機関紙『ローテ・ファーネ』経済面の編集を担当、二八年五月の選挙でＫＰＤの国会議員となる。党内で調停主義者と批判されて、国会議員は一期で退いた。一九三三年、ナチスが権力を握ると、ユダヤ人の彼は弁護士の職を剝奪され、しばらく在ドイツのソ連通商代表部で働いた。四四年八月、逮捕されてザクセンハウゼン強制収容所に送られ、ドイツの敗戦が二カ月後に迫っていた四五年三月一日、ベルゲン・ベルゼン収容所に移送される途上で殺された。

○フリードリヒ・ポロック（Friedrich Pollock, 1894.5.22～1970.12.16）ユダヤ系の工場経営者の子として生まれ、学生のころ、のちに著名な社会学者となる一歳年下のマックス・ホルクハイマートと知り合って、終生の親交を結んだ。ホルクハイマーとテーオドール・アドルノとの共著『啓蒙の弁証法』（一九四七年出版）には、ポロックの影響が少なくないとされている。一九一五年から一八年まで兵役に服し、戦後にいくつかの大学で経済学、社会学、哲学を学んだのち、非党員のマルクス主義者として、マルクス＝エンゲルス全集のドイツ語版を刊行する準備作業に加わり、フランクフルト大学で教えた。ナチスが権力を握ると、ホルクハイマーとともにニューヨークに亡命、戦後フランクフルト大学に戻り、社会学を担当することになる。

○コンスタンティン・ツェトキン（Konstantin Zetkin, 1885.4.14～1980.9.?）女性解放運動の先駆けでKPD最高幹部のひとり、クラーラ・ツェトキンの息子だった彼は、一九〇七年から一五年ごろまで、母の密接な同志であるローザ・ルクセンブルクの下宿の間借り人として暮らした。彼女の何人かの愛人のうちでも、もっとも親密な関係にあったとされている（第二次大戦後の東ドイツはこの事実を認めなかった）。大戦後、医師となり、そのかたわら母の政治活動を補佐した。ナチスから逃れて母とともにソ連に亡命したが、母はその直後に歿した。彼はソ連政府と折り合いが悪く、チェコスロヴァキアを経由してフランスに逃れた。ナチス・ドイツがフランスを占領すると逮捕されたが、運よく釈放されてアメリカに渡り、医療関係の仕事をしたのち、最後の二〇年あまりはカナダで暮らした。

○カール・コルシュ（Karl Korsch, 1886.8.15～1961.10.21）大戦が勃発したとき、コルシュはロンドン大学で法律学の助手をしていた。彼は妻のヘッダとともにドイツに帰り、兵役に就いたが、一カ月も経たないうちに、二度と武器を手に取らない決意を表明して、降格され、除隊した。ドイツ革命の勃発とともに、住んでいたテューリンゲンの小さな町で労兵評議会の樹立に加わり、一九年六月にUSPDに入党する。そして、二〇年一二月にその左派がKPDと合同したとき、彼もそれと行動を共にした。「マルクス主義研究週間」には、妻のヘッダとともに参加していた。このころ脱稿した著作『マルクス主義と哲学』は、ソ連マルクス主義に対する批判にとどまらず、KPDの方針とも鋭く対立するものだった。二三年にKPDのテューリンゲン州議会議員、二四年から二八年まで国会議員となったが、KPD内部の極左派としての旗幟《きし》を鮮明にし、二六年五月にはついに党から除名されることになる。

○ゲオルク（ジェルジ）**・ルカーチ**（Georg, György Lukács, 1885.4.13～1971.6.4）オーストリア帝国の属国ハンガリー王国に、ユダヤ人の資本家（大銀行の頭取で貴族に列せられた）の息子として生まれ、ドイツのハイデルベルク大学で社会学者マックス・ヴェーバーに学んだ。ヴェーバーは『職業としての学問』のなかで、新しい時代を担う注目すべき学問研究者としてルカーチの名を挙げている。だが彼はその道を進まなかった。ドイツ革命に先行したハンガリー革命が、一九一八年一〇月三一日の民主政府樹立と翌一一月一日の「共和国」宣言によって始まったのである。彼はそれに身を投じた。一九年三月二一日には、社会民主党と共産党との合同によって「マジャル評議会《タナーチ》共和国」が、ロシア・ソヴィエト共和国に次ぐ史上二番目の評議会共和国として誕生し、共産党に入党していたルカーチは革命政権の教育人民委員（文部科学大臣に相当）となった。八月一日に元オーストリア帝国海軍提督ミクローシュ・ホルティによる軍事クーデターで革命政権が打倒されると、オーストリアに亡命し、それ以来、東南ヨーロッパ諸国の共産主義運動に携わっていた。「マルクス主義研究週間」では、三つの部会のひとつ「方法論の問題」のパートの問題提起をカール・コルシュとともに担当し、出版を間近にした自著『歴史と階級意識』のテーマについて報告した。ベルリン・ダダの出版社だったマリク書店から刊行された同書は、研究合宿が終了してから一週間後の六月五日に発売された。

○**ベーラ・フォガラシ**（Béla Fogarasi, 1891.7.25 ~ 1959.4.28）研究合宿の当時ハンガリー共産党員だったフォガラシは、すでに戦前からルカーチを中心とするハンガリーの若い知識人グループの一員だった。このグループには、のちに世界的な社会学者となるカール（カーロイ）・マンハイムや、美術史家となるアルノルト・ハウザー、映画理論家・シナリオ作家となるベーラ・バラージ、マルクス主義経済学者となるオイゲン（イェネー）・ヴァルガらがいた。ハンガリー革命では、教育人民委員部の大学局の責任者として活動した。フォガラシは、「マルクス主義研究週間」に参加していたマルガレーテ・リッサウアーと結婚したのち、一九三〇年から四五年までソ連のモスクワ大学の教授として哲学を担当し、一九四五年にソ連によって解放されたブダペシュトに戻り、ハンガリーの哲学・経済学の重鎮となった。彼の主著『論理学』の日本語訳は、一九七四年四月に青木書店から刊行されている（田辺振太郎訳、上下二巻）。

○**リヒャルト・ゾルゲ**（Richard Sorge, 1895.10.4 ~ 1944.11.7）ロシア、アゼルバイジャンのバクーに、ロシア人を母とし、ドイツ人の石油工業技師を父として生まれた。三歳のときドイツに移り、世界大戦に志願兵として従軍、一九一六年三月に西部戦線で砲弾の破片によって両脚に重傷を負い、終生その後遺症に苦しむことになる。療養中にマルクスとエンゲルスを読み、大戦中の一九一七年、USPDに入党した。兵役から解放された彼はキール大学で経済学を学び、『ゲマインシャフトとゲゼルシャフト』で知られるフェルディナント・テニエスの弟子であるキール大学のクルト・アルベルト・ゲルラッハ教授のもとで助手となった。一九年一〇月にKPDに入党し、同じころ、ゲルラッハに従ってアーヘン工科大学に移ったが、二〇年三月のカップ・クーデターに対する武装闘争に参加したため、大学助手の職を失い、数カ月のあいだ炭鉱夫として坑内労働に従事した。二一年、ゲルラッハ教授と別れたその妻、クリスティアーネと結婚し、「マルクス主義研究週間」には彼女とともに参加した。二四年四月のKPD党大会以後、彼はコミンテルンとの連絡任務に携わり、二五年にはソ連共産党の党員となる。二九年以後、ドイツ新聞社の特派員という名目で中国と日本に赴き、三〇年に上海で朝日新聞上海支局の尾崎秀実《ほつみ》と知り合った。これが、のちに「ゾルゲ事件」と呼ばれる反ファシズム国際スパイ事件の発端だった。日本を舞台とする彼らの諜報活動は、日本の真珠湾およびマレー半島攻撃を予知し、ドイツが独ソ不可侵条約を破棄してソ連に進攻する日を前もってソ連に知らせるなど、さまざまな成果を上げたが、ついに一九四一年一〇月、日本官憲によって尾崎とゾルゲは相次いで逮捕された。日本政府は、四四年一一月七日、ロシア・ボリシェヴィキ革命の記念日を選んで、東京巣鴨拘置所（現・池袋サンシャイン）で彼らの絞首刑を執行する。

○**福本和夫**（Kazuo Fukumoto, 1894.7.4 ~ 1983.11.16）「マルクス主義研究週間」には、カール・コルシュに誘われて日本からの留学生がひとり参加していた。翌年帰国した彼は、一九二二年七月一五日に創立された日本共産党（もちろん非合法だった）の理論的指導者だった山川均を痛烈に批判し、たちまち日本の左翼の代表的イデオローグと目されるようになった。ルカーチとコルシュ、それに彼らの思想上の師でもあるローザ・ルクセンブルクの組織論と主体性論を駆使したその革命理論は、従来の「山川イズム」に対して「福本イズム」と呼ばれ、革命勢力内部の意見の相違については「分離結合」論、つまりまずスッパリと分離してからあらためて結合を図る、という基本路線を主張したのだった。一九二六年一二月、弾圧のため解党を宣言していた日本共産党の再建党大会で、三二歳の福本和夫は党政治部長に就任し、理論的な指導権を握った。しかし翌二七年の七月一五日、コミンテルンは「日本問題に関する決議」を行ない、「二七年テーゼ」と呼ばれるその決議で、福本イズムは全面的に否定されて、福本は党内での指導権を失うことになる。

○**ヘーデ（ヘートヴィヒ）・アイスラー**（Hede, Hedwig Eisler, 1900.1.6～1981.3.8）戦後のオーストリアで女優として働いていたヘートヴィヒ・トゥーネは、オーストリア共産党幹部のひとりだったゲールハルト・アイスラーと結婚して、一九二一年の初め、ヴィーンからベルリンに移住した。夫のゲールハルトはドイツ共産党に移籍し、二歳上の姉でKPDの最左翼グループの中心だったルート・フィッシャーらとともに、党内左派グループを形成する。ヘーデが単独で参加した「マルクス主義研究週間」は、しかし二人の運命を変えたのである。ヘーデ・アイスラーは、そこで出会ったひとりの男性と愛し合うようになり、翌年からゲールハルトのもとを去ってその男性と生活を共にし、一九二七年には正式に結婚した。その男性の生まれ故郷であるアメリカに渡り、アメリカの市民権を取ったが、ほどなく関係は破綻し、彼女はマルクス主義社会学者のパウル・マッシングと結婚して、ヘーデ・マッシングとなった。その後の彼女の生涯は大きく変わる。研究週間で知り合ったリヒャルト・ゾルゲから、一九二八年に、反ファシズムの国際共産主義運動のために秘密諜報活動に加わるよう説得され、彼女と夫は承諾したのである。ソ連の内務省であるＮＫＶＤ《エヌカーヴェーデー》（内務人民委員部）のためにアメリカで諜報活動をすることが、彼女の任務だった。第二次世界大戦を生き延びた彼女は、戦後に著わした回想記や自伝でそのことを公にした。

○**ユリアン・グンペルツ**（Julian Gumperz, 1898.5.12 ~ 1972.2.?）ニューヨークの裕福なドイツ人工業資本家の家庭に生まれたが、世界大戦によって家族はドイツに帰らなければならなくなり、グンペルツはハレ大学で経済学を学んだ。しかし革命のなかで、彼はベルリンのダダイストたちと出会ったのである。ヴィーラント・ヘルツフェルデの片腕としてマリク書店を拠点とする文化闘争を展開し、ＳＰＤや右翼勢力に対してばかりでなく、彼自身もその党員だったＫＰＤの文化政策に対しても激しい戦いを挑んだ。ＫＰＤの文化イデオローグの役割を果たしていたＧ・Ｇ・Ｌ、ゲルトルート・アレクサンダーとは、同志でありながら、いわば不倶戴天の敵という関係だった。「マルクス主義研究週間」でヘーデ・アイスラーと知り合ったグンペルツは、ＫＰＤ幹部で党内左派である夫のもとを去った彼女と結婚することになる。ナチスが権力を握ると彼はアメリカ合州国に移住し、株式仲買人として生きた。第二次世界大戦が終わったとき、グンペルツは確信的な反共主義者となっていた。

○**カール・アウグスト・ヴィットフォーゲル**（Karl August Wittfogel, 1896.9.6 ~ 1988.5.25）大戦勃発前の一時代にギムナージウムと大学の学生だった彼は、「ワンダーフォーゲル」運動の熱心なリーダーだった。通信兵として従軍したのち、敗戦直後にUSPDに入党し、その左派がKPDに合流したとき、彼もそれに加わった。ベルリンのダダイストたちと出会い、エルヴィン・ピスカートルを中心とするプロレタリア劇場運動で、脚本の創作を担当した。彼の一幕劇「不具者」は、KPD機関紙『ローテ・ファーネ』紙上で、G・G・L・アレクサンダーによって壊滅的な批判を受けながら、画期的に新しい演劇と芸術表現の可能性をも開いたのだった。そのころの代表作のひとつ、人形劇の脚本である『誰がいちばん馬鹿だ?』は、一九二三年にマリク書店から出版され、二度にわたって日本語訳が刊行された（辻恒彦・訳。一九二七年三月、金星社／一九三〇年三月、平凡社）。そののち、彼は次第に演劇からブルジョア社会と「東洋的専制」の研究へと転じたが、最初の理論的著作『ブルジョア社会の科学』はすでに一九二二年にマリク書店から刊行されていた。その彼が、プロレタリア劇場運動で彼を擁護した「マリク書店」のユリアン・グンペルツと、批判者ゲルトルート・アレクサンダーとの両者に、この「マルクス主義研究週間」の合宿で再会する。そして、新しい未来を構想するという課題をあらためて彼らと共有したのである。

○ゲルトルート・アレクサンダー（Gertrud Alexander, 1882.1.7 ~ 1967.3.22）テューリンゲンの医師の娘として生まれた彼女は、イェーナ大学といくつかの美術学校で芸術学を学び、その学費を稼ぐために図画の教員となった。二〇歳のとき弁護士のエードゥアルト・ルートヴィヒ・アレクサンダーと知り合い、一九〇八年に結婚した。その前年、彼を通じてクラーラ・ツェトキンの知遇を得たのがきっかけで、当時のSPDの女性運動機関紙に論説やエッセイを執筆するようになったのだった。革命が勃発し、KPDが創立されると、彼女は党のもっとも代表的な文化理論家となり、G・G・

Lなどの筆名で、党機関紙『ローテ・ファーネ』、理論機関誌『インターナツィオナーレ』で革命と文化についての論を精力的に展開した。二五年一二月、彼女は夫と別れて二人の子供とともにソ連に移住し、ソ連共産党の党員となる。ソ連の文化行政に携わってスターリンの粛清を生き延びた彼女は、戦後には、日本語を含むいくつもの言語で刊行された雑誌『ソヴィエト文学』の編集者として活動した。「マルクス主義研究週間」には、夫ともども、一一歳になる息子のカールを伴って参加した。

——第一回だけで終わったこの研究合宿には、もうひとり重要な人物が妻とともに参加していた。フェーリクス・ヴァイル（Felix Weil, 1898.2.8〜1975.9.18）である。そもそも彼がいなければこの合宿はあり得なかったのだ。一九一四年一〇月一八日にフランクフルト・アム・マインに開設されたドイツでもっとも新しい「ヨーハン・ヴォルフガング・フォン・ゲーテ大学」は、民間からの寄付金によって運営される制度に基づいたドイツで最初の大学でもあった。フェーリクス・ヴァイルの父ヘルマンは、アルゼンチンで穀物貿易会社を経営して巨万の富を築いた大資本家だった。文化の振興とユダヤ人差別の改善を願うという動機から、ヘルマン・ヴァイルはそのフランクフルト大学にひとつの研究施設を寄付することを意図したのだった。開設認可は二三年二月三日に下りていた。息子のフェーリクスとその妻ケーテは、新設されるその研究施設の準備を進め、そこで行なうべき研究の基本方針や研究テーマについての構想を練る役割を担っていたのである。大学で経済学を学んで一九一九年にテュービンゲン大学に提出した彼の学位論文は、あまりにも過激な革命志向のゆえに受理されなかった。その彼に、このようなメンバーで研究合宿をして研究課題や研究方針を討論することを提案した

「マルクス主義研究週間」の参加者たち――後列（立っている）左から＝ヘーデ・アイスラー、フリードリヒ・ポロック、エードゥアルト・ルートヴィヒ・アレクサンダー、コンスタンティン・ツェトキン、ゲオルク（ジェルジ）・ルカーチ、ユリアン・グンペルツ、リヒャルト・ゾルゲ、カール・アレクサンダー（少年）、フェーリクス・ヴァイル、不明（男性）／前列（坐っている）左から＝カール・アウグスト・ヴィットフォーゲル、ローゼ・ヴィットフォーゲル、不明（男性）、クリスティアーネ・ゾルゲ、カール・コルシュ、ヘッダ・コルシュ、ケーテ・ヴァイル、マルガレーテ・リッサウアー、ベーラ・フォガラシ、ゲルトルート・アレクサンダー
出典：M. Buckmiller：*Die »Marxistische Arbeitswoche« 1923 und die Gründung des »Instituts für Sozialforschung«.*（D-5）

のは、カール・コルシュだった。

研究週間のテーマは以下の三点だった。一、現在における危機の問題をどう論じるか（報告＝ルートヴィヒ・アレクサンダー）／二、方法の問題について（報告＝ルカーチ、コルシュ）／三、マルクス主義研究の組織的諸問題（報告＝フォガラシ）――参加予定者にはあらかじめこれらのテーマと、事前に読みなおしておくべき文献が知らされた。のちに　ゲルトルート・アレクサンダーの遺品のなかから発見されたエードゥアルト・ルートヴィヒ・アレクサンダーあての案内状は、リヒャルト・ゾルゲが連絡役になって送られたものである。ゾルゲはKPD党内でもとりわけルートヴィヒ（とゾルゲはファーストネームで呼んでいる）と親しく、彼がベルリンへ出てくるときには必ずアレクサンダーの自宅を訪れ、G・G・Lとルートヴィヒと一男一女のアレクサンダー家でしばしば宿泊したのだった。

翌一九二四年の六月二二日に開所式が行なわれたフランクフルト大学の新しい研究施設は、「社会研究所」（Institut für Sozialforschung《インスティツートフューアゾツィアールフォルシュング》）と名づけられた。「マルクス主義研究週間」のひとこまで新しい研究施設の名称をどうするかが話題になったとき、日本からの留学生の福本和夫が「日本には社会研究という言葉がある」と発言し、これが一同の賛意を得た――と福本自身は証言している。ドイツ語としては馴染みのない「社会研究」（Sozialforschung《ゾツィアールフォルシュング》）という名詞が、こうして研究所の名称となったのだった。(82)

「フランクフルト学派」という呼び名や「批判理論」という研究方法によって知られるこの研究所は、ナチズムの時代には、ジュネーヴとパリを経てニューヨークのコロンビア大学に亡命しなければならなかった。だが、アドルノやホルクハイマーを始め、初代所長のカール・グリューンベルクのほか、ヘルベルト・マルクーゼ、エーリヒ・フロム、レーオ・レーヴェンタール、フランツ・ノイマン、フリードリヒ・ポロック、フランツ・ボルケナウ、ヘンリク・グロースマン、ジークフリート・クラーカウアー、そして亡命の途上でこの研究所に拠り所を見出したヴァルター・ベンヤミン、さらには次世代のヴォルフガング・アーベントロートやユルゲン・ハーバーマスに至るまで、多くの思想家や研究者や革命を志す知識人たちが、二〇世紀後半以降の世界の社会科学や思想に大きな影響を及ぼすことになる仕事を、この研究所に依拠して続けることになった。

ルール占領が、それに対する抵抗闘争とともにドイツ革命そのものに終止符を打つことになったとき、抵抗闘争を革命の再生につなげることのできなかったKPDは、望ましからぬ党内の左翼反対派とその国外の同志たちによって、社会民主主義とソ連型マルクス主義とをともに乗り越える理論作業の端緒を開いたのである。それは、自然法則めいた革命の必然性のみか、資本主義社会における自然科学的真理をも疑い、社会構造や社会現象の解明だけでなく、個別存在および集団としての人間の心理や意志を社会科学と人文科学と自然科学との研究対象とし、社会を変革する人間の主体性に着目する新しい総合科学を、模索する道の始まりだった。中絶したレーテ革命の理念もまた、それを裏付ける理論作業と、ようやく邂逅したのである。

(3) シュラーゲターからヒトラーへ

フランクフルト大学の「社会研究所」を拠点とするいわゆる「フランクフルト学派」の仕事は、「フロイト左派」と呼ばれるマルクーゼやフロムによって、マルクスの社会理論とフロイトの精神分析学を初めて実践的に結合するなど、現代大衆社会におけるファシズムの諸問題を解明するうえで大きな役割を果たすことになる。その成果が明らかにされたころには、ナチスの権力掌握を阻止しそれと闘うためにはもはや手遅れだった。しかし、ドイツ革命勃発からちょうど五〇年を経た一九六八年前後に東西ヨーロッパとアメリカ合州国や日本で激発した青年労働者や学生たちの叛乱と、それと連動する「新左翼」の誕生に、フランクフルト学派の研究成果は大きな刺激を与えた。高度資本主義の抑圧的寛容（マルクーゼ）による民衆支配に抗し、他方でスターリン主義のソ連社会主義を根底的に批判するという課題が、フランクフルト学派の仕事にアクチュアリティを与えたのである。それ以後のさらに五〇年の年月のなかでも、ヨーロッパ諸国やアメリカ合州国の現在に対して、さらにはいわゆる社会主義体制崩壊後の資本主義世界の現状に対して批判的な人びとにとって、フランクフルト学派とその後継者たちによる仕事は、過去の残滓ではなく、現在の土台であり、今後への出発点でありつづけている。

研究所が生まれるにあたって、その基本的な研究方針や研究課題について一週間にわたって議論を重ねた「マルクス主義研究週間」の参加者たちのひとり、カール・コルシュは、晩年に至るまで、レーテ革命の信念を捨てず、ドイツ革命のなかでレーテ運動に携わった労働者たちとの親交を温めつづけた。もうひとりの参加者、ジェルジ・ルカーチは、最晩年の一九七〇年四月に西ドイツの週刊誌『シュピーゲル』（鏡）によるインターヴュに答えて、「レーテ・システムのなかでこそはじめて、さまざまな形態の操作を、民主主義的な自治によって排除することができるのです」と述べた。雑誌編集部はその記事に「レーテ・システムは不可避だ」というタイトルを付けた。ドイツ革命のレーテ運動は、いまなお実現を待っているその理念のゆえに、体験者たちにとってばかりでなく後世にとっても、歴史上の過去として消え去ることがない。労働者と兵士と農民たちの評議会も、芸術家たちや文化活動者たちの評議会運動もまた、そうなのだ。

「マルクス主義研究週間」が行なわれた一九二三年五月には、ドイツ革命のレーテ運動は事実上すでに終わっていた。新たなレーテ運動の昂揚が「ルール闘争」を揺るがすことはもはやなかった。だが、じつは、一週間の研究合宿とそれが生み出した「社会研究所」は、レーテ革命運動が直面していたもっとも大きな問題を、意識化されないまま、体現していたのである。

「マルクス主義研究週間」に参加したことが確認されている二〇人の人びと（少年を除く）のうち、七人が女性だった。そのうちの五人は夫婦で参加していた。しかし、彼女たちは夫の添え物ではなく、いずれも自分自身の課題や仕事と思想信条とを持つ自立した存在であり、研究週間の対等な構成員だった。ほとんど三人に一人が女性というこの比率は、たとえば、当時の国政選挙での女性の進出と比較すれば、その比率の高さが理解できるだろう。ドイツの歴史上はじめて女性が選挙権と被選挙権を得た一九一九年一月の憲法制定国民議会選挙では、当選議員四二一人のうち女性は三七人だった。また二〇年六月のヴァイマル憲法下での最初の国会選挙では、選ばれた四五九人のうち女性は三四人だったのである。同一基準で論じることはできないにせよ、「マルクス主義研究週間」での議論と、国民議会および国会での議論とを、併せて思い描いてみれば、テューリンゲンの森のほとりでの、マルクス者たちの討論が、議会でのそれと比べてどれほど権威主義的・抑圧的でなかったかが、想像できるだろう。そのときからほぼ一世紀を経たいま、「フランクフルト社会研究所」のその後の歩みを顧みるとき、ある奇異の思いにとらわれざるを得ない。女性の比重が高かったこの研究週間から生まれた「社会研究所」に、いまに残る足跡を記した女性がいないのである。そしてじつは、ドイツ革命のレーテ運動のもっとも大きな問題は、女性がレーテ運動の主体となることができなかった、ということなのだ。

世界大戦は、戦場に送られた男性のあとを埋めるために、激しい勢いで女性の社会進出を促した。工場で働く女性は、ドイツ全体で大戦のあいだに約一・五倍となり、とりわけベルリンの機械製造工場では、戦前に二万九〇〇〇人だった女性労働者が、終戦時には一〇万人に増えていた。ところが、これはそのまま女性の社会的労働の定着とはならなかったのである。戦場から復員してきた男性たちを元の職場に戻らせるために、女性が大量解雇された。既婚者と、地元の居住者ではない女性が、まっさきにその対象となった。一九一九年の春さきには、女性労働者の数は戦前の水準に戻っていた。労働者評議会運動が始まったとき、女性は急速に職場から姿を消しつつあったのだった。一九一八年一二月一六日から二一日まで開かれたドイツ労兵評議会第一回総会（第一回全国レーテ会議）に出席した代議員四八九人のうち、女性は二人だった。

女性が労働者評議会《レーテ》の構成員になることができないということは、女性はレーテ革命の主体となりえないということである。このことの重大さに警告の声を上げたのは、そのとき六二歳になろうとしていた女性解放運動者、クラーラ・ツェトキンだった。彼女は、ＫＰＤの理論機関誌『ディ・インターナツィオナーレ』（*Die Internationale* ＝インターナショナル）の一九一九年五月三〇日号に「女性たちはレーテを支持し、女性たちはレーテに加わる！」と題する論説を発表し、レーテ運動が女性を埒外に置いて進められていることに、強い危機感を表明したのである。[83] 彼女の論点は二つあった。ひとつは、天の半分を支える女性を抜きにしたレーテ運動は、それ自体として成り立たないこと。男性労働者がレーテのなかで「思考と意志と行動と」を主体的に、共同で身に着けて社会生活と政治活動の主人公になるとすれば、女性労働者たちもまた、「選挙権」を行使し「憲法で保障された権利」を享有するだけで社会の主体となることなどできない。男性と同じように、レーテのなかで、主体形成を、共同で、行なわなければならないのだ。だから、レーテ運動は、「女性たちはレーテを支持し、女性たちはレーテに加わる!」というスローガンを、本気で実行しなければならない。こう、ツェトキンは強調した。

だが、第二に、ツェトキンはさらに重要な問題を提起したのだった。それは、工場や企業に職場を持たない女性たち、現在の言葉でいえば専業主婦たちにとってのレーテ運動という問題だった。ツェトキンはまず、活動的な労働者たちが、職業としての労働に従事する女性との対比で職業を持たない女性を低く見る考えは根本的に間違っている、と指摘する。非職業女性は、家事労働や育児によって労働者である夫や子供に生きる力を与えるという労働に従事しているのであり、むしろこの労働は、工場労働者に比べて資本家のために剰余価値を生み出すことが少ないのだ。金持の懐中時計の鎖の飾り金具を製造する女性労働者よりも家事労働女性の労働のほうが無価値だなどということが、どうしてあり得ようか。レーテ運動は、家事労働に従事する女性をもレーテに加わらせ、彼女たちの社会的自己形成の場を創設しなければならない。ツェトキンのさしあたっての提案は、職場に基盤を持たない家事労働女性を、夫の職場の企業評議会《レーテ》の構成員として参加させる、というものだった。そこで彼女たちは「思考と意志と行動と」を共にすることで社会的な自己形成のきっかけをつかみ、居住地域での女性の連絡組織を創出する運動を開始する。

ツェトキン自身がまだほんの仮《かり》のものに過ぎないとしたこの提議は、レーテ運動のなかで深められないままに終わった。レーテ革命派が相次いで強いられた武装闘争は、ついに女性たちを、とりわけ家事労働者である女性たちを、レーテ革命の主体として登場させるための実践活動を許さなかった。けれども、ドイツ革命の一翼を担った文化革命の模索――「思考と意志と行動と」を共にすることによって人間関係を変革しながら自己を変革することを可能にし触発するような文化芸術表現を生み出すこと、しかも、たとえばジードルングのような日常生活空間のなかで、日常を暮らしながらそれを共に試みること――それは、明らかに、このケーテ・コルヴィッツの問題提起と接点を持っていたのである。社会変革と自己変革を職場での課題に限定するのではなく、日々の生活総体のなかでの、労働の種別を越えた課題として、ともに生きるものたち同士がその実践をともにするということこそ、レーテ革命の根底的な理念だったのだ。それは、まさに、現実となったお伽噺《メールヒェン》なのである。

選挙制度と憲法による保障に自己の自由と権利を委ね、家庭内で男性に従属して生きることを余儀なくされた女性たちを、賃金奴隷という受動性のなかに拘束された職業女性もろとも、肥沃な票田とし、さらには熱烈な支持層として獲得したのは、ヒトラーのナチズムだった。男性は職業の世界での日々の戦いの戦士であり、女性の神聖な義務は、外で戦う男性のために家庭を守り、国の宝である子供を立派な少国民として育てることである――このナチズムのもっとも重要な理念は、レーテ革命のなかで主体的な自己形成と相互批判とを試行する機会を失った女性たちを、的確にその標的としていたのだった。

ルール占領に抵抗するルール闘争が続いていた一九二三年四月一九日、ドイツ国立銀行のマルク防衛策が破綻し、一ドルは一挙に二万九五〇〇マルクに暴落した。だがそれはまだ序の口だった。二カ月後には一ドルが一〇万九九九六マルクとなり、失業の急増がこれに輪をかけた。マルク大暴落はとどまるところを知らず、九月には一ドルが九八八六万マルク、一〇月には二五二億六〇〇〇万マルクとなり、一一月にはついに一ドルが二兆一九三六億マルクという天文学的な数値となった。これは、マルクの国際的な価値の下落を意味するだけでなく、日常生活物資の天文学的な価格暴騰となって、民衆の生活を直撃したのである。ますます深刻化する社会不安に対処するため、ドイツ政府は、占領軍に対する積極的抵抗を散発させる右翼民族主義勢力の抑止よりは、経済的困窮への対応を繰り返し求める労働者たちのストライキや争議に対する弾圧を、いっそう強化した。その結果、ルール地方のほかシュレージエンや中部ドイツ工業地帯での賃上げや支援物資要求のストライキが続発したすえ、八月一一日には、ベルリンの企業評議会が呼びかけたクーノー政府打倒のゼネストが全国に波及し、翌一二日にクーノー内閣は総辞職に追い込まれた。

八月一三日、DVP（ドイツ人民党）のグスタフ・シュトレーゼマンを首班とする新内閣が発足した。中央党、DDP（ドイツ民主党）のほか、SPDが入閣した大連立内閣だった。だが、労働争議に対する当局の弾圧は続いた。これまでも弾圧の先頭に立ってきたプロイセン州内務大臣のカール・ゼーヴェリングが、八月一六日、ドイツ企業評議会の全国委員会を禁止し、さらに八月二八日には、大ベルリン企業評議会中央委員会を禁止したのである。「企業評議会」（Betriebsräte《ベトリーブスレーテ》）は、革命の執行機関である労働者・兵士評議会《レーテ》がSPD政府によって解体されたのち、各企業の職場での労働者による経営参加の装置として、ヴァイマル憲法第一六五条によって保障された制度だった。SPD幹部のゼーヴェリングによって、労働者は革命がもたらした最低限の団結権と決定権をも抹消されたのである。労働者の抗議と抵抗を前にして、九月二六日、大統領エーベルトは、憲法第四八条の「大統領緊急命令」条項に基づく非常事態を全国に宣言し、これによってルール占領に対する「消極的抵抗」にも終止符が打たれたのだった。

しかし、それによって平穏と秩序が回復されたわけではなかった。逼塞感と同時に、不安と苛立ちと憤怒が全国各地に充満していた。九月三〇日、ルール地方のデュッセルドルフで、分離独立派がクーデターを決行し、何度目かの「ライン共和国」の樹立を宣言した。資本家の意向に沿ったこのクーデターに対して、労働者は大規模な武装デモによって応え、クーデターはたちまち挫折した。だが、その翌々日、一〇月一日に、今度はシュレージエンのキュストリンで、ブルーノ・エルンスト・ブーフルッカー少佐の配下にある非合法軍事組織「黒い国防軍」がクーデターを起こした。これもまたちまち頓挫し、ブーフルッカーは逮捕された。工業資本家や大地主たちから資金援助を受けていたこの軍事組織には、ブーフルッカーの供述によれば、クーデターの時点で一万八〇〇〇人の団員がいた。クーデターの動機は、この軍事組織の司令部の解散を陸軍当局が命じたことにあった。だが、クーデターの失敗によって「黒い国防軍」は消滅しなかった。一〇月二五日、陸軍司令部長官のフォン・ゼークト大将は、その団員を有期志願兵として国防軍に雇用するという命令を下したのである。これも、ルール占領がもたらした結果のひとつだった。

不安と苛立ちと憤怒は、他方で、左翼政党への支持の高まりという結果をもたらした。二三年一〇月一〇日、ザクセン州でSPDとKPDの連立政権が発足し、KPDは結党以来はじめて政府与党として入閣した。さらに一〇月一六日には、テューリンゲン州でもSPDとKPDの連立政権が誕生し、「マルクス主義研究週間」の企画者だったKPDのカール・コルシュが法務大臣として入閣した。だが、驚くべきことに、KPDの入閣を理由に中央政府は、一一月五日、大統領エーベルトの命令にもとづいて、治安維持のために国防軍をザクセンとテューリンゲンに進駐させ、とりわけテューリンゲンの中部と東部を軍事占領したのである。しかも、この日、国防大臣は、国防軍に対するあらゆる誹謗中傷を禁止する命令を布告したのだった。

これに抗議して、一一月一二日には、KPDから入閣していたカール・コルシュら二名の大臣と一名の次官が辞任することになった。その結果、一二月七日にテューリンゲン州政府は退陣して、一四日に州議会が解散された。しかし、この短期間の政変は、ルール占領に始まった一九二三年という年がヴァイマル時代のなかで持つことになる意味を、暗示していたのである。ヴァイマル民主主義の名のもとに、ヴァイマル民主主義そのものを破壊したのは、軍隊と手を結んだヴァイマル連合政府であったこと――これを、ルール占領の年、一九二三年は如実に示したのだった。

コルシュたちがテューリンゲン州政府から脱退する四日前、一一月八日の夜、もうひとつのクーデターがバイエルンの首都ミュンヒェンで勃発した。翌朝、「国民革命」の宣言と「ドイツ国民政府」樹立の布告がなされた。

ルール占領に対するシュラーゲターとその同志たちの実力闘争がドイツ国民の熱烈な共感を呼んだ

ことを的確にとらえたアードルフ・ヒトラーは、かねてこの日に武装決起することを計画していた。クーデターの成否は二の次の問題だった。シュラーゲターの犠牲を無にすることなく、それを継承し、その志を実現しようとしているものたちがいるのだということを、ヒトラーは示さなければならなかった。かつての「第一参謀次長」、エーリヒ・ルーデンドルフも首謀者として加わったこのクーデターは、バイエルンの右翼政府が加担しなかったため、開始の瞬間から挫折は決定されていた。蜂起の翌日、武装警察隊の銃撃によって、クーデター側は総崩れとなり、一六人の死者を残して逃亡したヒトラーも、まもなく潜伏先の知人宅で逮捕された。

だが、この日、一九二三年一一月九日に「国民革命」を宣言することに、意味があったのである。ドイツ帝国崩壊の五周年のこの日、「一一月の裏切り」を忘れず、それに報復するのは「国民社会主義ドイツ労働者党」であることを、ヒトラーは全国に示したのだった。一〇月二九日にドイツで最初のラジオ本放送を開始したばかりのベルリン放送局は、初めての政治ニュースとしてミュンヒェンのクーデターを報道した。ヒトラーの名前と信念は、バイエルンの一地方を越えて首都に、そして首都から全国に知れ渡った。

それから六日後の一一月一五日、新たに設立された信用証券銀行（レンテン銀行）は、臨時通貨「レンテン・マルク」を発行した。その時点で、一ドルは四兆二〇〇〇億マルクに達していた。一兆マルクが一レンテンマルクに換算されることになり、インフレは急速に鎮静化に向かうことになる。こうして、一九二三年の年末とともに、ドイツ革命の後遺症は影をひそめ、「相対的安定期」と呼ばれるヴァイマル時代の中期が訪れる。だがそのときすでに、ヴァイマル共和国は、革命を鎮圧する戦いのなかで、民主主義の防波堤をほとんどすべて、みずから掘り崩していたのだった。

ヒトラーによるミュンヒェン・クーデターの半年後、一九二四年五月四日に、ヴァイマル憲法のもとでの二度目の国会議員選挙が行なわれた。クーデターのあと、ナチ党は禁止され、ヒトラーは獄中にあった。ナチスは「ドイツ民族主義自由党」（DVFP）という極右政党の軒《のき》を借りて同党から候補者を立て、九名の党員を当選させた。バイエルンの一地方政党は、「一一月の裏切り」を国政の場で粛正する足掛かりを得たのである。同じ年の一二月にふたたび国会選挙が行なわれ、禁止措置が解かれていたナチ党は三％の得票率で一四議席を獲得した。そのまま群小政党として低迷を続けるかと思われたが、一九二九年一〇月二四日のニューヨーク株式市場の株価大暴落に始まる世界経済恐慌と、それがドイツにもたらした大失業状況という国難は、ヒトラーのナチ党に大躍進の機会を与えた。翌三〇年九月一四日の国会選挙で、ナチ党は得票率一八・三三％で一挙に一〇七議席を獲得し、SPDの一四三議席に次ぐ国会第二党となったのである。その次の三二年七月三一日の選挙で、得票率三七・三六％、議席総数六〇八のうち二三〇議席を得てついに第一党となり、三三年一月三〇日にヒトラー内閣が誕生するまでは、わずかな年月だった。

ドイツ革命のなかで、自由と自治と共生の夢を現実のものとする機会を逸し、思考と意志と行動とを共に模索し実行する場を見失った主権者は、選挙権を行使するという議会制民主主義の主権だけを享受した。日常の現実が絶望的になればなるほど、決断力と実行力を誇示し売り物にする強い政治家にすべてを委ね、みずからが共に思考し意志し行動することからますます遠ざかったのである。

註

*引用または論述の典拠として用いた文献については、著者名・書名のあとに（B2）のようにアルファベットと番号を記した。これらは、本書巻末の「参考文献」リストにおけるA〜Iの分類およびそれぞれの番号と対応しているので、詳しい書誌的データはそれを見られたい。

*典拠とした文献が複数に及ぶとき、主要なものだけを記した場合もある。また、「参考文献」のうち多数のものを参照しながら独自に論を展開した場合には、あらためて註で個々の典拠文献を示すことはしていない。

*本書の著者（池田）による補足・説明は〔 〕でくくって記した。

(1)ドイツ帝国（Das《ダス》 Deutsche《ドイッチェ》 Reich《ライヒ》）を構成する諸邦の内訳は次のとおりである（一九一八年現在。『ドイツ帝国統計年鑑』（I10）による）。
A. 王国 Königreich《ケーニヒライヒ》〔国王 König《ケーニヒ》を首長とする〕
1. プロイセン Preußen　2. バイエルン Bayern　3. ザクセン Sachsen　4. ヴュルテンベルク Württemberg
B. 大公国 Großherzogtum《グロースヘルツォークトゥーム》〔大公＝大公爵 Großherzog《グロースヘルツォーク》を首長とする〕
1. バーデン Baden　2. ヘッセン Hessen　3. メクレンブルク・シュヴェーリン Mecklenburg-Schwerin　4. ザクセン Sachsen　5. メクレンブルク・シュトゥレーリッツ Mecklenburg-Strelitz
6. オルデンブルク Oldenburg

C. 公国 Herzogtum《ヘルツォークトゥーム》〔公爵 Herzog《ヘルツォーク》を首長とする〕

1. ブラウンシュヴァイク Braunschweig 2. ザクセン・マイニンゲン Sachsen-Meiningen 3. ザクセン・アルテンブルク Sachsen-Altenburg 4. ザクセン・コーブルク・ゴータ Sachsen-Coburg-Gotha 5. アンハルト Anhalt

D. 侯国 Fürstentum《フュルステントゥーム》〔侯爵 Fürst《フュルスト》を首長とする〕

1. シュヴァルツブルク・ゾンダースハウゼン Schwarzburg-Sondershausen 2. シュヴァルツブルク・ルードルシュタット Schwarzburg-Rudolstadt 3. ヴァルデック Waldeck 4. ロイス本家 Reuß《ロイス》 älterer《エルテラー》 Linie《リーニエ》 5. ロイス分家 Reuß jüngerer《ユンゲラー》 Linie《リーニエ》 6. シャウムブルク・リッペ Schaumburg-Lippe 7. リッペ Lippe

E. 自由ハンザ同盟都市 Freie《フライエ》 und《ウント》 Hansestadt《ハンゼシュタット》〔中世以来の自治権を持つ都市〕

1. リューベック Lübeck 2. ブレーメン Bremen 3. ハンブルク Hamburg

F. 帝国直属州 Reichsland《ライヒスラント》〔普仏戦争の結果ドイツ領となった地域〕

1. エルザス・ロートリンゲン Elsaß-Lothringen〔フランス名＝アルザス・ロレーヌ〕

(2) 一九一八年一一月九日の帝国宰相、公子マックス・フォン・バーデンによる「公告」(Der Reichskanzler: Max, Prinz v. Baden: *Amtlicher Erlass. Berlin, den 9. November 1918.*)。この「公告」は多くの文献に掲載されているが、ここでの引用は、リヒャルト・ミュラー『一一月革命』（E6）に著者がみずから収集・保存した資料として収められたものに基づいている。

(3) リヒャルト・ミュラー『一一月革命』（E6）。この引用以外にも、一一月九日の経緯については同書に拠るところが少なくない。

(4) オイゲン・フィッシャー＝バーリング『民衆の裁き』（A4）。

(5)ルードルフ・シュースター編『ドイツ歴代憲法集』（Ｉ９）による。――なお、エーベルト、シャイデマン、ブラウンの三名が宰相官邸に現われてマックス・フォン・バーデンに政権の引き渡しを要求した時刻については、諸説がある。例えばフリードリヒ・プルリッツ編『ドイツ革命　第一巻』（Ａ14）は、午後三時としている。しかし、前後の出来事の脈絡を考えれば、リヒャルト・ミュラー（Ｅ６）その他の説に従って午後一時前とするのが妥当と思われる。ゼバスティアン・ハフナー『ドイツ革命　一九一八～一九年』（Ａ６）では、「一二時わずか数分過ぎ」とされている。

(6)新宰相エーベルトのこの告知は多くの文献に引用されているが、ここでは、ハフナー『ドイツ革命　一九一八～一九年』（Ａ６）に収載されたビラ文面の写真版複製（同書の邦訳書では掲載されていない）によってその全文を訳出した。なお、ヴォルフガング・ルーゲ『一一月革命』（Ａ17）に収載されている別ヴァージョンのビラ（写真版）では、最上段に「新しい帝国宰相エーベルト／の／告知」（／は改行箇所）というタイトルが印刷され、その下にやはり大きな活字で「平穏と秩序／の／督励！」という文言が表題として記された後に、「同胞市民の皆さん！」以下の本文が印刷されている。このヴァージョンからは、エーベルトの告知の趣旨が「平安と秩序」の回復・維持にあったことが一層明瞭に伝わってくる。

(7)国際労働者書房『写真入りドイツ革命史』（Ａ９）は、リープクネヒトの「宣言」の該当箇所を次のように記している。「革命の日がやってきた。我々は平和を勝ち取った。平和はいまこの瞬間に締結されたのだ。古いものはもはやない。この王宮に何百年も住んできたホーエンツォレルン家の支配は終わった。いまこの時にあたって、われわれは、自由なドイツ社会主義共和国〔die《ディ》 freie《フライエ》 sozialistische《ゾツィアリスティッシェ》 Republik《レプブリーク》 Deutschlanad《ドイッチュラント》〕を宣言する。」

(8)フィッシャー＝バーリング『民衆の裁き』（Ａ４）。文中の「社会主義ドイツ共和国」の原語は「die《ディ》 sozialistische《ゾツィアリスティッシェ》 deutsche《ドイッチェ》 Republik《レプブリーク》」。

(9)引用は、プルリッツ編『ドイツ革命　第一巻』（A14）による。

(10)引用は、国際労働者書房『写真入りドイツ革命史』（A9）所載、『フォーアヴェルツ』当該号紙面の写真版による。文中の太字は、原文でも一段と大きく太い字体で印刷されている。

(11)引用は前掲書（A9）による。

(12)戦時中の食糧危機については、藤原辰史『カブラの冬』（A5）が詳細に論じている。

(13)フィンランド沖のこの蜂起は、ドイツ社会主義統一党中央委員会マルクス・レーニン主義研究所『ドイツ労働者運動史』第Ⅱ部（I3）に記載されている。

(14)「第一参謀次長」と訳した職名のドイツ語は〈der《デァ》 Erste《エールステ》 Generalquartiermeister《ゲネラールクヴァルティーアマイスター》〉である。この職名の日本語訳については、日本語の文献によって差異が著しいので、説明を加えておこう。――この語を字義どおりに訳せば「第一兵站総監」となる。「兵站《へいたん》」とは、実働部隊のために後方で装備・糧秣などの調達・補給や連絡の確保などを行なう機関である。旧日本軍では、天皇が統帥する大本営の直属機関として「兵站総監部」が置かれ、その長である「兵站総監」は、参謀次長（参謀本部の次長）、のちには陸軍次官（陸軍省の次官）が兼任する重要な役職だった。ヨーロッパ諸国の軍隊でも、もともと兵站部は名称の通りに「兵站」を担当する機関だったが、戦争形態と軍隊組織の変化につれて、作戦・指揮を統括する最高司令機関となっていった。プロイセンの軍隊では、一八八一年に、「兵站総監部」を意味する〈Generalquartier《ゲネラールクヴァルティーア》〉の長たる「兵站総監」〈Generalquartiermeister《ゲネラールクヴァルティーアマイスター》〉という職名が、参謀本部の長たる参謀総長を補佐しその業務を代行する役職に適用された。それゆえ本書では「参謀次長」という訳語を充てた。第二次世界大戦で勝利して日本を占領統治した〈GHQ〉が連合国の「総司令部」〈Generalheadquarters《ジェネラルヘッドクォーターズ》〉の略語であることはよく知られているが、ドイツ語の〈Generalquartier〉にさらに「頭＝head」を意味する〈Haupt《ハウプト》〉を付け加えれば、そのままGHQに相当する〈Generalhauptquartier《ゲネラールハウプトクヴァルティーア》〉というドイツ語ができる。要するに、ルーデンドルフに与えられた地位は、きわめて高いものだったのである。「参謀次長」（「兵站総監」）の前に付された「第一」は、第二・第三参謀次長がいたからではなく、彼を「参謀総長」のヒンデンブルクとほぼ同列に置くためのものだった、とされている。（旧日本軍の「兵站総監」については、伊藤隆・監修／百瀬孝・著『事典　昭和千前記の日本　制度と実態』（一九九〇年二月、吉川弘文館）を参照した。）

(15)ハフナー（A6）。

(16)イェルク・ベルリーン編『ドイツ革命　一九一八／一九年――資料集』（A1）による。

(17)ヴォルフガング・ルーゲ『一一月革命』（A17）に収載された告知の写真版によって訳出した。

(18)ドイツ社会主義統一党中央委員会マルクス・レーニン主義研究所『写真入りドイツ一一月革命史　一九一八／一九一九年』（A8）に収載された地図「ドイツにおける評議会《レーテ》の拡大――一九一八年一一月四日から一〇日まで」に基づいて集計した。

(19)前掲の『写真入りドイツ一一月革命史　一九一八／一九一九年』（A8）および国際労働者書房『写真入りドイツ革命史』（A9）に収載された写真版によって訳出した。

(20)ミュラー（E6）の資料編によって訳出。ミュラーによれば、この布告の起草者は「革命的オプロイテ」のエルンスト・ドイミヒだった。

(21)引用は、プルリッツ（A14）による。

(22)ミュラー（E6）の資料編によって訳出。

(23)同前。

(24)ハインリヒ・シェーウフ（Heinrich Scheüch）の姓 Scheüch は、文献によっては Scheüch と表記されている。従来の日本語文献では「ショイヒ」あるいは「シェイヒ」とカタカナ表記されてきた。しかし、姓のうちの ë あるいは ü の上にある記号は、変音記号（いわゆる Umlaut《ウムラウト》記号）ではなく、分離記号（tréma《トレマ》＝二つの文字を切り離して読むという記号）であって、ドイツ語で通常「オイ」と読まれるeuを、「オイ」ではなく「エウ」と読ませるために、この表記になっている。したがって、Scheüchにせよ Scheüchにせよ、「シェーウフ」と読むのが正しい（-chは、前の母音がuの場合、「フ」と発音される）。これについては、ドイツ文化史とゲルマン語学の碩学であられる石川サスキア・石川光庸ご夫妻のご教示をいただいた。

(25) この布告は、プルリッツ（A14）、ミュラー（E6）などにその全文が収載されている。

(26) 数値は以下の文献による。Struss, Dieter: *Deutsche Romantik. Geschichte einer Epoche mit einem Essay von Eckart Kleßmann.* 1986, München: C. Bertelsmann Verlag.〔シュトゥルス、ディーター『ドイツ・ロマン主義——一時代の歴史』、一九八六年〕

(27) 引用した箇所は、ヒトラー『わが闘争』（D10）、第一〇章「崩壊の原因」の冒頭部分である。

(28) ドイツの植民地については、パウル・H・クンツェ『読本われらの植民地』（I5）、同『新読本植民地』（I6）がその歴史と現場の状況を（もちろんナチス・ドイツ時代の植民地主義者の視点で）詳細に叙述している。ビスマルクの植民地に対する態度については、フランツ・メーリング『ドイツ社会民主主義史』下（D13）が言及している。

(29) グスタフ・ノスケ『キールからカップまで』（E7）。引用文中、エーベルトの名前「フリッツ」は、「フリードリヒ」の愛称である。なお、このあとノスケの言辞として引用する箇所、およびノスケの行動についての記述は、特に注記しない限り、同書によっている。

(30) グスタフ・ノスケの経歴については、ウルリヒ・チスニック『グスタフ・ノスケ——社会民主主義の政治家』（D7）を参照した。ただし、同書は一貫してノスケを肯定的に評価し、彼の言動をすべて正当化する立場で書かれており、客観性の点で疑問が多い。

(31) 引用は、ミュラー（E6）による。

(32) ヨーゼフ・ケートの経歴については、以下を参照した。Georg Meyer: *Koeth, Joseph.* in: *Neue Deutsche Biographie.* Bd.12. 1980, Berlin: Duncker & Humblot. ／ Online Version: https://www.deutsche-biographie.de/pnd116301821.html#ndb content

(33) プルリッツ（A14）による。

(34) ミュラー（E6）による。

(35) 引用は、イルムトゥラウト・ペルモーザー「一九二五年のミュンヒェンにおける匕首裁判」（B9）による。

(36) プルリッツ（A14）による。

(37) 同前。

(38) 同前。なお、ヴュルテンベルクにおける革命の経緯については、主として同書およびミュラー（E6）によっている。

(39) 引用は、ミュラー（E6）による。

(40) クルト・アイスナーのこの演説は、アイスナー『½の権力をレーテに――論考と演説』（B2）および『世界を楽しくしよう！　クルト・アイスナー読本――暗殺一〇〇周年に寄せて』（B3）に収録されている。

(41) プルリッツ（A14）による。

(42) プロイセン選挙法については、レーオ・フォン・ザビニイ『帝国とプロイセンにおける選挙法とその改革』（I8）、ルートヴィヒ・ベルクシュトレーサー『プロイセン選挙法問題と一九一七年の復活祭教書』（I2）などを参照しながら、制度の概略の説明は独自にまとめた。

(43) エーバーハルト・コルプ『ドイツの国内政治における労働者評議会　一九一八／一九一九年』（C4）は、オプロイテの獲得目標を三点に整理している。本稿もそれを援用した。なお、「執行評議会」については、インゴ・マテルナ『ベルリン労働者・兵士評議会《レーテ》の執行評議会　一九一八／一九年』（C7）に多くを負っている。
(44)テーオドーア・プリーヴィエ『皇帝は去った――が、将軍たちは残った』(G17)。
(45)「人民海軍師団」と「クリスマス危機」については、のちに旧ドイツ民主共和国(東ドイツ)がこの闘争を国家規模で顕彰した(記念碑やレリーフが該当の地点や建物に建立・設置された)こともあって、同国の歴史家たちが詳しい研究を行なっている。ヴォルフガング・ルーゲ『一一月革命――ドイツの帝国主義と軍国主義に対する民衆蜂起 一九一八/一九年』(A17)、ドイツ社会主義統一党中央委員会マルクス・レーニン主義研究所『写真入りドイツ一一月革命史 一九一八/一九一九年』(A8)などは、それらの研究成果を簡潔にまとめて記述している。
(46)代議員の人数については諸説があるが、資料的な裏付けが示されているヘルマン・ヴェーバー編『ドイツ共産党創立大会――議事録と資料』(D20)によった。
(47)ドイツ社会主義統一党中央委員会マルクス・レーニン主義研究所『ドイツ労働者運動史』第Ⅱ部(Ⅰ3)。原文ではすべてが現在形で書かれているが、引用にあたっては過去形に改めた。なお、引用中の「三三名から成る革命委員会」は、ハフナー(A6)では「少なくとも五三名から成る〈臨時革命委員会〉」とされている。
(48)ノスケ(E7)。
(49)前出の政府布告およびノスケの布告とともに、プルリッツ(A14)収載の資料によって引用した。「一月闘争」については多くの文献を参照したが、とりわけ政府側と反政府側との交渉については、同書に多くを負っている。
(50)ここで挙げた数字は、ヘルマン・ヴェーバー編『ドイツ共産党創立大会――議事録と資料』(D20)による。
(51)ポスターはヴォルフガング・ルーゲ『一一月革命』(A17)に、新聞記事は国際労働者書房『写真入りドイツ革命史』（A9）に、それぞれ収載された写真版によって訳出した。

(52) ノスケ（E7）。

(53) ローザ・ルクセンブルク『全集』第四巻（F8）。

(54) ハンスヨアヒム・コッホ『ドイツの内戦――ドイツとオーストリアの義勇軍団《フライコール》 一九一九～一九二三年』（D11）。義勇軍団についての記述は、同書に多くを負っている。

(55) これらの歴史的経緯については、主としてオーヴェレシュ／ザール『ヴァイマル共和国 政治・経済・文化の日録』（I7）、ドイツ社会主義統一党中央委員会マルクス・レーニン主義研究所『ドイツ労働者運動史』第Ⅱ部（I3）を参照した。

(56) 一九一八年一一月二五日にベルリンで開催された「ドイツ各邦政府全国会議」の議事録は、プルリッツ（A14）に収載されている。

(57) 引用は、プルリッツ（A14）に収載された全文による。

(58) バイエルン革命の経過については、ルートヴィヒ・モーレンツ『ミュンヒェンにおける革命と評議会《レーテ》権力――一九一八／一九一九年の市編年史から』（B8）、ゲーアハルト・シュモルツェ編『ミュンヒェンにおける革命とレーテ共和国 一九一八／一九年――目撃者たちの証言』（B10）などを参照した。

(59) 「ドイツ帝国憲法」、「ヴァイマル憲法」、「パウロ教会憲法」の条文の引用と記述は、ルードルフ・シュースター編『ドイツ歴代憲法集』（I9）にもとづいている。

(60) 引用は、ディーター・シュミト編『マニフェスト・マニフェスト 一九〇五～一九三三――二〇世紀ドイツ芸術家の文書・I』（G22）による。

(61) 引用は掲載誌『ヴェルトビューネ』による。全文の邦訳は、『資料・世界プロレタリア文学運動』第一巻（G12）に収載されている。なお、この「精神労働者評議会」については、アクセル・ヴァイペルト『第二の革命――ベルリンにおけるレーテ運動　一九一九／一九二〇年』（C9）が一章を充てて論じている。
(62)すぐあとの引用とともに、ディーター・シュミット編『マニフェスト・マニフェスト　一九〇五～一九三三――二〇世紀ドイツ芸術家の文書・I』（G22）に収載されたものよっている。
(63)『煉瓦を焼く人』（H14）第三巻第一五号（一九一九年一月三〇日発行）掲載の記事から引用。
(64)*Lexikon deutschsprachiger Schriftsteller von den Anfängen bis zur Gegenwart.* 2 Bde. von Günther Albrecht u.a. 1967, Leipzig: VEB Bibliographisches Institut.〔『ドイツ語作家辞典――原初から現代まで』、一九六六七年〕
(65)『煉瓦を焼く人』からの引用と、レート・マルトおよびB・トラーヴェンについての記述は、『煉瓦を焼く人』（H14）およびロルフ・レックナーゲル『B・トラーヴェン――伝記のこころみ』（G18）によっている。
(66)引用は、ディーター・シュミット（G22）収載の資料による。
(67)この論考は、グスタフ・ランダウアーの死後に親友の哲学者マルティン・ブーバーが個人の遺志によって刊行した論集『始める――社会主義論考』（C6）に収められている。
(68)『ダダ』（第一～三号、一九一九／一九二〇年）復刻版（H4）より引用。
(69)ヴォリンガー『抽象と感情移入――様式心理学論考』（G24）。
(70)『敵対者――時局批判誌』復刻版（H5）による。
(71)『ディ・ローテ・ファーネ』の記事からの引用は、同紙マイクロフィルム版による。それらは、とくに註記しない限り、マンフレート・ブラウネック編『ディ・ローテ・ファーネ〔赤旗〕――批判・理論・文芸欄一九一八～一九三三年』（D4）にも収載されている。
(72)エルヴィン・ピスカートル『著作集』第一巻「政治劇場」（G16）への註として一九六六年に書かれた文章から引用。

(73) ヒンデンブルクの証言は、国民議会が作成し公表した議事録集『調査委員会の公開審議に関する速記報告書・一九一九年一一月一八日木曜日の第二小委員会第一四回会議』（Verfassunggebende deutsche nationalversammlung・13. Ausschuß: *Stenographischer Bericht über über die öffentlichen Verhandlungen des Untersuchungsausschüsses 14. Sitzung des 2. Unterausschusses Dienstag den 18. November 1919*）に収録されている。この議事録集の印刷ページのファクシミリを以下のサイトで閲覧することができる。

http://www.1000dokumente.de/index.html?c=dokument_de&dokument=0026_dol&object=facsimile&st=&l=de

(74) エードゥアルト・ベルンシュタイン『ドイツ革命――ドイツ共和国の成立および活動第一期の歴史』（A2）。

(75) 地方地主総会総裁（Generallandschaftsdirektor《ゲネラールラントシャフツディレクトル》）――中世から近世にかけて、ドイツ諸邦で、領内の各地方に土地所有者（大地主）たちの身分的自治組織として「地方地主会」（Landschaft《ラントシャフト》）が設けられ、その一部は第二次世界大戦末まで存続した。それは、内閣にあたる「地方地主協議会」（Landschaftskollegium《ラントシャフツコレギウム》）と議会にあたる「地方地主集会」（Landschaftsversammlung《ラントシャフツフェアザムルング》）とから成っていたが、いずれも名誉職的な機関であり、その実務は、「地方地主協議会」によって選ばれた公職の「地方地主会総裁」（Landschaftsdirektor《ラントシャフツディレクトル》）が掌握し、事案の原案作成や決定された方針・事業などの実行責任者を務めた。いくつかの地方地主会によって構成される上部組織が「地方地主総会」（Generallandschaft《ゲネラールラントシャフト》）で、その実務責任者が「地方地主総会総裁」である。ヴォルフガング・カップは、一九〇七年から東プロイセンでこの役職にあった。

(76) グスタフ・ノスケ『キールからカップまで』（E7）。

(77) ドイツ社会主義統一党中央委員会マルクス・レーニン主義研究所『ドイツ労働者運動史』第Ⅱ部（Ⅰ3）を

参照。

(78)引用は、『ディ・インターナツィオナーレ――マルクス主義の実践と理論のための雑誌』（H6）、第三巻第四号、一九二一年四月一五日発行（?）の号に掲載された原文による。なお、「三月行動」に関する基本的な資料は、野村修・編『ドイツ革命』（「ドキュメント現代史」2）（A12）に訳出されている。

(79)『ドイツ帝国（ドイツ国）統計年鑑』（I10）一九二三年版による。

(80)エルンスト・フォン・ザーロモン『追放された者たち』（E9）。

(81)アルベルト・レーオ・シュラーゲターについては、以下の拙著で詳しく論じている。池田浩士『虚構のナチズム――〈第三帝国〉と表現文化』（二〇〇四年四月／第二刷＝二〇〇五年六月、人文書院）、「第一部ドイツの受難と英雄神話の創生、I虚無に向かってさすらうものたち――レオ・シュラーゲターとメラー・ヴァン・デン・ブルック」。

(82)「マルクス主義研究週間」については、ズザンネ・アレクサンダー「一九二三年のマルクス主義研究週間」（D1）、マイケル・バックミラー「一九二三年のマルクス主義研究週間と社会研究所の設立」（D5）を参照。――「マルクス主義研究週間」と「フランクフルト学派」の誕生については、研究所の名称の由来も含めて、以下の拙著の「解説」のなかで論及している。池田浩士・編訳『論争・歴史と階級意識』（一九七七年一〇月、河出書房新社）。この解説は、同書をまとめた当時まだご健在だった福本和夫氏に直接うかがったお話から得た知識も含めて執筆したものだが、「マルクス主義研究週間」についての資料発掘や研究がドイツでようやく本格的に途に就いたのが一九八〇年代中葉になってからだったこともあって、その開催時期や参加者についていくつかの誤りを含んでいる。研究週間が開催されたのは一九二二年だったというのが、当時は定説になっていた。そののち、ソ連で歿したゲルトルート・アレクサンダーの遺品のなかから、リヒャルト・ゾルゲが連絡役となって発送した合宿への案内状が発見され、それには一九二三年五月九日という発送日付が記されているのである。「一九二三年のマルクス主義研究週間と社会研究所の設立」（D５）でこれに言及したマイケル・バックミラーは、未だに全員で何人だったのかが確定されていない参加者数についても、彼が晩年のヘッダ・コルシュ（カール・コルシュの妻）から提供された記念写真（本書三二九ページ）に写っている人物たちと福本和夫（写っていない）とで全員だったと考えるべきだとの見解をとっている。バックミラーはヘッダ・コルシュから二枚の写真を受け取った。別の一枚を彼は右の論文に収載していないが、もう一枚もほとんど同じ構図で、ただフリードリヒ・ポロックが抜けてそのかわりに福本和夫が写っている、という。ポロックが抜けたのは、もう一枚の撮影役になったからだろう。このことから推測すれば、ポロックが写っているほう（つまり本書に収載したほう）を撮影したのは福本和夫だったと考えられる。人物たちのうちの二名は名前がわかっていない。この機会に、『論争・歴史と階級意識』の解説との異同については本書（『ドイツ革命』）の記述が正しいことを、付記させていただきたい。なお、参考文献「一九二三年のマルクス主義研究週間」（D１）の筆者ズザンネ・アレクサンダーは、G・G・L＝ゲルトルート・アレクサンダーの娘である。一九一七年に生まれた彼女は、母および五つ年上の兄カールとともに一九二五年にソ連に移住した。彼女によるこの論稿には、ゲルトルート・アレクサンダーの遺品のなかから発見されたリヒャルト・ゾルゲの案内状の全文が収載されている。

(83)『ディ・インターナツィオナーレ――マルクス主義の実践と理論のための雑誌』（H６）、第一巻第二・三号、一九一九年五月三〇日。

参考文献

＊配列は著者・編者名のアルファベット順

A. 通史・資料集

1. Berlin, Jörg(hrsg.): *Die deutsche Revolution 1918 / 19. Quellen und Dokumente.* 1979, Köln: Pahl-Rugenstein Verlag.〔ベルリーン、イェルク編『ドイツ革命　一九一八／一九年――資料集』、一九七九年〕

2. Bernstein, Eduard: *Die deutsche Revolution. Geschichte der Entstehung und ersten Arbeitsperiode der deutschen Republik.* 1921, Berlin: Verlag für Gesellschaft und Erziehung, G.m.b.H.〔ベルンシュタイン、エードゥアルト『ドイツ革命――ドイツ共和国の成立および活動第一期の歴史』、一九二一年〕

3. Dravkin, J. S.: *Die Novemberrevolution 1918 in Deutschland.* Aus dem Russischen übertragen von Dr.Ernst Wurl. 1968, Berlin: Verlag der Wissenschaften.〔ドラフキン、J・F『ドイツにおける一九一八年一一月革命』、一九六八年〕

4. Fischer-Baling, Eugen: *Volksgericht. Die Deutsche Revolution von 1918 als Erlebnis und Gedanke.* 1932, Berlin: Rowohlt Verlag G.m.b.H.〔フィッシャー＝バーリング、オイゲン『民衆の裁き――体験と思想としてのドイツ革命　一九一八年』、一九三二年〕

5. 藤原辰史『カブラの冬　第一次世界大戦期ドイツの飢餓と民衆』（レクチャー　第一次世界大戦を考える）。二〇一一年一月、人文書院。

6. Haffner, Sebastian: *Die deutsche Revolution 1918 / 19.* 4.Aufl. Januar 2015, Reinbek bei Hamburg: Rowohlt Taschenbuch Verlag.〔ハフナー、ゼバスティアン『ドイツ革命　一九一八／一九年』、第四版＝二〇一五年一月〕邦訳＝ハフナー、セバスティアン／山田義顕・訳『裏切られたドイツ革命　ヒトラー前

夜』。一九八九年六月、平凡社。
7. Hessisches Landesmuseum Darmstadt: *Politische Plakate der Weimarer Republik 1918 / 1933*. 1980, Darmstadt: Hessisches Landesmuseum Darmstadt.〔ヘッセン州立ダルムシュタット美術館『ヴァイマル共和国の政治ポスター　一九一八〜一九三三年』、一九八〇年〕
8. Institut für Marxismus-Leninismus beim ZK der SED: *Illustrierte Geschichte der deutschen Novemberrevolution 1918 / 1919*. 1978, Berlin: Dietz Verlag.〔ドイツ社会主義統一党中央委員会マルクス・レーニン主義研究所『写真入りドイツ一一月革命史　一九一八／一九一九年』、一九七八年〕
9. Internationaler Arbeiter-Verlag: *Illustrierte Geschichte der Deutschen Revolution*. 1929, Berlin: Internationaler Arbeiter-Verlag. Neuausgabe(reprint): 1968, Frankfurt am Main: Verlag Neue Kritik.〔国際労働者書房『写真入りドイツ革命史』、一九二九年。復刻版＝一九六八年〕
10. Lindemann, Albert S.: *The ,Red Years': Europian Socialism versus Bolshevism, 1919 / 1921*. 1974, Berkley, Los Angeles, London* University of California Press.〔リンデマン、アルバート・S『〈赤い数年〉――ヨーロッパ社会主義対ボリシェヴィズム　一九一九〜一九二一年』、一九七四年〕
11. Meyer, Georg P.: *Bibliographie zur deutschen Revolution 1918 / 19*. 1977, Göttingen: Vandenhoeck & Ruprecht.〔マイアー、ゲオルク・P『ドイツ革命一九一八／一九年　文献目録』、一九七七年〕
12. 野村修（編）『ドイツ革命』（ドキュメント現代史2）。一九七二年一二月、平凡社。
13. Pinks, Theodor(hrsg.): *Briefe nach der Schweiz. Gustav Landauer, Erich Mühsam, Max Höelz, Peter Kropotkin*. 1972, Zürich: Limmat-Verlag.〔ピンクス、テーオドール編『スイスへの手紙――グスタフ・ランダウアー、エーリヒ・ミューザーム、マックス・ヘルツ、ペーター・クロポトキン』、一九七二年〕
14. Purlitz, Friedrich(Hrsg.): *Die Deutsche Revolution. Erster Band, November 1918 / Februar 1919*. o.J., Leipzig: Verlag von Felix Meiner.〔プルリッツ、フリードリヒ編『ドイツ革命　第一巻　一九一八年一一

月〜一九一九年二月』、刊行年表記なし、おそらく一九一九年〕

15. Rosenberg, Arthur: *Die Entstehung der deutschen Republik. 1871 / 1918*. 1928, Berlin: Ernst Rowohlt Verlag. 邦訳＝ローゼンベルク、アルトゥール／足利末男・訳『ヴァイマ共和国成立史 1871〜1918』。一九六九年五月、みすず書房。

16. Roth, Karl Heinz: *Die „andere" Arbeiterbewegung und die Entwicklung der kapitalistischen Repression von 1880 bis zur Gegenwart*. 1974, München: Trikont Verlag.〔ロート、カール・ハインツ『〈もう一つの〉労働者運動と資本主義的抑圧の発展――一八九〇年から現在まで』、一九七四年〕

17. Ruge, Wolfgang: *Novemberrevolution. Die Volkserhebung gegen den deutschen Imperialismus und Militarismus 1918 / 19*. 1978, Berlin: Dietz Verlag.〔ルーゲ、ヴォルフガング『一一月革命――ドイツの帝国主義と軍国主義に対する民衆蜂起 一九一八／一九年』、一九七八年〕

18. 篠原一『ドイツ革命史序説 革命におけるエリートと大衆』。一九五六年一〇月、岩波書店。

19. Staničić, Sascha ; Hollasky, Steve ; Klein,Wolfram ; Kimmerle, Stephan : *Die deutsche Revolution. Texte zur revolutionären Periode in Deutschland vom November 1918 bis 1923*. 2017, Berlin: Manifest Verlag.〔スタニチッチ、サーシャほか『ドイツ革命――一九一八年一一月から一九二三年までのドイツにおける革命期についての論考』、二〇一七年〕

B. 各地域・各時期の革命をめぐって

1. Brandt, Peter; Rürup, Reinhard: *Arbeiter-, Soldaten-und Volksräte in Baden 1918 / 19*. 1980, Düsseldorf: Droste Verlag.〔ブラント、ペーター／リュールプ、ラインハルト『バーデンにおける労働者・兵士・民衆評議会《レーテ》』。一九八〇年〕

2. Eisner, Kurt: *Die 1/2 Macht den Räten. Ausgewählte Aufsätze und Reden*. Eingeleitet und

herausgegeben von Renate und Gerhard Schmolze. 1969, Köln: Verlag Jakob Hegner.〔アイスナー、クルト『½の権力をレーテに——論考と演説』、一九六九年〕

3. *Welt werde froh! Ein Kurt-Eisner-Buch. Zum 10. Jahrestage der Ermordung Kurt Eisners.* Aus dem Nachlaß Kurt Eisners zusammengestellt von Erich Knauf. Nachwort von Heinrich Knauf. 1929, Berlin: Büchergilde Gutenberg.〔グーテンベルク図書組合・編『世界を楽しくしよう！　クルト・アイスナー読本——暗殺一〇周年に寄せて』、一九二九年〕

4. Frölich, Paul〔unter Pseudonym: Paul Werner〕: *Die Bayrische Räterepublik. Tatsachen und Kritik. 2.Auflage, erweitert durch einen Anhang: Dekrete, Aufrufe, Erklärungen usw.* 1920, Leipzig: Frankes Verlag.／Neuausgabe(reprint): 1971, Frankfurt: Verlag Neue Kritik.〔フレーリヒ、パウル（変名＝ヴェルナー、パウル）『バイエルン・レーテ共和国——事実と批判』、一九二〇年。復刻版＝一九七一年〕

5. KPD/ML(hrsg.): *50 Jahre Hamburger Aufstand. 1923／1973.* 1973, Hamburg: Verlag Roter Morgen.〔ドイツ共産党ML派・編『ハンブルク蜂起五〇周年　一九二三〜一九七三年』、一九七三年〕

6. Lucas, Erhard: *Frankfurt unter der Herrschaft des Arbeiter-und Soldatenrats 1918／19.* 1969, Frankfurt: Verlag Neue Kritik KG.〔ルーカス、エアハルト『労働者・兵士評議会支配下のフランクフルト　一九一八／一九年』、一九六九年〕

7. ——: *Märzrevolution 1920. Der bewaffnete Arbeireaufstand im Ruhrgebiet in seiner inneren Struktur und in seinem Verhältnis zu den Klassenkämpfen in den verschiedenen Regionen des Reiches.* 1973, Frankfurt am Main: Verlag Roter Stern.〔ルーカス、エアハルト『一九二〇年の三月革命——ルール地方の労働者武装蜂起、その内的構造と諸地域での階級闘争との関係』、一九七三年〕

8. Morenz, Ludwig: *Revolution und Räteherrschaft in München. Aus der Stadtchronik 1918／1919.* 1968, München: Hans Venus.〔モーレンツ、ルートヴィヒ『ミュンヒェンにおける革命と評議会《レーテ》権力——

一九一八／一九一九年の市編年史から』〕邦訳＝モーレンツ編／船戸満之・概説、守山晃・訳『バイエルン一九一九年――革命と反革命』。一九七八年六月、白水社。

9. Permooser, Irmtraud: *Der Dolchstoßprozeß in München 1925. in: Zeitschrift für Bayerische Landesgeschichte.* Bd.59. S.903～926. 1996, München: C.H. Beck'sche Verlagsbuchhandlung. 〔ペルモーザー、イルムトゥラウト「一九二五年のミュンヒェンにおける匕首裁判」、一九九六年〕

10. Schmolze, Gerhard(hrsg.): *Revolution und Räterepublik in München 1918/19 in Augenzeugenberichten.* 1969, Düsseldorf: Karl Rauch Verlag. ／Juni 1978, München: Deutcher Taschenbuch Verlag. 〔シュモルツェ、ゲーアハルト編『ミュンヒェンにおける革命とレーテ共和国　一九一八／一九年――目撃者たちの証言』、一九六九年〕

C. レーテ運動

1. Brandt, Peter; Rürup, Reinhard: *Arbeiter-, Soldaten- und Volksräte in Baden 1918/19.* → B1.

2. Hautmann, Hans: *Die verlorene Räterepublik. Am Beispiel der Kommunistischen Partei Deutschösterreiches.* Zweite, ergänzte Auflage. 1971, Wien; Frankfurt/Zürich: Europa Verlag. 〔ハウトマン、ハンス『失われたレーテ共和国――ドイツ・オーストリア共産党の実例に即して』、一九七一年〕

3. Hillmann, Günter(hrsg.): *Die Rätebewegung.* Bd.1,2. 1971/1972, Reinbek bei Hamburg: Rowohlt Taschenbuch Verlag. 〔ヒルマン、ギュンター編『レーテ運動』2巻、一九七一／七二年〕

4. Kolb, Eberhard: *Die Arbeiterräte in der deutschen Innenpolitik 1918/1919.* 1978, Frankfurt/M; Berlin; Wien: Verlag Ullstein GmbH. 〔コルプ、エーバーハルト『ドイツの国内政治における労働者評議会一九一八／一九一九年』、一九七八年〕

5. ――: *Der Zentralrat der deutschen sozialistischen Republik, 19. 12. 1918/8.4.1919: vom ersten zum*

zweiten Rätekongress. 1968, Leiden: E.J.Brill.〔コルプ、エーバーハルト『ドイツ社会主義共和国中央評議会　一九一八年一二月一九日～一九一九年四月八日――第一回中央評議会から第二回中央評議会まで』、一九六八年〕

6. Landauer, Gustav: *Beginnen. Aufsätze über Sozialismus.* Im letztwilligen Auftrag des Verfassers herausgegeben von Martin Buber. 1924, Kön: Marcan-Block-Verlag.〔ランダウアー、グスタフ『始める――社会主義論考』、著者の最終的な意向によって委託されたマルティン・ブーバーの刊行による。一九二四年〕

7. Materna, Ingo: *Der Vollzugsrat der Berliner Arbeiter-und Soldatenräte 1918/19.* 1978, Berlin: Dietz Verlag.〔マテルナ、インゴ『ベルリン労働者・兵士評議会《レーテ》の執行評議会　一九一八／一九年』、一九七八年〕

8. *Traum von Rätedeutschland. Erzählungen deutscher Schriftsteller 1924/1936.* Herausgegeben von der Deutschen Akademie der Künste zu Berlin, Sektion Dichtkunst und Sprachpflege, Abt. Geschichte der sozialistischen Literatur. Auswahl, bio-bibliographische Hinweise und Nachwort von Irmfried Hiebel unter Mitarbeit von Alfred Klein. 1968, Berlin und Weimar: Aufbau-Verlag.〔ドイツ民主共和国ベルリン芸術アカデミー編『レーテ・ドイツの夢――ドイツ作家短編集　一九二四／一九三六年』、一九六八年〕

9. Weipert, Axel: *Die zweite Revolution. Rätebewegung in Berlin 1919/1920.* 2015, Berlin-Brandenburg: be.bra Wissenschaft Verlag.〔ヴァイペルト、アクセル『第二の革命――ベルリンにおけるレーテ運動　一九一九／一九二〇年』、二〇一五年〕

D. 政党・諸団体をめぐって

1. Alexander, Susanne: *Mrxistische Arbeitswoche 1923. in: Beiträge zur Geschichte der Arbeiterbewegung.* Jahrgang 27, Nr. 1. 1985. Hrsg. von der Institut für Marxismus-Leninismus beim ZK der Sozialistischen

Einheitspartei Deutschlands. 1985, Berlin: Dietz Verlag.〔アレクサンダー、ズザンネ「一九二三年のマルクス主義研究週間」、『労働者運動の歴史によせて』第二七巻第一号（一九八五年）所収〕 ↓D5参照

2. Angress, Werner T.: *Die Kampfzeit der KPD 1921 / 1923*. 1973, Düsseldorf: Droste Verlag.〔アングレス、ヴェルナー・T『ドイツ共産党の闘争時代　一九二一～一九二三年』、一九七三年〕

3. Badia, Gilbert : *Les Spartakistes. 1918 : l'Allemagne en révolution*. 1966, Paris : Julliard.〔バディア、ジルベール『スパルタクスたち――一九一八年・革命のドイツ』一九六六年〕

4. Brauneck, Manfred(hrsg.): *Die rote Fahne. Kritik, Theorie, Feuilleton 1918 / 1933*. 1973, München: Wilhelm Fink Verlag.〔ブラウネック、マンフレート編『ディ・ローテ・ファーネ〔赤旗〕――批判・理論・文芸欄　一九一八～一九三三年』〕

5. Buckmiller, Michael: *Die marxistische Arbeitswoche 1923 und die Gründung des «Instituts für Sozialforschung»*. in: Noerr, Gunzelin Schmid / van Reijen, Willem (Hrsg.): *Grand Hotel Abgrund. Eine Photobiographie der Kritischen Theorie*. November 1988, Hamburg: Junius Verlag.〔バックミラー、マイケル「一九二三年のマルクス主義研究週間と社会研究所の設立」、ネル、グンツェリーン・シュミート／ファン・レイイェン、ヴィレム編『奈落の人間模様《グランド・ホテル》――批判理論の写真入り伝記』所収、一九八八年一一月〕 ↓D1参照

6. Butenschön, Rainer; Spoo, Eckart(Hrsg.): *Wozu muss einer Bluthund sein? Der Mehrheitssozialdemokrat Gustav Noske und der deutsche Militarismus des 20. Jahrhunderts*. 1997, Heilbronn: Distel Verlag.〔ブーテンシェーン、ライナー／シュポー、エッカート編『何のために誰かが血を追い求める犬にならなければならないのか?――多数派社会民主党員グスタフ・ノスケと二〇世紀のドイツ軍国主義』、一九九七年〕

7. Czisnik, Ulrich: *Gustav Noske. Ein sozialdemokratischer Staatsmann*. 1969, Göttingen, Zürich, Frankfurt: Musterschmidt-Verlag.〔チスニック、ウルリヒ『グスタフ・ノスケ――社会民主主義の政治家』、

一九六九年〕
8. Flechtheim, Ossip K.: *Die KPD in der Weimarer Republik.* Mit einer Einleitung von Hermann Weber. 1969, Frankfurt am Main: Europäische Verlagsanstalt.〔フレヒトハイム、オシップ・K『ヴァイマル共和国におけるドイツ共産党』、一九六九年〕
9. Gehl, Walther: *Die nationalsozialistische Revolution. Tatsachen und Urkunden . Reden und Schilderungen. 1.August 1914 bis 4. Mai 1933.* o.J.〔1937?〕, Breslau: Ferdinand Hirt.〔ゲール、ヴァルター『国民社会主義革命――事実と史料、演説と叙述　一九一四年八月一日から一九三三年五月一日まで』、刊行年表記なし〔一九三七年?〕〕
10. Hitler, Adolf: *Mein Kampf. Zwei Bände in einem Band. Erster Band: Eine Abrechnung. Zweiter Band: Die nationalsozialistische Bewegung.* 305. ~ 306.Auflage.1935, München: Zentralverlg der NSDAP. Frz. Eher Nachf. 邦訳＝ヒトラー、アドルフ／平野一郎、将積茂・訳『わが闘争』上・下（角川文庫）。一九七三年一〇月、角川書店。
11. Koch, Hannsjoachim W.: *Der deutsche Bürgerkrieg. Eine Geschichite der deutschen und österreichischen Freikorps 1919 / 1923.* Aus dem Englischen von Klaus Oelhaf und Ulrich Riemerschmidt. 1978, Berlin; Frankfurt /M; Wien: Verlag Ullstein GmbH.〔コッホ、ハンスヨアヒム・W『ドイツの内戦――ドイツとオーストリアの義勇軍団《フライコール》　一九一九～一九二三年』、一九七八年〕
12. Levi, Paul: *Zwischen Spartakus und Sozialdemokratie. Schriften, Aufsätze, Reden und Briefe.* Herausgegeben und eingeleitet von Charlotte Beradt. 1969, Frankfurt: Europäische Verlagsanstalt; Wien: Europa Verlag.〔レーヴィ、パウル『スパルタクスと社会民主党との間で――著作・論説・演説・書簡』、一九六九年〕
13. Mehring, Franz: *Geschichte der deutschen Sozildemokratie. Gesammelte Schriften Bd.1 ~ 2.* hrsg. von

Thomas Höhler, Hans Koch, Josef Schleifstein. 1960, Berlin: Dietz Verlag. 邦訳＝メーリング、フランツ／足利末男、平井俊彦、林功三、野村修・訳『ドイツ社会民主主義史』上・下。一九六八年六月／六九年一〇月、ミネルヴァ書房。

14. Das Präsidium des Exekutivkomitees der Kommunistischen Internationale zur deutschen Frage: *Die Lehren der deutschen Ereignisse*. 1924, Hamburg: Verlag der Kommunistischen Internationale. Verlag Carl Hoym Nachf.〔共産主義インターナショナル執行委員会ドイツ問題に関する幹部会『ドイツの事態の教訓』、一九二四年〕

15. Radek, Karl: *In den Reihen der deutschen Revolution. 1909 / 1919. Gesammelte Aufsätze und Abhandlungen*. 1921, München. Kurt Wolff Verlag.〔ラデック、カール『ドイツ革命の隊列のなかで 一九〇九〜一九一九年——論説集』、一九二一年〕

16. ——: *Rosa Luxemburg, Karl Liebknecht, Leo Jogiches*. 1921, Hamburg: Verlag der Kommunistischen Internationale.〔ラデック、カール『ローザ・ルクセンブルク、カール・リープクネヒト、レーオ・ヨギヒェス』、一九二一年〕

17. Goldbach, Marie-Luise: *Karl Radek und die deutsch-sowjetischen Beziehungen 1918 / 1923*. 1973, Bonn-Bad Godesberg: Verlag Neue Gesellschaft.〔ゴルトバッハ、マリー＝ルイーゼ『カール・ラデックと一九一八〜一九二三年の独ソ関係』、一九七三年〕

18. Retzlaw, Karl: *Spartakus. Aufstieg und Niedergang. Erinnerungen eines Parteiarbeiters*. 1971, Frankfurt: Verlag Neue Kritik.〔レツラウ、カール『スパルタクス　興隆と没落——ある党員労働者の回想』、一九七一年〕

19. *Spartakusbriefe*. Herausgegeben von Institut für Marxismus-Leninismus beim ZK der SED. 1958, Berlin: Dietz Verlag. 邦訳＝中村丈夫、山崎カヲル、船戸満之・訳『スパルタクス書簡』。一九七一年七月、鹿砦社。

20. Weber, Hermann(hrsg.): *Der Gründungsparteitag der KPD. Protokoll und Materialien.* 1969, Frankfurt: Europäische Vrlagsanstalt / Wien: Europa Verlag.〔ヴェーバー、ヘルマン編『ドイツ共産党創立大会——議事録と資料』、一九六九年〕

21. Wiegand, Richard: *„Wer hat uns verraten...“ Die Sozialdemokratie in der Novemberrevolution (1918/19).* 1995, Berlin: Oberbaumverlag.〔ヴィーガント、リヒャルト『〈だれが我々を裏切ったのか……〉——一一月革命のなかの社会民主党（一九一八／一九一九年）』、一九九五年〕

E. 体験記・回想録

1. Glatzer, Dieter und Ruth: *Berliner Leben 1914 / 1918. Eine historische Reportage aus Erinnerungen und Berichten.* 1983, Berlin: Rütten & Loening.〔グラッツァー、ディーター／グラッツァー、ルート『ベルリンの暮らし　一九一四～一九一八年——回想と報告による歴史ルポルタージュ』〕、一九八三年〕　邦訳＝グラッツァー、ディーター／グラッツァー、ルート／安藤実、斎藤瑛子・訳『ベルリン・嵐の日々　1914～1918』。一九八六年五月、有斐閣。

2. Graf, Oskar Maria: *Wir sind Gefangene. Ein Bekenntnis aus diesem Jahrzehnt.* 1927, München: Drei Masken Verlag. 邦訳＝グラーフ、オスカー・マリーア／植松健郎・訳『ぼくらは囚人だ』。一九九三年四月、関西大学出版部。

3. Hoelz, Max: *Vom „Weissen Kreuz“ zur Roten Fahne. Jugend-, Kampf- und Zuchthauserlebnisse.* 1929, Berlin: Malik-Verlag. ／Neuausgabe(reprint): 1969, Frankfurt: Verlag Neue Kritik.〔ヘルツ、マックス『〈白十字〉から赤旗へ——青春と闘争と刑務所の体験』、一九二九年。復刻版＝一九六九年〕

4. Maercker, 〔Georg〕: *Vom Kaisarheer zur Reichswehr. Geschichte des freiwilligen Landesjägerkorps. Ein Beitrag zur Geschichte der deutachen Revolution.* 1922, Leipzig:Verlag von K.F.Koehler.〔メルカー

『皇帝の陸軍から国防軍へ――地方狙撃兵義勇軍団の歴史・ドイツ革命史論考』、一九二二年〕

5. Meissner, Otto: *Staatssekretär unter Ebert-Hindenburg-Hitler. Der Schicksalsweg des deutschen Volkes von 1918 / 1945, wie ich ihn erlebte.* 1950, Hamburg: Hoffmann und Campe Verlag.〔マイスナー、オットー『エーベルト＝ヒンデンブルク＝ヒトラーの官房長官として――私が体験した一九一八〜一九四五年のドイツ民衆の運命の道』、一九五〇年〕

6. Müller, Richard: *Die Novemberrevolution. Vom Kaiserreich zur Republik 2. Band.* 1925, Wien: Malik Verlag.〔ミュラー、リヒャルト『一一月革命――帝国から共和国へ　第二巻』、一九二五年〕

7. Noske, Gustav: *Von Kiel bis Kapp. Zur Geschichte der deutschen Revolution.* 1920, Berlin: Verlag für Politik und Wirtschaft.〔ノスケ、グスタフ『キールからカップまで――ドイツ革命の歴史によせて』、一九二〇年〕

8. Reissner, Larissa: *Hamburg auf den Barrikaden.* 1925, Berlin: Neuer Deutscher Verlag.　邦訳＝ライスナー、ラリサ／野村修・訳『ヨーロッパ革命の前線から』所収。一九九一年一月、平凡社。

9. Salomon, Ernst von: *Die Geächteten.* 1931, Berlin: Ernst Rowohlt Verlag.〔ザーロモン、エルンスト・フォン『追放された者たち』、一九三一年〕

10. Toller, Ernst: *Gesammelte Werke Band 1 / 5 und „Der Fall Toller: Kommentar und Materialien“.* Herausgegeben von John M. Spalek und Wolfgang Frühwald. 1978, München,Wien: Carl Hanser Verlag.〔トラー、エルンスト『著作集』全五巻＋『注解・資料集』、一九七八年〕　邦訳＝トラー、エルンスト／村山知義、島谷逸夫・訳『獄中からの手紙・燕の書』。一九七一年三月、東邦出版社。

F. 理論的著作

1. Kautsky, Karl: *Demokratie oder Diktatur?* 1920, Berlin: Paul Cassirer.〔カウツキー、カール『民主主義

か独裁か?』、一九二〇年〕

2. Korsch, Karl: *Die Bürgerliche und proletarische Revolution.* o.J.〔1972〕, Berlin: Kollektiv-Verlag.〔コルシュ、カール『ブルジョア革命とプロレタリア革命』、刊行年表記なし〔一九七二年〕〕

3. ――: *Kommentare zur Deutschen ,Revolution' und ihrer Niederlage.* 1972, s'Gravenhage, The Netherlands: van Eversdijck-boek en druk n.v.〔コルシュ『ドイツ「革命」とその敗北についての評釈』、一九七二年〕

4. ――: *Schriften zur Sozialisierung.* Herausgegeben und eingeleitet von Erich Gerlach. 1969, Frankfurt am Main: Europäische Vrerlagsanstalt.〔コルシュ『社会化について』、一九六九年〕 邦訳＝コルシュ、カール／木村靖二、山本秀行・訳『労働者評議会の思想的展開――レーテ運動と過渡期社会』。一九七九年四月、批評社。

5. ――: Korsch, Karl; Mattik, Paul; Pannekoek, Anton: *Zusammenbruchstheorie des Kapitalismus oder Revolutionäres Subjekt.* 1973, Berlin. Karin kramer Verlag.〔コルシュ／マティク、パウル／パンネクーク、アントン『資本主義崩壊論か革命的主体化か』、一九七三年〕

6. Landauer, Gustav: *Die Revolution.* 1919, Frankfurt am Main: Literarische Anstalt, Rütten & Loening.〔ランダウアー、グスタフ『革命』、一九一九年〕

7. Liebknecht, Karl: *Ausgewählte Reden und Schriften 1.* Herausgegeben und eingeleitet von Helmut Böhme. 1969, Frankfurt: Europäische Verlagsanstalt; Wien: Europa Verlag.〔リープクネヒト、カール『演説・著作選集』第一巻、一九六九年〕

8. Luxemburg, Rosa: *Gesammelte Werke Band 4: August 1914 bis Januar 1919.* 1974, Berlin: Dietz Verlag.〔ルクセンブルク、ローザ『全集』第四巻（一九一四年八月～一九一九年一月）、一九七四年〕

9. 高原宏平、野村修ほか訳『ローザ・ルクセンブルク選集』第四巻（一九一六～一九一九）。一九七〇年一月、現代思潮社。

10. Ossowski, Jacek: *Rosa Luxemburg. Eine Streitschrift.* 1971,Frankfurt: Verlag Neue Kritik.〔オソフスキー、ヤチェック『ローザ・ルクセンブルク――論争の書』、一九七一年〕

11. *Die Massenstreikdebatte. Beiträge von Parvus, Rosa Luxemburg, Karl Kautsky und Anton Pannekoek.* Herausgegeben und eingeleitet von Antonia Grunenberg. 1970, Frankfurt: Europäische Verlagsanstalt.〔『大衆ストライキ論争――パルヴス、ローザ・ルクセンブルク、カール・カウツキー、アントン・パンネクークの諸論考』、一九七〇年〕

12. Pannekoek, Anton; Gorter, Herman: *Organisation und Taktik der proletarischen Revolution.* Herausgegeben und eingeleitet von Hans Manfred Bock. 1969, Frankfurt: Verlag Neue Kritik.〔パンネクーク、アントン／ホルテル、ヘルマン『プロレタリア革命の組織と戦術』、一九六九年〕

13. Sombart, Werner: *Sozialismus und soziale Bewegung.* Neunte Auflage. 1920, Jena: Verlag von Gustav Fischer.〔ゾンバルト、ヴェルナー『社会主義と社会運動』、一九二〇年〕

G. 文学作品・文化論

1. *Aktionen Bekenntnisse Perspektiven. Berichte und Dokumente vom Kampf um die Freiheit des literarischen Schaffens in der Weimarer Republik.* Herausgegeben von der Deutschen Akademier der Künste zu Berlin, Sektion Dichtkunst und Sprachpflege, Abt. Geschichte der sozialistischen Literatur. Auswahl, Einleitungen und Kommentare: Friedrich Albrecht, Irmfried Hiebel, Klaus Kändler und Alfred Klein. Leitung: Alfred Klein. 1966, Berlin und Weimar: Aufbau-Verlag.〔ドイツ民主共和国ベルリン・ドイツ芸術アカデミー編『行動・表白・展望――ヴァイマル共和国における文学活動の自由のための闘争に関する報告と資料』、一九六六年〕

2. Boehncke, Heiner (Hrsg.): *„Vorwärts und nicht vergessen". Ein Lesebuch. Klassenkämpfe in der Weimarer Republik.* Februar 1973, Reinbek bei Hamburg: Rowohlt Taschenbuch Verlag.〔ベーンケ、ハイナー・編『〈前進せよ、そして忘れるな〉――読本・ヴァイマル共和国における階級闘争』、一九七三年〕

3. *Die Erhebung. Jahrbuch für neue Dichtung und Wertung.* Herausgegeben von Alfred Wolfenstein. o.J.〔1918〕, Berlin: S. Fischer Verlag.〔『決起――新しい詩と評価のための年誌』、ヴォルフェンシュタイン、アルフレート編、刊行年表記なし〔一九一八年〕〕

4. Döblin, Alfred: *November 1918. Eine deutsche Revolution. Erzählwerk. Band 1: Bürger und Soldaten; Band 2: Verratenes Volk; Band 3: Heimkehr der Fronttruppen; Band 4: Karl und Rosa.* Juli 1978, München: Deutscher Taschenbuch Verlag.〔デーブリーン、アルフレート『一九一八年一一月――あるドイツ革命』　全四巻、一九七八年〕

5. Fähnders, Walter; Rector, Martin: *Literatur im Klassenkampf. Zur proletarisch-revolutionären Literaturtheorie 1919―1923. Eine Dokumentation.* 1971, München: Carl Hanser Verlag.〔フェーンデルス、ヴァルター／レクトール、マルティン『階級闘争のなかの文学――一九一九～一九二三年のプロレタリア革命文学についての資料集』、一九七一年〕

6. Fechter, Hanns(hrsg.): *Bekenntnisse deutscher Künstler.* 1920, Leipzig: Kurt Vieweg's Verlag.〔フェヒター、ハンス・編『ドイツ芸術家の表白』、一九二〇年〕

7. Heartfield, John: *Der Schnitt entlang der Zeit. Selbstzeugnisse, Erinnerungen, Interpretationen. Eine Dokumentation.* Herausgegeben und kommentiert von Roland März. Mitarbeit Gertrud Heartfield. 1981, Drersden: VEB Verlag der Kunst.〔ハートフィールド、ジョーン『時代に即した歩み――自己証言・回想・解釈の記録』、一九八一年〕

8. Herzfelde, Wieland: *Zur Sache geschrieben und gesprochen zwischen 18 und 80.* Veröffentlichung der

Akademie der Künste der Deutschen Demokratischen Republik. 1976, Berlin und Weimar: Aufbau-Verlag.〔ヘルツフェルデ、ヴィーラント『事柄に即して書きかつ語る——一八歳と八〇歳のあいだで』、一九七六年〕

9. 池田浩士「ドイツ・プロレタリア文学運動の再検討のために——表現主義と表現主義論争のあいだ」上、中の1、中の2、下。『文学』一九七三年七月号、九月号、一〇月号、一一月号。岩波書店。

10. ——『闇の文化史——モンタージュ1920年代』。一九八〇年一〇月、駸々堂出版／新版＝『池田浩士コレクション』第5巻。二〇〇四年四月、インパクト出版会。

11. Kellermann, Bernhard: *Der 9. November. Roman.* 1921, Berlin: S. Fischer Verlag.〔ケラーマン、ベルンハルト『一一月九日（長篇小説）』、一九二一年〕

12. 栗原幸夫、江川卓、池田浩士ほか編『資料・世界プロレタリア文学運動』（全六巻）第一、二巻。一九七二年九月、七三年一月、三一書房。

13. Leonhard, Susanne: *Unterirdische Literatur im revolutionären Deutschland während des Weltkrieges.* 1920, Berlin-Fichtenau: Verlag Gesellschaft und Erziehung G.m.b.H. Neuausgabe(reprint): 1968, Frankfurt / Main: Verlag Neue Kritik.〔レーオンハルト、ズザンネ『世界大戦中の革命的ドイツにおける地下文書』、一九二〇年〕

14. 野村修『バイエルン革命と文学』。一九八一年二月、白水社。

15. Nössig, Manfred; Rosenberg, Johanna; Schrader, Bärbel: *Literaturdebatten in der Weimarer Republik. Zur Entwicklung des marxistischen literaturtheoretischen Denkens 1918 / 1933.* 1980, Berlin und Weimar: Aufbau—Verlag.〔ネッシヒ、マンフレートほか『ヴァイマル共和国における文学論争——マルクス主義文学理論の思想的発展　一九一八〜一九三三年』、一九八〇年〕

16. Piscator, Erwin: *Schriften. Bd. 1, Das Politische Theater. Bd.2, Aufsätze-Reden-Gespräche.* 1968,

Berlin:Henschelverlag Kunst und Gesellschaft.〔ピスカートル、エルヴィン『著作集』第一巻「政治的劇場」、第二巻「論稿・講演・対談」、一九六八年。／第一巻の初版＝Erwin Piscator: *Das Politische Theater.* 1929, Berlin: Adalbert Schultz Verlag. 邦訳＝ピスカトール／村山知義・訳『左翼劇場』。一九三一年一月、中央公論社〕

17. Plivier, Theodor: *Der Kaiser ging—die Generäle blieben. Ein deutscher Roman.* 1932, Berlin: Malik-Verlag. 邦訳＝プリーヴィエ、テオドール／舟木重信・訳『カイゼルは去ったが将軍たちは残った』。一九五三年六月、白水社。

18. Recknagel, Rolf: *B. Traven. Beiträge zur Biografie.* 2. erweiterte Auflage. 1971, Leipzig: Reclams Universal-Bibliothek Band 269. Verlag Philipp Reclam jun.〔レックナーゲル、ロルフ『B・トラーヴェン――伝記のこころみ』、一九七一年〕→H14.

19. Rühle, Otto: *Illustrierte Kultur-und Sittengeschichte des Proletariats.* 1930, Berlin: Neuer Deutscher Verlag./Neuausgabe(reprint): 1970, Frankfurt: Verlag Neue Kritik.〔リューレ、オットー『図解 プロレタリアートの文化・習俗史』、一九三〇年〕

20. Rülcker, Christoph: *Ideologie der Arbeiterdichtung. 1914/1933. Eine wissenschaftliche Untersuchung.* 1970, Stuttgart: J. B. Metzlersche Verlagsbuchhandlung.〔リュルカー、クリストーフ『労働者文学のイデオロギー　一九一四〜一九三三年――科学的論究』、一九七〇年〕

21. Scharrer, Adam: *Vaterlandslose Gesellen. Das erste Kriegsbuch eines Arbeiters.* 1930, Wien und Berlin: Agis-Verlag./Neuausgabe: o.J.〔1972〕, Berlin: Oberbaumverlag-Verlag für Politik und Ökonomie.〔シャラー、アーダム『祖国なき輩《やから》ども――ある労働者が初めて書いた戦争の本』、一九三〇年／新版＝刊行年表記なし〔一九七二年〕〕

22. Schmidt, Diether（gesammelt und herausgegeben von D.S.）: *Manifeste Manifeste 1905—1933. Schriften*

deutscher Künstler des zwanzigsten Jahrhunderts Band 1. 1964, Dresden: VEB Verlag der Kunst. 〔シュミット、ディーター編『マニフェスト・マニフェスト　一九〇五～一九三三――二〇世紀ドイツ芸術家の文書・I』、一九六四年〕

23. *Traum von Rätedeutschland. Erzählungen deutscher Schriftsteller 1924 / 1936.* →C8.

24. Worringer, Wilhelm: *Abstraktion und Einfühlung. Ein Beitrag zur Stilpsychologie.* 1908./Neuausgabe 1959, München: R. Piper & Co. Verlag. 〔ヴォリンガー、ヴィルヘルム『抽象と感情移入――様式心理学論考』、一九〇八年、新版＝一九五九年〕。邦訳＝ヴォリンガー『抽象と感情移入』、草薙正夫・訳。一九五三年九月、岩波文庫。

H. 定期・不定期刊行物

1. *Arbeiter-Literatur. Nummer 1/2, Jahrgang 1 (März* 〔?〕 *1924) ～ Nr. 12 (Dezember 1924) und Sonderheft (Herbst 1924).* Wien: Verlag für Literatur und Politik. 〔『労働者文献』第一／二号（一九二四年三月?）～第一二号（一九二四年一二月）＋特集号（一九二四年秋）〕

2. *Der blutige Ernst. Nr.1～6, Jg.1,* 1919, Berlin: Verlag des „Blutigen Ernst“./Nachdruck: 1977, Nendeln / Liechtenstein: Kraus Reprint. 〔『由々しき事態』第一～六号、一九一九年。復刻版＝一九七七年〕

3. *Cabaret Voltaire. Eine Sammlung künstlerischer und literarischer Beiträge von Guillaume Apollinaire, Hans Arp, Hugo Ball, Wassilij Kandinsky, Pablo Picasso, Tristran Tzara, u. a.* Herausgegeben von Hugo Ball. 1916, Zürich: Cabaret Voltaire./Nachdruck: 1977, Nendeln/Liechtenstein: Kraus Reprint. 〔『キャバレー・ヴォルテール――芸術・文学論集』、バル、フーゴー編、一九一六年。復刻版＝一九七七年〕

4. *Der Dada. Nr.1～Nr.3.* Herausgeber: Raoul Hausmann. 1919～1920, Brlin: Der Malik-Verlag./

Nachdruck: 1977, Nendeln/Liechtenstein: Kraus Reprint.〔『ダダ』、ハウスマン、ラウール編、第一～三号、一九一九／一九二〇年。復刻版：一九七七年〕

5. *Der Gegner. Blätter zur Kritik der Zeit. Jg.1, Heft 1～12, 1919.* Herausgeber: Karl Otten; Julian Gumperz. 1919, Halle: Franz Joest Verlag; Leipzig: A.J.von der Broecke Verlag; Berlin: Malik-Verlag.／*Jg.2, Heft 1～12, 1920 / 21; Jg.3, Heft 1～3, 1922.* Herausgeber: Julian Gumperz, Wieland Herzfelde. 1920～22, Berlin: Malik-Verlag./Fotomechanischer Nachdruck mit einem Geleitwort von Wieland Herzfelde und einer Einleitung von Hans-Jörg Görlich. 1979, Leipzig: Zentralantiquariat der Deutschen Demokratischen Republik.〔『敵対者――時局批判誌』、オッテン、カール／グンペルツ、ユリアン／ヘルツフェルデ、ヴィーラント編、一九一九年四月～一九二二年九月。復刻版＝一九七九年〕

6. *Die Internationale. Zeitschrift für Praxis und Theorie des Marxismus.* Begründet von Rosa Luxemburg und Franz Mehring. Herausgegeben von der Zentrale der Kommunistischen Partei Deutschlands. Jahrgang 1, April 1915～Jahrgang 15, Sept. / Okt. 1932./Nachdruck: 1971～72, Frankfurt: Verlag Neue Kritik.〔『ディ・インターナツィオナーレ――マルクス主義の実践と理論のための雑誌』、第一～一五巻、一九一五年四月～一九三二年九／一〇月。復刻版＝一九七一～二年〕

7. *Kommunismus. Zeitchrift der Kommunistischen Internationale für die Länder Südosteuropas. 1./2. Heft, 1.Jahrgang (1. Februar 1920)～Heft 31/32, 2. Jahrg. (1. September 1921).* Wien: Kommunistische Partei Deutschösterreichs.〔『共産主義――南東ヨーロッパ諸国のための共産主義インターナショナルの雑誌』、第一巻第一／二号（一九二〇年二月一日）～第二巻第三一／三二号（一九二一年九月一日）、発行者＝ドイツ・オーストリア共産党〕

8. *Neue Jugend. 7.Heft, 1.Jahr(Juni 1916)～Heft 11 und 12, 1.Jahr(Februar / März 1917) und Nr.1(Mai 1917) / im Juni 1917.* Herausgegeben von Wieland Herzfelde.／Fotomechanischer Nachdruck. Ausgabe

für Die Deutsche Demokratische Republik und die sozialistischen Länder. 1967, Berlin: Rütten & Loening.〔『新青年』第一年第七号（一九一六年六月）〜第一年一一・一二号（一九一七年二／三月）＋付録二号（一九一七年五月、六月）、ヘルツフェルデ、ヴィーラント編。復刻版＝一九六七年〕

9. *Die Pleite. Illustrierte Halbmonatsschrift einschließlich der nur in einer Nummer erschienenen Zeitschrift „Jederman sein eigner Fussball".* 1919〜24./Fotomechanischer Nachdruck der Originalausgaben mit einer Einleitung von Wieland Herzfelde. 1978, Leipzig: Zentralantiquariat der Deutschen Demokratischen Republik.〔『破産』＋一号だけ刊行された雑誌『だれもが自分のフットボール』、一九一九〜一九二四年。復刻版＝一九七八年〕

10. *Der Revolutionär. 1.Jahrgang Nr. 1(19. Februar 1919)〜2.Jahrgang Nummer 25(1. Oktober 1920).* Herausgeber und verantwortlicher Redakteur: Moritz Lederer. Mannheim: Verlag „Der Revolutionär".〔『革命者』第一巻第一号（一九一九年二月一九日）〜第二巻第二五号（一九二〇年一〇月一日）、レーデラー、モーリッツ編〕

11. *Der Ventilator. Unterhaltungsbeilage zur Tagespresse. Wochenschrift.* Nr.1/2〜Nr.6. 1.Jahrg. 1919, Köln./Nachdruck: 1977, Nendeln/Liechtenstein: Kraus Reprint.〔『換気扇――「日刊新聞」付録娯楽版週刊誌』第一巻一／二号〜第六号。復刻版＝一九七七年〕

12. *Die Weltbühne. Wochenschrift für Politik, Kunst, Wissenschaft.* Herausgeber: Siegfried Jacobsohn. 14.Jahrgang 1918〜19.Jaahrgang 1924. Berlin: Verlag der Weltbühne./Nachdruck: 1978. Königstein/Ts.: Athenäum Verlag.〔『世界舞台』第一四〜一九巻、一九一八〜二四年。復刻版＝一九七八年〕

13. *Der Zeltweg.* Redaktion: Otto Flake, Walter Serner, Tristan Tzara. November 1919, Zürich: Verlag Mouvement Dada./Nachdruck: 1977, Nendeln / Liechtenstein: Kraus Reprint.〔『ツェルトヴェーク』、フラーケ、オットー／ゼルナー、ヴァルター／ツァラ、トリスタン編、一九一九年一一月。復刻版＝

一九七七年〕

14. *Der Ziegelbrenner. 1. Jahrgang, Heft 1(1. September 1917) ~ 5. Jahr Heft 35/40(21. Dezember 1921).* Schriftleitung: Ret Marut 〔B.Traven〕/Faksimiledruck. Herausgegeben.von Max Schmid. Nachwort von Rolf Recknagel. Dezember 1976, Berlin: Verlag Kaus Guhl. 〔『煉瓦を焼く人』第一巻第一号（一九一七年九月一日）~第五巻第三五／四〇号（一九二一年一二月二一日）、編集長＝マルト、レート〔トラーヴェン、B.〕。復刻版＝一九七六年一二月〕 ↓G 18.

I. その他の資料

1. Apelt, Willibalt: *Geschichte der Weimarer Verfassung.* 1946, München: Biederatein Verlag. 〔アーペルト、ヴィリバルト『ヴァイマル憲法の歴史』、一九四六年〕

2. Bergsträßer, Ludwig: *Die preußische Wahlrechtsfrage im Kriege und die Entstehung der Osterbotschaft 1917.* 1929, Tübingen: Verlag von J.C.B. Mohr. 〔ベルクシュトレーサー、ルートヴィヒ『プロイセン選挙法問題と一九一七年の復活祭教書』、一九二九年〕

3. Institut für Marxismus-Leninismus beim ZK der SED: *Geschichte der deutschen Arbeiterbewegung. Chronik. Teil 1: Von den Anfängen bis 1917./Teil 2: Von 1917 bis 1945.* 1965/1966, Berlin: Dietz Verlag. 〔ドイツ社会主義統一党中央委員会マルクス・レーニン主義研究所『ドイツ労働者運動史』第Ⅰ部：黎明期から一九一七年まで／第Ⅱ部：一九一七年から一九四五年まで。一九六五／六六年〕

4. Hans Böckler Stiftung: *Geschichte der Gewerkschaften.* Epochen, Statistik, usw. https://www.gewerkschaftsgeschichte.de/ 〔ハンス・ベックラー財団ウェブサイト「労働組合の歴史」、時代別資料・統計など〕

5. Kuntze, Paul H. Korvettenkapitän z.V.: *Das Volksbuch unserer Kolonien.* 1938, Leipzig: Georg

Dollheimer Verlag.〔クンツェ、パウル・H、退役海軍少佐『読本われらの植民地』、一九三八年〕

6. ——: *Das neue Volksbuch der Kolonien.* 1942, Leipzig: Georg Dollheimer Verlag.〔クンツェ『新読本植民地』、一九四二年〕

7. Overesch, Manfred; Saal, Friedrich Wilhelm: *Die Weimarer Republik. Eine Tageschronik der Politik・Wirtschaft・Kultur.* 1992, Augsburg: Weltbild Verlag.〔オーヴェレシュ、マンフレート／ザール、フリードリヒ・ヴィルヘルム『ヴァイマル共和国　政治・経済・文化の日録』、一九九二年〕

8. Savigny, Leo von: *Die parlamentarische Wahlrecht im Reiche und in Preußen und sein Reform.* 1907, Berlin: Carl Heymanns Verlag.〔ザヴィニイ、レーオ・フォン『帝国とプロイセンにおける選挙法とその改革』、一九〇七年〕

9. Schuster, Rudolf (hrsg.): *Deutsche Verfassungen. Völlig neu bearbeitete und erweiterte Auflage.* Dezember 1994, München: Der Goldmann Verlag.〔シュースター、ルードルフ編『ドイツ歴代憲法集』、一九九四年〕

10. *Statistisches Jahrbuch für das Deutsche Reich. Band 1910～Band 1924/25.* Herausgegeben vom Kaiserlichen Statistischen Amte (～Band 20)/Hrsg. vom Statistischen Reichsamt (Band 1921/22 ～). 1911～1922, Berlin: Verlag von Puttkammer & Mühlbrecht (～Band 1920)/Verlag für Politik und Wirtschaft (Band 1921/22～).〔『ドイツ帝国（ドイツ国）統計年鑑』一九一〇年版～一九二四／二五年版、一九一一～一九二六年〕

あとがき

スペインの作家ミゲル・デ・セルバンテスが、『ドン・キホーテ』（第一部）を上梓したのは、基督教暦一六〇五年、日本で関ヶ原の戦いが行なわれた一六〇〇年から五年後のことでした。これは、ヨーロッパの歴史の脈絡でいうと、アルプス以北で「ルネサンス」が始まり、ヨーロッパ人たちが大洋の彼方の新大陸を「アメリカ」と命名したころから、ちょうど一〇〇年後に当たります。つまり、セルバンテスは、いま歴史のうえで「中世」と呼ばれている時代が終わってから一〇〇年が経過したころ、過ぎ去った騎士の時代の夢に身も心も捧げる滑稽な一人物を描いたわけです。

この小説は、一般的には、過去を過去として直視できない愚かな主人公と、その過去そのものの愚かさとを笑う物語とされているようです。しかし、作者が主人公に対して並々ならぬ共感をいだいていることに随所で感動させられればさせられるほど、じつは作者の思いは別のところにもあったのではないか、という感を深くしないではいられません。ドン・キホーテという人物は、彼がまだそこに生きていると思い込んでいる古い時代の愚かさと滑稽さを、疑いもなく体現しています。しかし、作者の深い愛情を一身に受けたこの人物は、また、旧い時代が終わってからわずか一〇〇年のうちに、新しい時代のなかで愚かにも見失われ、無念にも忘れ去られてしまったものを、これまた疑いもなく体現しているのです。

彼のひたむきさ、人を信じるこころ、利害をものともせず信念を曲げないこころざし、そしてなによりも、大切な他者を喜ばせることを自分自身の最大の喜びとする生きかた——これらが、ドン・キホーテの理想である中世の封建社会に現存していたかどうかはともかくとして、その社会のあとに来た時代がそれらを無惨にも喪失し、嘲笑の的《まと》である前世の遺物のなかにだけそれらが残存していることは、疑いもないのです。この過去の遺物を深い愛情をこめて滑稽に描くことによって、作者は、その過去のあとに来た新時代、わずか一〇〇年の年月しか経ていない新時代が、またたくまに生み出した合理主義や科学信仰や非人間性を、痛烈かつ根底的に批判したのでした。私は、この小説こそ、最初の資本主義社会批判の文学作品だと思います。

「ドイツ革命」と呼ばれる歴史的な出来事が始まってから、やはり一〇〇年が経過しました。そのいま、私は、ヨーロッパ中世の終焉と近世の始まりから一〇〇年後に書かれたドン・キホーテを想い起こさずにはいられません。いま、このわずか一〇〇年のあいだに、ほぼ同時期のさまざまな社会主義革命によって生まれた社会はことごとく挫折し、数えきれないくらい多くの人びとが悲惨な現実のなかで殺されました。「革命」などというものを思いついた人間は絶対に許せない、という思いで死に、あるいは死よりももっと悲惨な生に苦しんだ人びとの生命は、何ものによっても償うことはできません。いま、社会主義などというものを肯定的な口調で語るとすれば、ドン・キホーテよりもさらに大きな軽蔑と敵意を覚悟しなければならないのかもしれません。

しかし、では、その社会主義の挫折のあとに来た世界は、どんな人間の顔つきをしているのか？——いまこの世界に生きる私が、ドン・キホーテによりは、彼を笑い軽蔑する新時代の人間たちに似た顔つきをしていることは、確かでしょう。ドイツ革命をも含む二〇世紀の革命は、それが未完のままに終わり巨大な誤りを残したことによって、間違いなく多くのものを失ったのです。多くのものが失われたその世界のなかで、私はいま生きています。二〇世紀の革命は、取り返しがつかないその誤りによって、資本主義体制の蘇生と増殖を許し、それによって、地球のあらゆる生物だけでなく宇宙空間までをも道連れにする破滅への道を、許してしまいました。革命の愚かしさを笑うとき、私は、革命の試みが疑いもなく持っていたドン・キホーテの精神を笑っているのです。しかし私は、むしろ、そのあとに来たこの現在の比類ない愚かしさと悲惨さと残忍さが、そこに生きる私の顔に瓜二つの表情で刻印されていることを、笑わなければならないでしょう。

※

　ドイツ革命については、いつか書きたい、いや、書かなければならない――という思いをいだいて半世紀近くも生きてきたのですが、なかなか書き始めるには至りませんでした。誰のせいでもなく、自分の内部の衝動がまだ臨界点に達していなかったことが、その最大の理由だったでしょう。とはいえ、ためらいにはいくつかの要因があったように思います。ドイツ革命の「敗北」の根拠をもっぱら多数派社会民主党の「裏切り」のせいにする歴史観に与《くみ》することなしに、ドイツ革命について書くことが、お前にはできるのか？　幾人かのヒロインやヒーロー、とりわけ「スパルタクス」のリーダーたちを称揚する「英雄史観」を、ことさらに批判するまでもなく、黙ってやり過ごすだけのゆとりがあるのか？　そして何よりも、革命とは「政治」の領域だけのことではないという、もっとも本質的なテーマに、どこまで切り込むことができるのか？

　ためらいは、おそらくあの世に行っても消えることはなかったでしょう。結果としては、正当なためらいを圧殺して不当な蛮勇に歩む道を与えたことによって、この一冊のなかで、ドイツ革命が、一〇〇年の眠りから覚醒する機会を持つことになりました。それがどのような顔つきをしているかは、読んでくださるかたによって千差万別であるかもしれません（読んでくださるかたが千人なり一万人なりおられればの話ですが）。書き手自身は、これまでに蒐集し退蔵してきた文献や資料を、いわばモンタージュし再構成することが、みずからの最大の役割である、という思いで全篇を書き下ろしました。それでも、腹に満《み》つれば口に出《い》づ——思わず自分の偏《かたよ》った評価や価値判断を漏らしてしまった箇所もありますが、基本的には、文献資料を通じて出来事そのものを伝えることに努力を傾けたつもりです。これによって、これまでドイツ革命という脈絡のなかで着目されることのなかったいくつかの歴史的事実に、光を当てることもできたのではないかと思います。

しかし、本書によって一〇〇年の眠りから覚めるドイツ革命の前途は、一〇〇年前と同じように多難であるようです。脱稿を前にしたある日、三分の二世紀来の友人に「いま何をしてるの？」と問われて、「ドイツ革命について書いている」と答えると、民間企業を定年退職したあと市民講座で「老後の生きかた」についての講師をしてきたその友人は、「ロシア革命はわかるけど、ドイツ革命って、あまり聞かないなあ」とつぶやきました。社会の良識とともにある彼のこのひとことによって、本書はすでに、刊行されても誰の目にもとまらない運命を予言されたのです。

※

そのドイツ革命の勃発一〇〇周年と、出版元である「現代書館」の創立五〇周年にちなんで書かれることになったこの一冊は、出版元の創立五〇年である二〇一七年から遅れること一年、しかしドイツ革命勃発一〇〇年の二〇一八年が終わってしまわないうちに、なんとか書店の店頭に並ぶことができそうです。ただ、本書によって「ドイツ革命」の認知度が一挙に高まるとは思えませんから、ドイツ革命は依然として、「そんなもの、あったっけ?」という次元の歴史的エピソードであることに変わりはなさそうです。――「社会主義の崩壊」を世界が体験したいまなお、あるいはそのいまこそあらためて、実現を求めているさまざまな理念が、ドイツ革命なかで芽生えていたにもかかわらず。

永年かかえてきたテーマとついに正面から向き合う機会を与えてくださったのは、現代書館の菊地泰博さんでした。一九六〇年代後半の激動の時代の始まりと時を同じくして現代書館を創立した菊地さんは、それから半世紀後のいまに至るまで、ひたすら、時流に媚びず、時代の核心に肉薄する書籍を世に送り出してこられました。その菊地さんによって、ドイツ革命がこの末世に、平敦盛《たいらのあつもり》の亡霊か玉梓《たまづさ》の怨霊のように尽きせぬ恨みをもって蘇ることができるのは、書き手にとって幸運の一語に尽きることとです。しかも、今回この一冊の制作を担当してくださったのは、編集者としての深い見識と重厚なお仕事をかねがね密かに尊敬してきた吉田秀登さんでした。このご両所に丹念に閲読いただいた原稿は、もしもかりに本になったとき一顧もされることがないとしても、一〇〇年後には古典的名著となっていること疑いなし、というお墨付きを得たに等しい、と書き手は勝手に確信している次第です。

――そして最後に、本書を手に取って、しかも読んでくださった貴方に、深いこころをこめて連帯の挨拶をお送りすることを、どうかお許しください。民主主義とは、主権在民とは、憲法が保障する基本的人権の受益者であることに私が甘んじることではなく、理不尽きわまりない選挙制度のもとで一票を投じてすべてを職業的政治家に委ねることが私の主権の行使ではない、というただ一点で、もしも思いが共有できるなら、さらにうれしいことです。

二〇一八年初秋

池田浩士

池田浩士（いけだ　ひろし）
一九四〇年生まれ。慶應義塾大学大学院博士課程修了。一九六八年～二〇〇四年京都大学、二〇〇四～一三年京都精華大学に在職。現在は自由業。京都大学名誉教授。専攻は現代文明論、ファシズム文化研究。
主な著書に『ヴァイマル憲法とヒトラー――戦後民主主義からファシズムへ』（岩波書店）、『虚構のナチズム――「第三帝国」と表現文化』（人文書院）、『増補新版　抵抗者たち――反ナチス運動の記録』（共和国）、『子どもたちと話す　天皇ってなに？』（現代企画室）、『「海外進出文学」論・序説』『同・第Ⅰ部　火野葦平論』『同・第Ⅱ部　石炭の文学史』『池田浩士コレクション』全10巻・刊行中（以上、インパクト出版会）、『仮設縁起絵巻』（戯画・貝原浩、現代書館）等がある。

ドイツ革命《かくめい》
――帝国の崩壊からヒトラーの登場まで

二〇一八年十二月十五日　第一版第一刷発行

著　者　池田浩士
発行者　菊地泰博
発行所　株式会社 現代書館
東京都千代田区飯田橋三－二－五
郵便番号　102-0072
電　話　03（3221）1321
ＦＡＸ　03（3262）5906
振　替　00120-3-83725
組　版　プロ・アート
印刷所　平河工業社（本文）
東光印刷所（カバー）
製本所　積信堂
装　幀　大森裕二

校正協力・沖山里枝子
© 2018 IKEDA Hiroshi　Printed in Japan ISBN978-4-7684-5846-4
定価はカバーに表示してあります。乱丁・落丁本はおとりかえいたします。
http://www.gendaishokan.co.jp/

本書の一部あるいは全部を無断で利用（コピー等）することは、著作権法上の例外を除き禁じられています。但し、視覚障害その他の理由で活字のままでこの本を利用できない人のために、営利を目的とする場合を除き「録音図書」「点字図書」「拡大写本」の製作を認めます。その際は事前に当社までご連絡ください。また、活字で利用できない方でテキストデータをご希望の方はご住所・お名前・お電話番号をご明記の上、左下の請求券を当社までお送りください。

活字で利用できない方のための
テキストデータ請求券
『ドイツ革命』

現代書館

ヒュー G・ギャラファー 著／長瀬 修 訳
【新装版】ナチスドイツと障害者「安楽死」計画

アウシュビッツに先き立ち、ドイツ国内の精神病院につくられたガス室等で、20万人もの障害者・精神病者が殺された。ヒトラーの指示の下で、医者が自らの患者を「生きるに値しない生命」と選別、抹殺していった恐るべき社会を解明する。

3500円＋税

W・ベンツ 著／斉藤寿雄 訳
反ユダヤ主義とは何か
――偏見と差別のしぶとさについて

今も欧米に根深く残る反ユダヤ主義とは何か？　ユダヤ人への憎しみは民族問題か？　宗教問題か？　複雑に絡み合う差別構造を庶民・知識人等多くの声を集め、21世紀も隠然と続く、ヨーロッパの悪しき因襲を具体的に検証する。

2800円＋税

W・ベンツ 著／斉藤寿雄 訳
ナチス第三帝国を知るための101の質問

「ナチス第三帝国の『第三』とは何か」「ドイツの教会はいかにナチに協力したのか」「ニュルンベルク裁判は『勝者の裁き』に過ぎなかったのか」等、ナチスについての101のQ&Aにドイツの歴史学の泰斗が簡潔に答えるナチス学入門書。

2000円＋税

W・ベンツ 著／斉藤寿雄 訳
第三帝国の歴史
――画像でたどるナチスの全貌

ナチスの歴史を150枚もの画像で紹介する。移民排斥、自国最優先主義が各国で進み民族間の緊張が昂まっている現在、世界はナチスの歴史から何を学んだのかを問われている。指導者の資格とは？　民主主義の責任とは？　譲ってはならない権利とは？

3300円＋税

根本正一 著
民主主義とホロコースト
――ワイマール／ナチ時代のホワイトカラー

ホロコースト研究・論争はどんな歴史を辿り、どのような様相になっているのか？　ワイマール時代からナチスへの転換期におきた個人の倫理の変化を考察。「ホワイトカラー層の焦燥」と「アイデンティティーの迷走」をキーワードに詳解する。

3000円＋税

戯画・貝原 浩＋雑文・池田浩士
仮設縁起絵巻

イラスト界の寵児・貝原浩が敢然と挑む細密・濃密モノクロ絵画に、毒文学者池田浩士が果敢・浪漫な筆致をふるう希代の絵本。現実の事件や人物を基に、人の世の天国と地獄をもののみごとに切り結ぶ大絵巻。東のひろし、西のひろしの大競演。

1300円＋税

定価は二〇一八年十二月一日現在のものです。